Friedrich Weissensteiner

Schicksalstage Österreichs

Wendepunkte, Krisen, Entwicklungen

Ueberreuter

BILDNACHWEIS:

Bildarchiv der österreichischen Nationalbibliothek: Seiten 10, 11, 13, 19, 20, 21, 22, 24, 25, 27, 28, 29, 30, 33, 36, 38, 39, 40, 41, 42, 43, 45, 47, 49, 50, 53, 55 (2×), 62, 68, 69, 71, 72, 74, 75, 76, 78, 79, 80, 81, 82, 84, 85, 87, 88, 93, 94, 98 (2×), 99, 102, 104, 106, 109, 110, 111, 115, 118, 119, 120, 121, 122, 124, 126, 130, 133, 134, 141, 142, 151, 152, 161, 163, 164, 169, 172, 181, 182, 183, 184 (2×), 192, 198
Rheinisches Landesmuseum Bonn: Seite 12
Pierpont Morgan Library: Seiten 14, 18
St. Florian, Stiftsarchiv: Seite 15
Burgerbibliothek Bern: Seite 17
Kunsthistorisches Museum Wien: Seiten 23, 32, 56, 57, 59, 62
Historisches Museum der Stadt Wien: Seiten 34, 64, 66, 83, 89, 96, 101, 113
Kupferstichkabinett Dresden: Seite 65
Bibliothèque Nationale Paris: Seite 67
Bayerisches Landesmuseum München: Seite 77
Musée de Versailles: Seite 58
Österreichische Galerie: Seite 60
Heeresgeschichtliches Museum Wien: Seite 109
Schloßmuseum Artstetten: Seite 128
Dokumentationsarchiv des österreichischen Widerstandes: Seiten 129, 153, 167, 176
Österreichisches Institut für Zeitgeschichte: Seiten 138, 141, 146, 162, 166, 174, 179 (2×), 180, 186, 194
Votavafoto: Seiten 187, 188, 189, 191, 193, 195, 197, 200 (2×), 201, 202, 203
USIS Wien: Seite 196
Privatbesitz: Seiten 52, 63, 73, 91, 132, 136, 139, 143, 147, 149, 150, 171
Verlagsarchiv: Seiten 51 (2×), 105, 134, 135 (2×), 157, 159, 169, 170 (2×)
Imperial War Museum London: Seite 177
Umschlag vorne oben: Bildarchiv der Nationalbibliothek
        vorne unten, v. l. n. r.: Verlagsarchiv, Österr. Institut für Zeitgeschichte, Votavafoto
        hinten oben, v. l. n. r.: Heeresgeschichtliches Museum, Verlagsarchiv, Bildarchiv der Nationalbibliothek
        hinten unten: Bildarchiv der Nationalbibliothek

Im Auftrag hergestellte Sonderausgabe
A 1740
Alle Rechte vorbehalten
Umschlag: Herbert Schiefer
© 1989 by Verlag Carl Ueberreuter, Wien
© dieser Ausgabe 1994 by Ahorn Verlag, Wien
Printed in Austria

Inhalt

Vorwort

Österreich ist mehr als tausend Jahre alt. Seine Geburtsstunde schlug im Jahre 976, als Kaiser Otto II. den Babenberger Liutpold (Leopold) in der Mark an der Donau zum Markgrafen ernannte. Das Markgebiet umfaßte ursprünglich nur einen schmalen Streifen Landes zwischen Enns und Traisen. 996 wurde das Gebiet in einer Urkunde als OSTARRICHI bezeichnet. Es ist die erste Erwähnung des Namens Österreich.

Die babenbergischen Markgrafen schoben die Grenzen ihres Herrschaftsbereiches bis an die March, die Thaya und die Leitha vor. Sie gründeten Klöster und leisteten fruchtbare Kolonisationsarbeit: Wälder wurden gerodet, Felder erschlossen, Siedlungen angelegt. Der Schwerpunkt des Landes rückte langsam nach Osten: von Melk über Tulln und Klosterneuburg nach Wien. 1156 wurden die Babenberger von Kaiser Friedrich Barbarossa zu Herzögen erhoben und erhielten wichtige Vorrechte. Sie wurden von den deutschen Herrschern unabhängiger und bauten ihre Stellung im Lande aus. 1192 erzielten sie mit der Erwerbung der Steiermark einen beachtlichen Gebietszuwachs. Wirtschaftlich und kulturell nahm das Herzogtum Österreich einen gewaltigen Aufschwung. In Krems wurde eine eigene Münzstätte errichtet, ein unbekannter Dichter schrieb das Nibelungenlied, Walther von der Vogelweide lernte am Babenbergerhof »singen und sagen«.

Mit dem Tod Herzog Friedrichs II. in einer Schlacht gegen die Ungarn ging 1246 die 270jährige Herrschaft der Babenberger zu Ende. Es folgten Jahrzehnte der Irrungen und Wirrungen, die durch die Übertragung der Herrschaft an das Geschlecht der Habsburger beendet wurden.

Die vorliegende Darstellung setzt mit Rudolf I. von Habsburg und der Schlacht auf dem Marchfeld (1278) ein. Sie macht es sich zur Aufgabe, das wechselhafte Schicksal Österreichs ab dem Ende des 13. Jahrhunderts bis in die jüngste Vergangenheit anschaulich und farbig zu schildern. Ein lückenloser Bericht über die zahllosen Ereignisse, die sich in diesem Zeitraum abgespielt haben, ist nicht beabsichtigt. Vielmehr geht es darum, die markantesten Abschnitte, die Schicksalstage, die Höhe- und Wendepunkte der österreichischen Geschichte in ihrem historischen Umfeld und mit ihren Folgewirkungen in das Blickfeld und das Interesse des (jungen) Lesers zu rücken.

Bei Friedrich Hebbel steht zu lesen: »Dies Österreich ist eine kleine Welt, in der die große ihre Probe hält.« Dieses (geflügelte)

Dichterwort ist nur bedingt richtig. Österreich stieg aus kleinen Anfängen zur Großmacht auf, die lange Zeit Weltgeschichte machte. Heute ist das nach dem Ersten Weltkrieg wieder zum Kleinstaat gewordene Land ein unverzichtbarer, unverwechselbarer Teil der Welt, eine Brücke zwischen Ost und West. Über die wichtigsten Stationen auf diesem langen Weg ist in diesem Buch nachzulesen.

26. August 1278:

Die Habsburger werden Österreichs neue Herren

Im Herbst des Jahres 1918 deuteten alle Anzeichen darauf hin, daß der Erste Weltkrieg unaufhaltsam seinem Ende entgegenging. Vier Jahre hatte dieser furchtbare Krieg gedauert, vier lange, blutige Jahre. Millionen Soldaten waren auf den Schlachtfeldern Europas gefallen, in zahlreichen Ländern herrschten Not und Verzweiflung. Die Menschen hungerten. Die Habsburgermonarchie, ein Großstaat mit 52 Millionen Einwohnern, die diesen Krieg an der Seite des Deutschen Reiches gegen das mit Großbritannien und Frankreich verbündete Rußland geführt hatte – Italien kam später dazu –, war militärisch und wirtschaftlich am Ende. Nun zerfiel dieser Staat, in dem zahlreiche Nationen, wenn auch nicht immer einträchtig, zusammengelebt hatten, in seine Einzelteile. Die Ungarn sagten sich von der anderen Reichshälfte los. Tschechen und Slowaken gründeten einen eigenen Staat. Das gleiche taten die Polen. Die Kroaten und Slowenen vereinigten sich mit den Serben zum neuen Königreich Jugoslawien. Die auf dem Boden der Monarchie lebenden Italiener schlossen sich an das Königreich Italien, die Rumänen an Rumänien an. Vom Vielvölkerstaat Österreich-Ungarn blieben nur die Gebiete deutscher Sprache übrig.

Vergeblich versuchte Kaiser Karl, der letzte Herrscher aus dem Hause Habsburg-Lothringen, dieser Entwicklung im letzten Augenblick Einhalt zu gebieten. Er wollte seinen Völkern die Selbständigkeit gewähren, die man ihnen so lange und zu lange vorenthalten hatte. Es war zu spät. Am 11. November 1918, gegen zwölf Uhr mittag, legte der 31jährige Kaiser nach längerer Beratung mit seinen Ministern die Regierungsgeschäfte nieder. Karl I. zog sich auf Schloß Eckartsau im Marchfeld zurück. Einige Monate später verließ er das Land. Nach 636 Jahren war in Österreich die Herrschaft des Hauses Habsburg zu Ende gegangen. In diesen mehr als sechs Jahrhunderten haben sich die Habsburger von einem unbedeutenden Grafengeschlecht zu einem der mächtigsten Herrscherhäuser Europas emporgearbeitet, haben sie die Geschichte Österreichs entscheidend gestaltet und bestimmt. Drehen wir nun aber die Uhr der Weltgeschichte bis in das 13. Jahrhundert zurück.

Wir schreiben das Jahr 1246. Mitte Juni, an seinem 35. Geburtstag, fällt Herzog Friedrich II. von Österreich und Steiermark in einer Schlacht gegen die Ungarn. Mit ihm, dem die Geschichte den Beinamen »der Streitbare« gegeben hat, erlischt nach 270jähriger Herrschaft das Geschlecht der Babenberger im Mannesstamm. Vier Jahre später stirbt in Italien Kaiser Friedrich II. von Hohenstaufen, eine der interessantesten und merkwürdigsten Persönlichkeiten des Mittelalters. Deutschland ist im nächsten Vierteljahrhundert ohne starken Herrscher. Die »kaiserlose, die schreckliche Zeit« bricht an. Im ganzen Land herrschen Willkür und Gewalt. Es gilt das Faustrecht, das Recht des Stärkeren. Klöster werden überfallen und geplündert, die Felder der Bauern verwüstet, ihre Hütten niedergebrannt. Räuber machen die Handelswege unsicher. Die Kaufleute müssen um ihre Habe und ihr Leben bangen. Die Sitten verwildern. Immer weniger Menschen ernähren sich von redlicher Arbeit. Raub, Mord und Totschlag sind an der Tagesordnung. Fürsten und Ritter führen gegeneinander Krieg. Jeder nimmt sich, was und so viel er bekommen kann. Sie nennen ihre Streitigkeiten, ihre Raubzüge und Brandschatzungen Fehden und glau-

Herzog Friedrich fällt in der Schlacht

ben, daß es ihnen zusteht, sich selbst Recht zu verschaffen oder das, was sie dafür halten.

Unter jenen, die solche Fehden ausfechten, die aus der verworrenen, aus den Fugen geratenen Zeit Nutzen ziehen, sind auch angesehene, tüchtige Männer; meist sind sie aber zugleich recht skrupellos. Einer davon, ein echter Sohn dieser schrecklichen Zeit, ist Graf Rudolf von Habsburg. Mit ihm müssen wir uns ein wenig näher beschäftigen.

Rudolf wurde am 1. März 1218 geboren. Es könnte aber auch der 1. Mai gewesen sein. So genau wissen wir das nicht. Als sein Geburtsort gilt heute Schloß Limburg im Breisgau, nicht die Habichtsburg, das Stammschloß der Habsburger im Schweizer Kanton Aargau. In der Schweiz und in Südwestdeutschland lagen weit verstreut die Besitzungen des Geschlechtes, die im Laufe der Zeit langsam, aber beständig erweitert wurden.

Über die ersten zwanzig Lebensjahre Rudolfs wissen wir praktisch nichts. Es gibt keine Berichte, keine Nachricht, keine Aufzeichnung darüber, wie er seine Kindheit verbrachte, wo er aufwuchs, was er lernte. Schreiben, so scheint es, und Latein, die Gelehrtensprache des Mittelalters, konnte Rudolf nicht. Aber in der damaligen Zeit spielte das keine Rolle. Bildung zählte nicht viel. Es war wichtiger, mit dem Schwert umgehen zu können als mit dem Federkiel. Ein tüchtiger Krieger, ein mutiger, furchtloser Mann mußte man sein in dieser harten, erbarmungslosen Epoche. Und das war Rudolf von Habsburg allemal. »Er war von Jugend auf kriegerisch«, schreibt ein zeitgenössischer Chronist, »ein kluger und mächtiger und doch auch von Glück begünstigter Mann,

Das Stammschloß der Habsburger

von hohem Wuchs, mit gebogener Nase, mit ernstem Gesicht, dessen Würde die Stärke des Charakters erkennen ließ.« Rudolf war an die 22 Jahre alt, als er nach dem Tod des Vaters das habsburgische Erbe übernahm. Und sogleich geriet er hinein in den großen Konflikt der Zeit: die Auseinandersetzung zwischen Kaisertum und Papsttum um die Vormachtstellung in Europa. Seine Vorgänger, Vater und Großvater, waren treue Gefolgsleute des Kaisers gewesen. Rudolf behielt diese Linie bei. Er war fromm, aber antipäpstlich gesinnt. Für den Kaiser zog er ein paarmal über die Alpen, nahm er den beschwerlichen Ritt über steinige, unwegsame Saumpfade nach Italien auf sich. Es war nicht nur Gefolgstreue, die ihn dazu veranlaßte. Auch ein kräftiger Schuß Egoismus, Geltungssucht und Machtstreben war mit im Spiel. Viel schaute dabei für ihn freilich nicht heraus, denn er setzte auf das falsche Pferd. Die Päpste erwiesen sich im Kampf mit den Kaisern als die Stärkeren. Persönliche Nachteile erwuchsen ihm aus seiner verunglückten Partei-

gängerschaft keine. Er behielt seinen Stammbesitz, den er in einigen Kämpfen mit seinen Nachbarn, den Bischöfen von Basel und Straßburg, den Grafen von Savoyen und Kyburg sogar erweitern und abrunden konnte.

Das Reich, zu dem der Besitz der Habsburger gehörte, wurde das Heilige Römische Reich genannt. Es erstreckte sich von der Nordsee bis nach Mittelitalien, von der Rhône, einem Fluß im Südosten Frankreichs, bis an die Grenzen Ungarns. Die Städte Marseille und Lyon waren ebenso Teil dieses Reiches wie Wien, Genua, Aachen oder Braunschweig. Trotz seines riesigen Umfanges war dieses Reich keineswegs stark und mächtig. Es besaß keine Hauptstadt, es gab keine einheitliche Rechtsprechung, kein geordnetes Steuersystem, es hatte keine fest umrissenen Grenzen. Jeder seiner Teile strebte nach mehr Macht und größerer Selbständigkeit.

Die große Mehrheit der Bevölkerung wohnte in Dörfern und Siedlungen, lebte von der Landwirtschaft und konnte weder lesen noch schreiben. Der Lebensstandard war niedrig. Politik war die Sache einiger weniger Fürsten. Diese machten, was sie wollten, und waren daher an einem starken König, der ihren Einfluß beschränkte, nicht interessiert. Nach der langen kaiserlosen Zeit mehrten sich aber doch die Stimmen, die nach einem Reichsoberhaupt riefen. Welchen Fürsten sollte man aber an die Spitze des Reiches berufen, wem die Krone antragen, wen zum König wählen? Es gab nicht viele, die sich dafür eigneten, die dafür in Frage kamen. Die sieben Kurfürsten, die das Recht der Königswahl hatten, berieten sich lange. Schließlich verfielen sie auf Rudolf von

Bäuerliche Szenen aus dem Mittelalter

Habsburg. Rudolf war zwar schon 55 Jahre alt, ein für die damalige Zeit sehr hohes Alter, doch er war von robuster Gesundheit. Vor allem aber war er, obgleich nicht arm, nicht allzu mächtig. Der Habsburger war gerade wieder in eine Fehde verwickelt, als ihn das Angebot der Fürsten erreichte. Er nahm es, trotz der vielen Bedingungen, die daran geknüpft waren, ohne Zögern an.

Sogleich schaut die Welt für Rudolf anders aus. Die Städte, die ihm feindlich gesinnt waren, öffnen ihm die Tore, bereiten ihm einen ehrenvollen Empfang. Das Volk erzählt sich Geschichten von seiner Leutseligkeit und Frömmigkeit. Die Menschen sehnen sich nach Frieden und einem Leben in Ruhe und Zufriedenheit und setzen ihre ganze Hoffnung auf diesen harten, kriegerischen Mann. Die Stadt Frankfurt am Main erlebt nach längerer Zeit wieder das Schauspiel einer deutschen Königswahl. Am 29. September 1273 halten die Kurfürsten mit großem Gefolge feierlichen Einzug. Einer versucht den anderen auszustechen. Am eindrucksvollsten ist der Zug des Erzbischofs von Trier, der mit 1 800 Rittern und Knappen in prächtiger Rüstung anrückt. Zwei Tage später findet die feierliche Zeremonie der Wahl statt. Rudolf wird einstimmig zum neuen König gewählt. Am 1. Oktober kommt dann der Erwählte selbst in die Stadt, um die Huldigung der Fürsten und des Volkes entgegenzunehmen. Nach einem festlichen Hochamt im Münster gibt sich der neue König hochherzig: »Heute will ich all denen jegliche Schuld nachsehen«, verkündet er, »die mir geschadet haben; alle Gefangenen sollen frei sein, die in meinen Kerkern schmachten, und ich gelobe, von nun an ein Schirmer des Landfriedens zu sein, wie ich bisher ein unersättlicher Kriegsmann gewesen bin.«
Die Menschen jubeln, glauben an den Anbruch eines neuen Zeitalters. In der zweiten Oktoberwoche reist Rudolf zur Krönung nach Aachen. Die alte Reichsstadt am Rhein bereitet ihm einen jubelnden Empfang.
Die Krönung, die am 24. Oktober 1273

stattfindet, läuft nach altem Herkommen ab und wird in mehreren Schritten vollzogen. Am Morgen des Krönungstages huldigen die Großen des Reiches dem König in der Säulenhalle des Aachener Münsters. Beim Betreten der Marienkapelle folgen der Zuruf des Volkes und die Überreichung der Zeichen, die seine Macht versinnbildlichen: Zepter und Reichsapfel, Reichsschwert, Heilige Lanze und Krönungsmantel. Dann salben und krönen ihn die Erzbischöfe von Mainz und Köln am Hochaltar der Pfalzkapelle. Das Krönungsmahl folgt ausnahmsweise erst am nächsten Tag, da sich die beiden Erzbischöfe nicht darüber einigen können, wem der beste Platz an der Seite des Königs gebührt. Beim Mahl verrichten die weltlichen Kurfürsten nach altem Brauch und zum Zeichen ihrer Ergebenheit die Hofämter. Einer sorgt als Truchseß für die Verköstigung, ein anderer als Mund-

Rudolf I. wird zum König gewählt

schenk für die Getränke. Der dritte überwacht als Kämmerer den Ablauf der Feierlichkeiten, und der vierte ist als Marschall für die Unterbringung der geladenen Gäste verantwortlich. Das Tafeln und Trinken dauert bis in die Nachtstunden. Welche Gefühle mögen den nüchternen Habsburger bei all diesen Festlichkeiten bewegt haben? Welche Gedanken mögen ihm durch den Kopf gegangen sein? Wir wissen es nicht. Er hat sich darüber nicht geäußert. Aber eines ist sicher: Rudolf von Habsburg steht nun am Höhepunkt seines Lebens. Als Nachfolger der großen Könige des Mittelalters, eines Otto des Großen etwa und eines Friedrich Barbarossa, wird er alle Hände voll zu tun haben, um dem deutschen Königtum wieder Geltung und Ansehen zu verschaffen.

Die Herzogtümer Österreich und Steiermark waren nach dem Tod des letzten männlichen Babenbergers herrenlos geworden. Zum Unterschied vom Heiligen Römischen Reich bildeten sie im großen und ganzen ein geschlossenes Herrschaftsgebiet. Es gab keine freie Reichsstadt, keinen Grafen mit eigener Gerichtsbarkeit, keinen Abt, nicht einmal einen Bischof, der selbständig regierte. In den beiden Ländern, die unter den Babenbergern gemeinsam verwaltet wurden, herrschte Wohlstand. Nun, nach dem Tod des letzten Herzogs, wurden sie zum Spielball ihrer Nachbarn: Böhmens und Ungarns. Der Ungarnkönig Bela IV. fiel wiederholte Male mit seiner Streitmacht plündernd und mordend in das Nachbarland ein. »Es erhob sich große Not in Steier und Österreich«, klagte ein Minnesänger, wie wir die Dichter jener Zeit nennen. »Mancher wurde arm, der früher reich war. Es geschah viel Unbill; man beraubte die Länder Tag und Nacht, wovon viele Dörfer wüst (verwüstet) lagen. Die Reichen nahmen den Armen ihr Gut.«

Wie in Deutschland herrschte auch in Österreich das Faustrecht. Unschuldige Menschen wurden gefangengenommen, gequält, getötet. Diesem Zustand machte Przemysl Ottokar von Böhmen ein Ende, der im Spätherbst des Jahres 1251 mit einem Heer in Österreich einmarschierte. Ottokar wird als schön, mittelgroß, aber kräftig und tapfer beschrieben. Über seinen Charakter sind sich die Historiker nicht einig. Die einen bezeichnen ihn als blutrünstigen Zwingherrn und Bedrücker, der seine Feinde, an Pferdeschweife gebunden, zu Tode schleifen ließ. Die anderen schildern ihn als hochherzig, freigebig und rechtschaffen. Ein berechnender, skrupelloser Mann war er jedenfalls. Um der Besitznahme des Landes einen rechtlichen Anschein zu geben, heiratete er auf der Hainburg Margarethe, die Schwester Herzog Friedrichs II. Margarethe war mehr als doppelt so alt wie er, nämlich 47. Aber das spielte für Ottokar keine Rolle. Diese Ehe paßte in sein politisches Spiel. Als er Margarethe nicht mehr brauchte, trennte er sich von ihr und nahm sich eine Jüngere zur Frau.

Ottokar war zunächst vom Glück begünstigt und erfolgreich. Er bestieg nach dem Tod seines Vaters den böhmischen Königsthron und entriß den Ungarn die Steiermark. Als ihm der Herzog von Kärnten Kärnten und Krain überließ, reichte sein Reich vom Erzgebirge bis zum Adriatischen Meer. Kein Wunder, daß die Zeitgenossen den mächtigen Herrscher als »rex aureus«, als »goldenen König« bezeichneten.

In den österreichischen Ländern führte Ottokar eine gerechte, aber harte, ja grausame Herrschaft. Rücksichtslos ließ er die Burgen abbrechen, die die Adeligen widerrechtlich errichtet hatten, warf er Aufstände nieder und ließ die Rädelsführer in das Gefängnis werfen, hob er die Nester von Raubrittern und die Schlupfwinkel von Wegelagerern aus. Durch all diese Maßnahmen schuf er sich im Adel zahlreiche Feinde. Bei den Bürgern in den Städten und bei den Bauern war Ottokar hingegen sehr beliebt. Er sorgte für Ordnung, gewährte ihnen Sicherheit und förderte Handel und Gewerbe. Den Städten gegenüber erwies sich der Böhmenkönig ab und zu sogar als milde und großmütig: Als Wien im Jahre 1276 durch drei Feuersbrünste fast völlig eingeäschert wurde, befreite Ottokar die Bürger für fünf Jahre von allen Steuern und Abgaben und verlieh ihnen das Recht, einen zusätzlichen Markt abzuhalten.

König Ottokar von Böhmen, der sich auch Herzog von Österreich und Steiermark nannte, war der mächtigste Fürst seiner Zeit im ostmitteleuropäischen

Raubritter trieben im herrenlosen Österreich ihr Unwesen

14

Älteste Darstellung Rudolfs I. in einer Handschrift

Raum. Er war mächtiger als der deutsche König, den er geringschätzig als »armen Grafen« bezeichnete, der am »Bettelstab« ginge. Aber ob arm oder nicht, Rudolf von Habsburg war als Reichsoberhaupt der Lehensherr des Böhmenkönigs. Ottokar hatte sich in der kaiserlosen Zeit Gebiete angeeignet, die zum Reich gehörten. Diese Länder forderte Rudolf nun zurück, doch Ottokar dachte nicht im entferntesten daran, sie herauszugeben. Auch auf einem Reichstag, zu dem er geladen wurde, erschien er nicht. Daraufhin wurde ihm wegen Ungehorsams die Herrschaft in den meisten Ländern, die er regierte, aberkannt und über ihn die Reichsacht verhängt. Eine kriegerische Auseinandersetzung zwischen dem deutschen König Rudolf von Habsburg und seinem großen Widersacher Przemysl Ottokar von Böhmen war damit unvermeidlich geworden.

Rudolf ist sich vollkommen im klaren darüber, daß er ohne die Hilfe der deutschen Fürsten gegen Ottokar nichts ausrichten kann. Also versucht er fieberhaft, Bundesgenossen zu gewinnen. Es gelingt ihm, einflußreiche Herrscher auf seine Seite zu ziehen: den Burggrafen von Nürnberg, den Herzog von Niederbayern, den Erzbischof von Salzburg, Teile des österreichischen und steirischen Adels, böhmische Barone. Dann versammelt er ein Reichsheer und zieht los. Es wird ein Siegeszug, wie ihn der militärisch klug operierende Rudolf in seinen kühnsten Träumen nicht zu erhoffen gewagt hat. Die Städte Linz, Enns, Ybbs und Tulln öffnen ihm ihre Tore und bereiten ihm einen begeisterten

Empfang. Nur Wien verschließt sich ihm. Die Wiener, denen es unter Ottokars Herrschaft gut gegangen ist, halten treu zum Böhmenkönig. Das Heer Rudolfs von Habsburg belagert die widerspenstige Stadt. Aber Rudolf, der auf seinen Kriegszug kein Belagerungsgerät mitgenommen hat, kann die Stadt nicht erobern, und Ottokar, der mit seinen Mannen aus Böhmen herbeigeeilt ist, kann sie nicht entsetzen. Durch die Donau getrennt, stehen die beiden Heere einander mehr oder minder tatenlos gegenüber. Weder Rudolf noch Ottokar wagen eine Entscheidungsschlacht. Aber der deutsche König hat doch den längeren Atem. Ganze Scharen von Kriegern laufen aus Ottokars Heer in das andere Lager über. Der stolze Böhmenkönig muß sich zu Verhandlungen bequemen und nachgeben. Am 21. November 1276 steht das Verhandlungsergebnis fest: Ottokar muß auf Österreich, Steiermark, Kärnten und Krain verzichten, behält aber das Königreich Böhmen und die Markgrafschaft Mähren als Reichslehen. Vier Tage später begibt sich Ottokar, prächtig gekleidet und mit der Krone auf dem Haupt, in das Lager seines Gegners. Kniend, wie es Brauch ist, nimmt er von Rudolf die Lehen in Empfang. Es muß eine der demütigendsten Situationen in seinem Leben gewesen sein. Rudolf hat einen unblutigen Sieg errungen. Der Geschlagene zieht heimwärts nach Böhmen, der Sieger hält Einzug in der ihm feindlich gesinnten Hauptstadt Österreichs. Rudolf von Habsburg und Ottokar von Böhmen haben Frieden geschlossen. Aber dieser Friede ist trügerisch, die Entscheidung nicht endgültig. Ottokar von Böhmen will sich mit der Niederlage nicht abfinden, der deutsche König überspannt den Bogen. Rudolf verlangt von seinem Gegner immer neue Zugeständnisse. Unter diesen Umständen wird ein neuerlicher Waffengang unvermeidlich. Wieder sehen sich die beiden Herrscher nach Bundesgenossen um. Ottokar ist diesmal in einer günstigeren Position als im Jahre 1276. Rudolf ist es trotz größten Entgegenkommens nicht gelungen, Wien für sich zu gewinnen. Eine allgemeine Grund- und eine Kriegssteuer, die er in Österreich ausschreibt und hart eintreiben läßt, erbittert die Untertanen. Von den deutschen Kurfürsten und Fürsten kann der Habsburger kaum Hilfe erwarten. Ihnen ist er längst zu mächtig geworden. Sie sind nur auf ihren eigenen Vorteil bedacht. Sie wollen keinen starken König, kein starkes Reich.

Ottokar verläßt Ende Juni 1278 Prag und begibt sich nach Brünn, das er zum Sammelplatz für sein Heer auserkoren hat. Aus allen Himmelsrichtungen strömen dort die Ritter zusammen, die seinen Kriegszug mitmachen wollen: aus Böhmen und Mähren, aus Polen und Schlesien, aus Brandenburg, Bayern und Thüringen.

In diesem Frühsommer des Jahres 1278 befindet sich Rudolf von Habsburg militärisch in einer ausgesprochen mißlichen Lage. Hätte Ottokar jetzt losgeschlagen, Rudolf wäre hoffnungslos verloren gewesen. Aber der Böhmenkönig zögert, er macht entscheidende Fehler. Statt mit seinem Heer geradewegs nach Wien zu marschieren, das nur von wenigen Truppen besetzt ist, belagert er drei Wochen lang die kleine Stadt Drosendorf im nördlichen Niederösterreich und wendet sich dann gegen Laa an der Thaya. Er verliert dadurch wertvolle Zeit, gibt seine militäri-

schen Vorteile aus der Hand. Sein unge-
schicktes taktisches Verhalten gibt den
Historikern noch heute Rätsel auf.

Unterdessen ist Rudolf nicht untätig gewesen. Er läßt rasch entschlossen Truppen
zusammentrommeln, setzt bei Wien über
die Donau und rückt bis zur Grenzfe-
stung Marchegg vor. Dort errichtet er ein
festes Lager und wartet auf das Eintreffen
seiner Verbündeten, vor allem der Ungarn. Deren leichte kumanische Reiterei
ist für Erkundungszüge ungemein wichtig. Nach ihrem Eintreffen läßt sie Rudolf
auch gleich bis Laa an der Thaya aus-
schwärmen. Ottokar bricht die Belagerung der Stadt ab, zieht mit seinem Heer
nach Südosten auf die March zu und
schlägt beim Dorf Jedenspeigen ein festes
Lager auf, das auf drei Seiten durch den
Fluß geschützt ist und auf der vierten
durch Wall und Graben gesichert wird.
Dort verharrt er untätig und überläßt dem
Gegner die Initiative. Rudolf rückt mit
seiner Streitmacht in den Raum zwischen
Angern und Stillfried vor und errichtet auf
dem Haspelberg ein vorgeschobenes Lager. Die Ebene, die in nördlicher Richtung vor ihm liegt, Kruterfeld genannt,
eignet sich vortrefflich für eine Schlacht.
Hier wird sich in Bälde das Schicksal
Österreichs entscheiden.

Die beiden Heere standen einander zwei
volle Tage in Sichtweite gegenüber, ohne
daß sich viel ereignete. Angeblich hatte
Rudolf seinem Gegner den Vorschlag gemacht, die Schlacht am 26. August auszu-
tragen. Es war dies ein Freitag, der bevor-
zugte Kampftag des Königs. Der ritterli-
che Ottokar soll den Termin akzeptiert
haben.

Die beiden Heerführer trafen in aller

Das Heer König Ottokars

Ruhe ihre Vorbereitungen für den entscheidenden Waffengang. Rudolf glie-
derte seine Reiterei in drei Treffen zu je
zwei Kampfgruppen, die er nacheinander
in die Schlacht werfen will. Die flinken
ungarischen Reiter sollten mit einem ver-
wirrenden Pfeilhagel die Schlacht eröffnen. In das zweite Treffen beorderte er
die österreichischen Ritter, im dritten
wollte er selbst mit seinen Schwaben und
den verläßlichsten Gefolgsleuten aus der
Steiermark stehen. Im Widerspruch zur
ritterlichen Tradition und Fairneß po-
stierte Rudolf zusätzlich ungefähr sechzig
Ritter auf den Hügeln des Hochfeldes in
einem Hinterhalt. Sie sollten während der
Schlacht in einem günstigen Augenblick

17

ihre Deckung verlassen und dem Gegner in die Flanke fallen.

Auch Ottokar teilte sein Heer in drei Treffen ein. Er war seinem Gegner an schwerer Reiterei überlegen. Bei der leichten Reiterei hatte der Habsburger ein zahlenmäßiges Übergewicht. Das Fußvolk blieb im Schlachtplan unberücksichtigt. Es sollte nicht mitkämpfen, sondern lediglich die Lager bewachen. Die Ritter werden in der Schlacht wie bei einem Turnier auf ihren Rossen in langer Reihe aufeinander zureiten und im Kampf Mann gegen Mann versuchen, den Gegner mit der langen, spitzen Lanze aus dem Sattel zu stechen. Wer vom Pferd fällt, wird erschlagen oder gilt als Gefangener, der nicht mehr in das Kampfgeschehen eingreifen darf. Sieger ist der, der das Schlachtfeld behauptet.

Am Vorabend der Schlacht liegen in den Zelten der beiden Heerlager die Ritterrüstungen bereit: der schwere, eiserne Helm mit den schmalen Sehschlitzen, die nur den Blick nach vorne freigeben; das Kettenhemd, ein aus zusammengenieteten Ringen bestehendes Rüstungsstück; das dick gepolsterte Lederwams, das unter dem Kettenpanzer getragen wird, um die Schwerthiebe zu dämpfen; die an den Gelenken beweglichen Arm- und Beinschienen und schließlich Schild, Lanze und Schwert, die als Verteidigungs- und Angriffswaffen dienen.

Da die Vollrüstung – nach heutigem Gewicht – zwischen 25 und 30 Kilogramm wog, konnte der Ritter nicht aus eigener Kraft sein schweres Streitroß besteigen, sondern mußte von seinem Knappen in den Sattel gehoben werden. Er war durch seine Unbeweglichkeit schwerfällig und verwundbar. Einmal

Ritterschlacht

aus dem Sattel geworfen, war er wehrlos und kampfunfähig.

Am 26. August 1278 geht es in Rudolfs Lager bereits am frühen Morgen lebhaft zu. Die Ritter legen mit Hilfe ihrer Schildknappen die Rüstung an. Dann wohnen sie einer heiligen Messe bei, die ein hoher Geistlicher liest. Auch der König ist zugegen. Nach dem Gottesdienst vollzieht Rudolf an einer Anzahl von jungen Edelknappen die Schwertleite, das heißt, sie werden in den Ritterstand aufgenommen. Dann läßt er die Kämpfer in Schlachtreihen Aufstellung nehmen. Gegen neun Uhr morgens erteilt er dem ersten Treffen den Befehl zum Angriff. Die Kumanen reiten los. Mit dem Schlachtgesang »Santa Maria, Mutter und Magd, all unsere Not sei Dir geklagt« zieht das Heer den Haspelberg hinunter zum Kruterfeld. Auch die Böhmen und Mähren haben ein Lied angestimmt: »Hospodine, pomiluy ny«, »Herr, erbarme Dich unser«, singen sie.

Aber jetzt, als die Reitermassen aufeinan-
derprallen, verklingt der Gesang. Wilder
Schlachtenlärm erfüllt an seiner Stelle die
Ebene. Auf die böhmischen Ritter geht ein
heftiger Pfeilregen nieder, dem sie zunächst tapfer standhalten. Mit Fortdauer
des Kampfes sind sie den beweglichen ku-
manischen Reitern jedoch nicht gewachsen. Ihre Reihen lichten sich, sie wenden
sich zur Flucht. Die Kumanen stürmen an
ihnen vorbei bis in das böhmische Lager
und beginnen es zu plündern. Sie denken
nur noch an das Beutemachen. Für den
Rest des Kampfes ist mit ihnen nicht mehr
zu rechnen.

Ottokar wirft jetzt unter seiner Führung
sein zweites Treffen in die Schlacht, seine
Elitetruppe, die auf Rudolfs zweite Ge-
fechtslinie trifft. Nun erst beginnt die
eigentliche Schlacht, der Kampf der
schwergerüsteten Ritter. In langen Reihen, mit Schlachtrufen auf den Lippen,
reiten die gepanzerten Ungetüme aufeinander los. Die Wucht ihres Zusammen-
pralles läßt die Bewohner der umliegenden Ortschaften, die das Geschehen von
weitem ängstlich verfolgen, erzittern. Lan-
zenschäfte zerbersten krachend, Pferde
stürzen, Menschenkolosse fallen zu Boden und bleiben reglos liegen. Das Ge-
stöhn und die Schmerzensschreie der Verwundeten mischen sich mit dem Gewieher
der geängstigten Tiere. Die böhmische
Schlachtreihe kämpft mit dem Mut der
Verzweiflung, drängt die Österreicher zurück. Rudolf muß das dritte Treffen ein-
setzen, um sich behaupten zu können.
Wenn auch dieses Treffen dem Ansturm
der Feinde nicht standhalten kann, ist die
Schlacht für ihn verloren. Und es sieht
nun auch ganz nach einer Niederlage des
deutschen Königs aus. Die Mannen Otto-

Die Schlacht auf dem Marchfeld 1278

kars sind in der Überzahl. Sie hauen und
stechen mit wildem Ingrimm auf ihre
Feinde ein. Es entspinnt sich ein erbittertes
Ringen, ein Kampf auf Leben und Tod,
der hin und her wogt, der lange Zeit auf
des Messers Schneide steht.

König Rudolf kämpft trotz seines hohen
Alters – er ist bereits sechzig – wie ein ge-
wöhnlicher Ritter mitten unter den Seinen. Er ist einmal da, einmal dort zu finden. Mutig wirft er sich in das ärgste
Kampfgetümmel. Und da passiert es
plötzlich. Sein Pferd wird in der Nähe des
Waidenbaches von einem Lanzenstich
tödlich getroffen. Der König fällt kopf-
über aus dem Sattel, mitten hinein in den
Bach. Dort bleibt er regungslos liegen.
Aus eigener Kraft kann er sich nicht auf-
richten, zu schwer, zu drückend ist die
Rüstung. Er ist in Gefahr, von den Streit-

rossen des Gegners zu Tode getrampelt oder von einem Feind erschlagen zu werden. Schon gibt er sich selbst und die Schlacht verloren. Da wird er buchstäblich im letzten Augenblick von einem seiner Getreuen gerettet. Ein Mann aus seiner Heimat, ein Ritter namens Walther von Ramswag, sieht den König wehrlos im Bach liegen. Tapfer kämpfend schlägt er sich zu ihm durch, hilft ihm auf die Beine und setzt ihn auf ein frisches, ausgeruhtes Pferd. Der König ist wieder unter den Seinen, die Schlacht geht weiter.

Noch immer hat Ottokar die Chance zu siegen. Rudolfs Krieger zeigen nach dem stundenlangen Kampf in der mittäglichen Sonnenglut dieses strahlenden Augusttages bereits Ermattungserscheinungen. Der Böhmenkönig müßte nun sein drittes Treffen in den Kampf werfen, das noch auf den Einsatz wartet. Aber Ottokar zögert, und dieses Zögern kostet ihn schließlich Schlacht und Leben. Denn nun spielt Rudolf von Habsburg seine Trumpfkarte aus. Er gibt den sechzig Rittern, die er, vom Gegner unbemerkt, auf den Hügeln des Hochfeldes postiert hat, den Befehl zum Angriff. Sie stürmen auf die Ebene herab und stoßen in die rechte Flanke des eben herangeführten dritten Treffens der Böhmen. Der Flankenangriff trifft das Heer Ottokars mit tödlicher Wucht, spaltet es, löst Verwirrung und Panik aus. Eine böhmische Abteilung wendet die Schlachtrosse und stellt sich dem neuen Gegner, der sie hinterrücks anfällt. Die Umkehrbewegung wird von den eigenen Leuten als Flucht mißverstanden und von Rudolfs Gefolgsleuten geschickt ausgenützt. »Sie fliehen, sie fliehen«, beginnen sie, den Kampflärm übertönend, zu brüllen. Die Kriegslist wirkt. So durchdrin-

gend ist dieser Schrei, so unüberhörbar, daß er sich binnen kurzer Zeit über das ganze Schlachtfeld fortpflanzt. Die Reihen Ottokars lösen sich auf, in wilder Flucht stürmen sie nach Norden, dem eigenen Lager zu. Diejenigen, die noch ausharren, glauben sich verraten, wenden die Pferde, werden mitgerissen, fortgespült wie von einer verheerenden, alles unter sich begrabenden Flutwelle. Jeder will nur noch die eigene Haut retten, das nackte Leben. In dem Chaos, das entsteht, werfen die scheu gewordenen Rosse ihre Reiter ab, treiben die Verfolger die Verfolgten zu Hunderten in die March, wo sie in ihren schweren Rüstungen versinken wie ein leck gewordenes Schiff im Meer. Vergeblich versucht König Ottokar, die Niederlage abzuwenden. Selbst als die Schlacht schon längst verloren ist, kämpft er mit einigen wenigen Getreuen mutig

König Ottokars Tod

und unverzagt weiter. Aber dieses Ausharren ist sinnlos. Der König gefährdet dadurch nur das eigene Leben, ohne noch etwas retten zu können. Die Flucht kommt zu spät. Ein steirischer Ritter setzt ihm nach, stößt ihn vom Pferd und übt an dem wehrlos am Boden liegenden »goldenen König« persönliche Rache. Umherstreifende Troßbuben plündern den verstümmelten Leichnam, der später von Rudolf nach Wien gebracht und im Kreuzgang der Minoritenkirche einige Tage zur Schau gestellt wird.

Die Schlacht ist zu Ende. Die Sieger bleiben nicht auf dem Kampffeld stehen, wie dies ritterlicher Brauch ist, sondern verfolgen den fliehenden Gegner bis an die mährisch-österreichische Grenze.

Auf dem Kruterfeld bleiben die Toten zurück, die von Pfeilen oder Lanzen durchbohrten Ritter, und die Verwundeten, um die sich niemand kümmert, die jammernd und wimmernd zugrunde gehen an diesem heißen Augusttag des Jahres 1278. Über die Verluste der beiden Heere gibt es widersprüchliche Angaben. Allein die Böhmen sollen 12 000 Mann an Toten und Verwundeten verloren haben.

Für die österreichische Geschichte war dieser 26. August 1278 ein Wendepunkt, ein Tag von großer historischer Bedeutung. An ihm wurden die Weichen für einen Neubeginn gestellt.

Vier Jahre nach seinem entscheidenden Sieg, wenige Tage vor Weihnachten 1282, belehnte Rudolf von Habsburg seine beiden Söhne Albrecht und Rudolf mit Österreich, Steiermark, Krain und der Windischen Mark. Er legte damit den Grundstein für den Aufstieg seines Herrscherhauses zu Größe und Macht, die nach vielen Wechselfällen in den Novembertagen des Jahres 1918 ihr Ende finden sollten.

Rudolf belehnt seine Söhne

22. Juli 1515:

Doppelhochzeit im Wiener Stephansdom: Die Habsburger erheiraten Böhmen und Ungarn

Die Bürger von Gent reckten im dichten Spalier die Hälse, als Mitte August 1477 Maximilian, der Sohn des römisch-deutschen Kaisers, hoch zu Roß mit prächtigem Gefolge in ihre Stadt einritt. Der achtzehnjährige, gutgewachsene, freundlich lächelnde Prinz strahlte jugendlichen Frohsinn und Zuversicht aus. Er war den langen Weg von Österreich nach Flandern gekommen, um Maria, die Herzogin von Burgund, zu heiraten. Die Ehe war von den Vätern des Brautpaares, Kaiser Friedrich III. und Herzog Karl dem Kühnen, vor Jahren vereinbart worden.

Das Herzogtum Burgund, das von der Schweiz bis an die Nordsee reichte, war im 15. Jahrhundert einer der reichsten Staaten Europas. Karl der Kühne war ein halbes Jahr zuvor in einer Schlacht gegen die Schweizer gefallen, und die junge Maria hatte sein Erbe angetreten.

Braut und Bräutigam sehen einander an diesem Augusttag des Jahres 1477 in der großen Halle des Schlosses Ten Walle bei Gent zum erstenmal. Sie finden aneinander sofort Gefallen. Es ist Liebe auf den ersten Blick. Am 19. August findet die Hochzeit statt, zu der Maximilian in silberner Rüstung erscheint. Maria trägt ein weißes Damastkleid, die zierliche Krone Burgunds auf dem Haupt.

Obwohl die Vermählten sich zunächst kaum verständigen können – keiner kann die Sprache des anderen –, schwelgen sie im Eheglück. Wenige Wochen nach der Hochzeit schreibt Maximilian an seinen Freund Siegmund Prüschenk: »Lieber herr siegmund, ich füge euch zu wissen,

Maximilian heiratet Maria von Burgund

22

Maria von Burgund

daß mir von gottes gnaden wohl gehet — ich hab ein schöns fromms tugendhafts weib und gott dafür danke. Sie ist schneeweiß, braunes haar, ein kleins näsl, ein kleins häuptel und antlitz, augen braun und grau gemischt, schön und lauter, das untere häutel am aug etwas herunter gesenkt, so als ob sie geschlafen hätt, doch man merkt nicht viel davon, der mund rein und rot. Eine viel schönere jungfrau als ich gesehen hab, und fröhlich.«

Zarter, liebevoller, poetischer hätte der Bericht des jugendlichen Bräutigams gar nicht ausfallen können. Maximilian und Maria verstehen und ergänzen einander blendend. Sie machen gemeinsame Ausritte, sie laufen eis, sie sind beide begeisterte Schachspieler. Sie lehren einander, zwischen Küssen, ihre Muttersprachen: sie ihn Französisch, er sie Deutsch.

Die Flitterwochen der beiden Verliebten werden bald von der harten politischen Realität abgelöst. Das Herzogtum Burgund mit seinem Reichtum und seinen wohlhabenden Städten ist ein Dorn im Fleisch der französischen Könige. Es gibt Krieg. Maximilian behauptet sich. Seine Frau bringt zwei Kinder zur Welt, einen Sohn, Philipp, der später den Beinamen »der Schöne« bekommt, und eine Tochter, Margarethe. Der junge habsburgische Kaisersohn scheint das Glück gepachtet zu haben. Aber dann, nach einigen Jahren des Glücklichseins und der Erfolge, bricht das große Unheil über ihn herein. Auf einer Falkenjagd setzt Maria, die wieder in anderen Umständen ist, über einen Graben, stürzt vom Pferd und zieht sich tödliche Verletzungen zu. Mit einemmal ist die Welt, ist das Leben des jungen Maximilian verwandelt. Der 23jährige, der Fremde, der Zugereiste sieht sich ringsum von Feinden umgeben. Es bleibt ihm nicht einmal das Recht des ärmsten Mannes, Vater seiner Kinder sein zu dürfen. Brutal wird ihm die Vormundschaft über seinen Sohn Philipp entzogen, die Tochter Margarethe wird zur Erziehung an den französischen Königshof gebracht. In den flandrischen Städten bricht ein Aufstand gegen ihn los. Sie wollen keine Fremdherrschaft über sich erdulden, sie wollen frei sein, unabhängig.

Maximilian kämpft um sein burgundisches Erbe einen langen, verzweifelten Kampf. Er verzeichnet Siege, aber er muß auch Niederlagen hinnehmen und Demütigungen. 1488 wird er, der zwei Jahre vorher in Frankfurt am Main zum Römischen König gewählt worden ist, bei seiner Rückkehr nach Flandern von den Bürgern der Stadt Brügge gefangengenommen. Er bangt um sein Leben. Im

Kaiser Friedrich III.

übrigen Europa löst diese Gewalttat Entsetzen und Empörung aus. 105 Tage muß Maximilian im Gefängnis schmachten, ehe ein Reichsheer die Brügger zwingt, den König freizulassen. Maximilian ernennt einen Stellvertreter und verläßt reich an Erfahrungen und Eindrücken die Niederlande, um sich anderen, neuen Aufgaben zu widmen.

Im Reich und in den habsburgischen Erblanden steht es nicht gerade zum besten, als Maximilian aus Burgund zurückkehrt. Friedrich III., der Kaiser, eine zähblütige, schwerfällige Natur, ist in Bedrängnis. Wien, die kaiserliche Hauptstadt, und weite Teile Niederösterreichs sind in den Händen der Ungarn, deren König, Matthias Corvinus, in der Hofburg residiert. Der Kaiser, zeitlebens ein Getriebener, ein

Heimatloser, ist müde und alt geworden. Er läßt den Dingen seinen Lauf, und auch der junge, tatkräftige Maximilian richtet zunächst wenig aus. Er hat nicht die Mittel, die Lage zu ändern, seine Pläne durchzuführen. Er stößt damit auf geringes Verständnis, bestenfalls auf halbherzige Unterstützung.

Erst 1490 wendet sich durch eine Fügung des Schicksals das Blatt zu seinen und seines Vaters Gunsten. Am 19. März verzichtet Erzherzog Siegmund, der »Münzreiche«, zugunsten seines Neffen Maximilian auf die Regierung in Tirol und den Vorlanden (Gebiete in Vorarlberg und Südwestdeutschland). Einige Wochen später stirbt Matthias Corvinus nach qualvollem Todeskampf in dem von ihm eroberten Wien.

Maximilian trommelt ein Söldnerheer zusammen, zieht von Graz aus über den Semmering und nimmt, von der Bevölkerung jubelnd begrüßt, Wien ein. Hierauf überschreitet er die österreichisch-ungarische Grenze und erobert die alte Krönungsstadt Stuhlweißenburg. Als er die Truppen anschließend gegen Ofen (das heutige Budapest) führen will, verweigern sie ihm den Befehl. Der König muß den Heimmarsch antreten. Immerhin: der Feind ist vom Boden Österreichs vertrieben, alle habsburgischen Länder sind wieder in einer Hand vereinigt.

Am 19. August 1493, ein Jahr nach der Entdeckung Amerikas, von der er noch erfahren hat, verabschiedet sich Kaiser Friedrich III., 78jährig, von dieser Welt. Sein Leichnam wird von Linz, wo er verstorben ist, nach Wien gebracht und in der Herzogsgruft des Stephansdomes beigesetzt. Für den 34 Jahre alten Maximilian beginnt ein neuer Lebensabschnitt. Er

Maximilian als deutscher König

ist nun Herr seiner eigenen Entschlüsse, er kann endlich damit beginnen, seine zahlreichen hochfliegenden Pläne in die Tat umzusetzen.

Maximilian I., der »letzte Ritter«, wie er unzutreffenderweise von manchen Historikern noch immer genannt wird, war ohne Zweifel eine der interessantesten und farbigsten Herrscherpersönlichkeiten der österreichischen Geschichte. 1459 in Wiener Neustadt geboren, war Maximilian in seinem Naturell das ganze Gegenteil seines Vaters. Friedrich war schwerblütig, bedächtig, zäh und ungesellig, Maximilian temperamentvoll, sprunghaft, tatkräftig, phantasiebegabt, eitel und lebenslustig. Der Vater war ein Knauserer, der jeden Heller zehnmal umdrehte, ehe er ihn ausgab, der Sohn ein Verschwender, der mit Geld nicht umgehen konnte, es

zum Fenster hinauswarf, immer zuwenig davon hatte. »Massimiliano senza danaro«, »Maximilian ohne Geld« hieß er bei den Italienern. Um seine zahlreichen Kriegszüge und seine phantastischen Pläne durchführen zu können – Maximilian trug sich eine Zeitlang sogar mit dem Gedanken, Papst zu werden –, verpfändete er Bergwerke, verkaufte er Familienbesitz, borgte er von den Fuggern in Augsburg, den Rothschilds des 15. und 16. Jahrhunderts, Millionen und Abermillionen. Erfolgreich waren viele seiner (kriegerischen) Unternehmungen dennoch nicht: Die Krönung zum Römischen Kaiser blieb ihm versagt, weil ihm die Venezianer den Durchzug durch ihr Gebiet verwehrten und er daher nicht nach Rom gelangen konnte. Der Kriegszug gegen die Türken, den er ein Leben lang plante, kam nie zustande.

Eine glücklichere Hand bewies Maximilian bei der Durchführung seiner ehrgeizigen künstlerischen Vorhaben. Er unterstützte die Gelehrten seiner Zeit, die damit begannen, die Werke der griechischen und römischen Philosophen und Schriftsteller wiederzuentdecken (Humanisten), er förderte die wissenschaftliche Forschung und die Arbeit von Künstlern. Maximilian gab Auftrag zur Anfertigung von Jagd- und Fischereibüchern, die heute zu den wertvollsten Beständen der Österreichischen Nationalbibliothek zählen, und versuchte sein eigenes dichterisches Talent unter Beweis zu stellen. Seine romantische Brautfahrt nach Burgund hat er in einem großartig bebilderten Werk, dem »Theuerdank«, das er zum Teil selbst verfaßte, farbig geschildert. Maximilian war ein weltoffener, welthungriger, »moderner« Mensch.

Am nachhaltigsten beeinflußte der liebenswerte, leutselige Herrscher die Weltgeschichte durch seine Heiratspolitik. Das erste große Heiratsprojekt Maximilians betraf seine eigenen Kinder. Der Kaiser verehelichte seinen Sohn Philipp mit Juana (die als »Johanna die Wahnsinnige« in die Geschichte eingegangen ist), einer Tochter des spanischen Königspaares. Seine Tochter Margarethe erhielt den spanischen Thronfolger Juan (Johann) zum Mann. Maximilian verfolgte mit diesen Ehen ein politisches Ziel. Er wollte ein antifranzösisches Bündnis zwischen Spanien und Deutschland zustande bringen, das sich gewissermaßen aus der Geographie ergab: Sowohl er wie die Herrscher Spaniens litten unter der anmaßenden Politik der französischen Könige. Der habsburgische Feuergeist dachte also zunächst weder an Landgewinn noch an eine großartige Erbschaft. Aber es kam dann – mit gütiger Hilfe des Schicksals – alles ganz anders. Juan, der spanische Thronfolger, starb schon nach kurzer Ehe. Er hatte sich, so behaupteten böse Zungen, zu Tode geliebt. Seine ältere Schwester, die den König von Portugal geheiratet hatte, und deren Sohn starben ebenfalls frühzeitig. Und so war plötzlich Johanna die Wahnsinnige, die Gemahlin Philipps, Thronfolgerin. In der Tat erbte dann Karl, der älteste Sohn aus dieser Ehe, nach dem Hinscheiden der Eltern und Großeltern das Königreich Spanien. Der Tod hatte dem Haus Habsburg zu einer riesigen, zukunftsträchtigen Erbschaft verholfen. Denn zu Spanien gehörten damals neben Neapel und Sizilien auch die neuen, unermeßlich reichen Länder in Amerika, die Christoph Kolumbus für die spanische Krone in Besitz genommen hatte.

Karl, der Erbe Spaniens, der spätere Kaiser Karl V., war ein Enkel Maximilians. Mit zwei anderen Enkelkindern, Karls jüngeren Geschwistern Ferdinand und Maria, verfolgte der Kaiser Heiratspläne, die diesmal eindeutig auf Landgewinn im Donauraum abzielten: auf die Erwerbung Ungarns und Böhmens. Seine Verhandlungspartner waren König Wladislaw II. von Ungarn und Böhmen und dessen Bruder Sigismund, der Polenkönig. Die Kinder Wladislaws, Ludwig und Anna, sollten mit den Enkelkindern Maximilians verheiratet werden. So war es seit langem vereinbart. Nun – die vier Kinder sind gerade zwischen neun und zwölf Jahre alt – soll das Eheprojekt des Jahrhunderts endgültig beschlossen werden.

Die Verhandlungen beginnen Anfang April 1515 in Preßburg mit einer Heiligen-Geist-Messe und feierlichen Fürbitten um Frieden. Sie sind langwierig und mühsam, das Gesprächsklima ist unfreundlich. König Wladislaw und der Polenkönig sind darüber verärgert, daß Maximilian nicht persönlich erschienen ist. Aber der Kaiser will erst kommen, wenn die Gespräche günstige Ergebnisse gezeigt haben. Da man in der Sache kaum Fortschritte erzielt, unterbricht der kaiserliche Delegationsleiter, Kardinal Matthäus Lang, die Verhandlungen, um dem Kaiser einen Zwischenbericht abzustatten. Mit neuen Vollmachten ausgestattet, kehrt er nach Preßburg zurück. Die Gespräche werden wieder aufgenommen und führen nach sieben aufreibenden Verhandlungstagen zu einem Abschluß. Am 20. Mai unterzeichnen die bevollmächtigten Unterhändler die Vorverträge über die Doppelheirat und ein Friedens- und Freundschaftsbündnis zwischen dem Kaiser und den beiden Jagellonenkönigen. Denn Maximilian geht es nicht nur darum, dem Haus Habsburg die Thronfolge in Ungarn und Böhmen zu sichern. Er will durch ein Staatenbündnis in Osteuropa die Christenheit vor dem Ansturm der Türken schützen.

Das Verhandlungsergebnis von Preßburg soll in Wien bei einem Treffen der drei Herrscher besiegelt werden. Kardinal Lang drängt den Kaiser zur raschen Anreise. Aber Maximilian läßt sich Zeit. Er ist krank, er hat ein Fußleiden. Der eitle Habsburger möchte den beiden Königen nicht als kranker Mann in einer Sänfte begegnen, sondern hoch zu Roß, glanzvoll und respektgebietend. Vor allem aber ist Maximilian wieder einmal in Geldschwierigkeiten. Wladislaw und Sigismund sind mit glänzendem Gefolge nach Preßburg

gekommen. Der Kaiser kann und will es sich nicht leisten, ihnen in Wien wie ein Bettler zu begegnen. Er möchte bei dieser Zusammenkunft zeigen, daß er der erste und strahlendste Fürst der Christenheit ist. Also muß das Handelshaus Fugger wieder einmal Geld herleihen, 54 000 Gulden, eine gewaltige Summe. Der Kaiser muß dafür dem geschäftstüchtigen Jakob Fugger die Tiroler Silber- und Kupferbergwerke in Schwaz und Rattenberg zum Pfand geben. Aber es kommt noch schlimmer: Die Fugger lösen mit ihrem Geld auch die Reichskleinodien (Kaiserkrone, Zepter, Krönungsmantel und so weiter) aus, die Maximilian verpfändet hat. Der Kaiser läßt die geliehenen Prunkstücke nach Wien bringen und sie dort während der Festlichkeiten zur Schau stellen. Er hat vor, in der Stadt, die noch nicht die

Bergwerksarbeit zu Beginn der Neuzeit

Maximilian, Sigismund und Wladislaw treffen einander bei Trautmannsdorf

Kaiserstadt von später ist, ein großes, buntes Spektakel zu veranstalten. Dazu braucht er auch Soldaten, die er nun zusammentrommeln läßt. Albrecht Dürer, der große Maler, entwirft unbezahlt Festkleider und Hoftrachten, die Wiener Hofburg wird prachtvoll ausgestattet, das Festprogramm bis in das kleinste Detail vorbereitet. Das alles braucht Zeit, und Maximilian nimmt sie sich.

Unterdessen hocken Wladislaw und Sigismund im unwirtlichen Preßburg, das durch einen Großbrand schwer in Mitleidenschaft gezogen worden ist. Sie sind wegen der langen Verzögerung des Zusammentreffens mißmutig und können vom Kaiser durch Briefe und Gesandtschaften nur mühsam besänftigt werden.

Am 10. Juli 1515 trifft Maximilian endlich in Wien ein. Es gibt Begrüßungen, Empfänge, Reden. Der Kaiser ist noch immer nicht gesund. Er kann kaum ein Pferd besteigen. Die Zusammenkunft der Monarchen wird daher erst für den 16. Juli anberaumt. Sie soll auf freiem Feld in der Nähe des Schlosses Trautmannsdorf bei Bruck an der Leitha in Niederösterreich erfolgen.

Am frühen Morgen dieses Tages bricht Maximilian mit prächtigem Gefolge zum Zielpunkt auf. Die Vorhut bilden 2 000 berittene Söldner in blitzendem Harnisch. Es folgt der kaiserliche Hofstaat: ungefähr 800 Mann zu Pferd, prachtvoll ausgestattet, Herolde, Trompeter, die geistlichen und weltlichen Fürsten, das persönliche Gefolge Maximilians, Knechte und Knappen. Der Kaiser wird in einer Sänfte getragen, von den Spitzen des Adels aus seinen Erblanden in schwarzen Roben begleitet. Ihm folgt sein Chefunterhändler Matthäus Lang in Kardinalspurpur. Die Nachhut ist die größte Formation. Sie zählt an die 8 800 Reiter auf zum Teil gepanzerten Pferden, mit wehenden Federbüschen, goldenen Ketten und Edelsteinen.

Das Gefolge der Jagellonenkönige ist nicht minder eindrucksvoll. Es besticht durch die Pracht der Kleider, Uniformen und Waffen. Besonderes Staunen erregen die Moskowiter Bogenschützen mit ihren hohen weißen Hüten und die Tataren mit ihrer ohrenbetäubenden Trompetenmusik. Der kranke König Wladislaw läßt sich wie der Kaiser in einer Sänfte tragen, begleitet von ungarischen und böhmischen Prälaten, Grafen und Rittern. Die beiden Königskinder befinden sich mitten im Zug, der neunjährige Ludwig hoch zu Roß, die zwölfjährige Anna in einer vergoldeten Kutsche, die von acht Schimmeln gezogen wird.

Man sieht schon aus dieser Schilderung, die einer der Teilnehmer, der kaiserliche Gelehrte Johann Cuspinian, überliefert hat, daß es bei diesem Treffen – und heute ist es oft nicht anders, nur die Umstände haben sich geändert – um das Prestige ging, um die Zurschaustellung von Macht und Ansehen. Einer wollte den anderen in den Schatten stellen, übertrumpfen, ausstechen.

Die drei Herrscher begrüßen einander mit kurzen lateinischen Ansprachen. Dann lädt Kardinal Lang die Gäste im Namen des Kaisers nach Wien ein. Der Tag wird mit einer Jagd auf den Feldern der Umgebung abgeschlossen.

Für den nächsten Tag, wir schreiben den 17. Juli 1515, ist der feierliche Einzug in die Hauptstadt geplant. Der bunte Festzug erreicht gegen Abend die Stadtmauern. Ganz Wien ist auf den Beinen, als die drei Monarchen mit ihrem Gefolge durch die Kärntnerstraße zum Stephansdom ziehen. Der Bürgermeister, der Stadtrat, die Geistlichkeit, die Professoren und Studenten der Universität, die Handwerkerzünfte mit ihren Fahnen, 300 Landsknechte mit ihren langen Spießen und 1 500 Bürger und Bürgerssöhne, alle scharlachrot gekleidet, bereiten dem Kaiser und seinen Gästen einen großartigen, imponierenden Empfang. Es war ein Schauspiel, so meint ein Zeitgenosse, wie man es bis dahin in Wien noch nicht erlebt hatte. Vor dem Riesentor des Domes werden die hohen Herren vom Bischof und seinen Domgeistlichen willkommen geheißen. Dem bischöflichen Segen setzt ein Wolkenbruch ein vorzeitiges Ende. Völlig durchnäßt begeben sich die Herrscher in ihre Quartiere: der Kaiser und König Wladislaw in die Hofburg, der Polenkönig in ein vornehmes Bürgerhaus in der Kärntnerstraße.

An den folgenden Tagen gibt es Bankette, Turniere, glänzende Feste, Empfänge. Bei

Doppelhochzeit in Wien

einer dieser Festveranstaltungen im geräumigen Ballsaal der Hofburg wird Erzherzogin Maria, die zehnjährige Enkelin des Kaisers, ihrem um ein Jahr jüngeren Bräutigam, Ludwig von Ungarn, vorgestellt. Maria ist am Fürstenhof in Mecheln im heutigen Belgien erzogen worden und befindet sich auf Geheiß des kaiserlichen Großvaters seit einigen Monaten in Wien, wo für die königliche Braut ein eigener kleiner Hofstaat eingerichtet worden ist. Ludwig und Maria eröffnen den Ballreigen, gemessenen Schrittes gefolgt von den anderen Tanzpaaren. Was werden sich die beiden Königskinder bei dieser Gelegenheit wohl zu sagen gehabt haben? Sind sie sich dessen bewußt gewesen, daß sie nichts anderes waren als bedauernswerte Schachfiguren im Spiel der hohen europäischen Politik? Wohl kaum. Sie mußten die Rolle spielen, die ihnen zugedacht war, willen- und widerstandslos. Sie hatten sich zu fügen. Nach ihren persönlichen Gefühlen, ihren Neigungen fragte sie niemand. Hinter den glanzvollen Fassaden der Fürstenhöfe verbargen sich nicht selten menschliche Kümmernisse und Seelennot.

Ludwig und Maria – das ist das eine Brautpaar. Das andere besteht, so seltsam das klingen mag, zunächst nur aus der Braut. Ferdinand, der Anna von Ungarn zugedacht ist, ist nicht in Wien. Der Zwölfjährige weilt in Spanien, am Hof Ferdinands von Aragonien, seinem Großvater mütterlicherseits, und weiß gar nichts von seinem Glück. Das ist natürlich peinlich, aber der 55jährige Maximilian weiß sich zu helfen: Am nächsten Tag erklärt er bei den abschließenden Vertragsverhandlungen, daß er Anna stellvertretend für seinen Enkel das Jawort geben werde. Sollte Ferdinand oder dessen Bruder Karl, der bei diesem Heiratspoker ebenfalls ins Spiel gebracht wird, binnen Jahresfrist als Ehemann nicht verfügbar

sein, so werde er die Prinzessin persönlich ehelichen. König Wladislaw scheint gegen diesen Vorschlag keine Einwände erhoben zu haben. In den überlieferten Berichten ist davon jedenfalls nicht die Rede.

Auch die übrigen Verträge, ein Friedens- und Freundschaftsvertrag zwischen dem Kaiser und dem König von Polen, ein Vertrag über den gemeinsamen Kampf gegen die Türken, werden unter Dach und Fach gebracht. Der »erste Wiener Kongreß« ist in seine Schlußphase getreten. Das entscheidende Ereignis, die Doppelhochzeit im Wiener Stephansdom, steht bevor. Es geht am 22. Juli 1515 in Szene.

Das erste bemerkenswerte Ereignis an diesem denkwürdigen Tag, dem Geburtstag der österreichisch-ungarischen Doppel-

Wien im 16. Jahrhundert

monarchie, geht schon am frühen Morgen in der Hofburg vor sich. Der Kaiser hat seine hohen Gäste in den großen Saal der Kaiserresidenz eingeladen. Kostbar in Gold und Hermelin gekleidet, schmucküberladen – wieviel davon mag geliehen gewesen sein? –, verkündet er den Anwesenden die Bestimmungen des Ehevertrages. Dann setzt er der kleinen Anna, deren künftiges Herrscherschicksal im Grunde völlig ungewiß ist, eine goldene Krone auf das zierliche Haupt. Anna verehrt dem Kaiser – so berichtet ein Augenzeuge – ein kostbares Hochzeitskränzlein aus Perlen und Edelsteinen.

Nach der Zeremonie in der Hofburg begibt sich der Kaiser hoch zu Roß in festlich-feierlichem Zug zum Stephansdom. Auch Sigismund und Ludwig sitzen im Sattel, während König Wladislaw in einer Sänfte getragen wird und die beiden jungen Bräute in Kutschen fahren. Am Straßenrand drängen sich die Schaulustigen.

Der Dom ist mit flämischen Teppichen auf das schönste geschmückt und widerhallt von Hörner- und Orgelklängen, als der Hochzeitszug einzieht. Der Kaiser, die beiden Könige und der jugendliche Bräutigam nehmen auf der rechten Seite des Chores Aufstellung, links stehen die Kardinäle, Erzbischöfe und Bischöfe. Die beiden königlichen Bräute knien auf Betschemeln nieder. Der herrliche gotische Dom ist bis auf den letzten Platz mit adeligen Würdenträgern aus Böhmen, Ungarn, Polen und Österreich gefüllt. Der Bischof von Wien zelebriert das Hochamt, der Hoforganist Maximilians, Paul Hofhaimer, spielt auf der Orgel eine »Musika«, die er eigens für den festlichen Anlaß komponiert hat, die Sängerknaben brillieren mit Chorälen. Nach der Beendi-

gung des Hochamtes wird Maximilian für die Vermählungszeremonie eingekleidet und nimmt dann unter dem Thronhimmel Platz. Nun traut der Kardinal von Gran die beiden ungewöhnlichen Paare. Mit einem Tedeum findet der kirchliche Teil des Hochzeitsfestes seinen feierlichen Abschluß.

Weltlicher, ungezwungener, heiterer geht es beim anschließenden Festmahl und einem Turnier »Am Hof« zu, dem der Kaiser und seine hohen Gäste von den Fenstern der umliegenden Häuser aus zusehen. Reiterspiele der polnischen Kosaken, wie man sie in Wien bis dahin nicht gesehen hat, erregen Aufsehen, Dichter aus aller Herren Länder huldigen dem Kaiser und werden dafür mit klingender Münze entlohnt, die Universität macht ihm in der Hoffnung auf wohlwollende Förderung ihre Aufwartung. Die Königskinder vergnügen sich inzwischen auf ihre Weise. Sie veranstalten in den Räumen der Hofburg allerlei Spiele und hetzen im Tierpark mit Pfeil und Bogen hinter Rehen und Hirschen her. Der Tag klingt mit einer Festtafel in der Burg und einem großen Feuerwerk aus.

Am folgenden Morgen werden den Bräuten nach altem Brauch Gaben dargebracht. Erzherzogin Maria erhält vom Kaiser ein goldenes Kreuz im Wert von 20 000 Gulden, die ungarische Braut bekommt 600 Ellen (1 Elle = ca. 78 cm) Samt, Seide und Damast. Auch die übrigen Festgäste und Kongreßteilnehmer gehen nicht leer aus. Ludwig wird mit einem gepanzerten Turnierpferd und einer kostbaren Armbrust ausstaffiert, die ungarischen, böhmischen und polnischen Adeligen erhalten allerlei wertvolle Geschenke. Solche »Handsalben«, sprich: Schmiergelder, waren in jener Zeit durchaus nicht ungewöhnlich. Bestechung und Bestechlichkeit sind so alt wie die Menschheitsgeschichte.

In den nächsten Tagen werden die Vertragsurkunden ins reine geschrieben, unterzeichnet und gesiegelt. Der Kaiser schlägt nach einem Massenturnier, an dem 6 000 Reiter beteiligt sind, eine große Anzahl junger Herren aus ganz Europa zu Rittern. Am Abend des 28. Juli 1515 findet in der Hofburg die feierliche Schlußkundgebung des Kongresses statt. Dann reisen die ausländischen Festgäste in ihre Heimatländer zurück. In Wien kehrt wieder der Alltag ein.

Und die beiden jungen Bräute, die zwölfjährige Anna von Ungarn und die zehnjährige Erzherzogin Maria? Was geschah mit ihnen? Nun, sie blieben zunächst in der Kaiserstadt an der Donau und wurden dann zur weiteren Ausbildung nach Innsbruck gebracht. Dort mußten sie sich gedulden, warten, abwarten, wie sich die Dinge entwickeln würden. Ihr persönliches Schicksal hing vom Gang der Weltgeschichte ab, von den Wechselfällen des Lebens. Die beiden königlichen Demoiselles hatten Glück: Anna wurde am 26. Mai 1520 im Dom zu Linz dem für sie vorgesehenen Ferdinand angetraut. Der harmonischen Ehe entsprossen fünfzehn Kinder. Ludwig bestieg nach dem Tod des Vaters 1516 den Thron Ungarns. Er ehelichte am 13. Jänner 1522 Maria in Stuhlweißenburg endgültig und unwiderruflich, nach-

König Ludwig II. von Ungarn

dem sie beide für volljährig erklärt worden waren. Das stürmische, wilde Eheglück des Paares dauerte nur kurze Zeit. Ludwig verlor im August 1526 bei Mohacs in einer entscheidenden Schlacht gegen die Türken sein junges Leben. Er versank bei der Überquerung eines Donauarmes mit seinem Pferd in den Fluten des Flusses.

Die Nachfolge in Ungarn und Böhmen trat sein Schwager Ferdinand an, der damit die fast vierhundertjährige Herrschaft des Hauses Habsburg in diesen beiden Ländern begründete. Die Voraussetzung dafür war durch Kaiser Maximilian am 22. Juli 1515 mit der Doppelhochzeit im Wiener Stephansdom geschaffen worden. Du, glückliches Österreich, heirate!

12. September 1683:

Der Sieg vor den Toren Wiens bannt die Türkengefahr

Im Frühjahr 1683 wälzte sich ein riesiges türkisches Heer wie eine verheerende Sturzflut durch Bulgarien, Serbien und Ungarn auf die Residenzstadt des Kaisers zu. Der »Goldene Apfel«, wie die Türken das reiche Wien nannten, sollte belagert und eingenommen werden. Großwesir Kara Mustapha, der Oberbefehlshaber der türkischen Streitmacht, hatte für seinen Zug nach dem Westen Truppen aus allen Teilen des Osmanischen Reiches zusammentrommeln lassen: Tataren aus der Krim, leichtbewaffnete Hilfsvölker aus Syrien, Persien und Arabien, Reiterabteilungen aus Ägypten. Zu ihnen stießen später Serben, Walachen und Moldauer aus dem heutigen Rumänien und Kuruzzen aus Ungarn.

Den Kern des Heeres bildeten die Janitscharen und die Spahis. Die Janitscharen waren die Elitetruppe der osmanischen Armee. Ursprünglich handelte es sich dabei um zum Islam erzogene Christenknaben, die keine Familie hatten und sich nur dem Soldatenberuf widmeten. Sie waren mit dem Yatagan, einer einschneidigen Hiebwaffe, einem kleinen Handbeil und einem Krummsäbel buchstäblich bis zu den Zähnen bewaffnet. Später kam noch ein Gewehr dazu. Ihre Bekleidung bestand aus einem blauen Obergewand mit engen Ärmeln, das beim Kampf unter

Großwesir Kara Mustapha

einen breiten Gürtel gesteckt wurde. Darüber trugen sie eine lange Weste und eine enge Hose. Ihre Stiefel waren absatzlos und aus weichem Leder. Als Kopfbedeckung diente eine weiße, mit einem handbreiten Goldrand verzierte Filzmütze.

Die Janitscharen waren gefürchtete Krieger. Ihr bedingungsloser Gehorsam und ihr Kampfesmut machten sie für Jahrhunderte zur besten Truppe der Welt. »Allahhu« brüllend stürzten sie sich in dichter Kampfreihe auf den Feind und erneuerten

33

immer wieder den Angriff. Gegen Ende des 17. Jahrhunderts hatten die Disziplin und die Kampfkraft der Janitscharen allerdings bereits stark nachgelassen.

Die Spahis, die in der Schlacht vor den Janitscharen den Kampf eröffneten, waren eine Reitertruppe. Sie trugen einen Helm, einen Harnisch und einen kleinen runden Schild. Diese Ausrüstung war jedoch leicht, so daß Roß und Reiter wesentlich beweglicher waren als die europäischen Ritter des Mittelalters. Ihre Hauptwaffen waren Pfeil und Bogen sowie ein knapp ein Meter langer Wurfspeer, der wie eine Art Wurfmesser geschleudert wurde.

Die leichte Reiterei der Hilfsvölker war der Schrecken aller Gegner des türkischen Heeres. Die »Renner und Brenner«, wie man sie nannte, ergossen sich wie ein Strom ins feindliche Land, plünderten Bauerngehöfte und Dörfer, erschlugen das Vieh oder trieben es mit sich und fingen die Menschen als Sklaven ein. Durch ihre gefürchteten Streifzüge verschleierten sie oft das eigentliche Marschziel des Heeres.

Neben Infanterie und Kavallerie spielte auch noch die Artillerie eine Rolle. Die türkische Armee verfügte über schwere und leichte Feldgeschütze sowie Mörser und schwere Belagerungsgeschütze. Kara Mustapha, dessen gesamte Streitmacht nach Schätzungen 150 000 bis 180 000 Mann ausmachte, verzichtete aber auf die schweren Belagerungsgeschütze, deren Transport mühsam und zeitraubend war,

Das türkische Heer marschiert gegen Wien

und ließ auch die schweren Feldgeschütze zurück. Statt dessen führte er auf mehr als 200 ochsenbespannten Wagen seine private Schatzkammer, seinen Harem, sein großes Orchester, einen gewaltigen Troß und riesige Schaf- und Rinderherden mit sich. Daß der Großwesir auf seinen Feldzug nur leichte Feldgeschütze mitnahm, war ein schwerer militärischer Fehler. Ein hoher türkischer Würdenträger war darüber entsetzt. Er schrieb: »Das war ja ein sonderbarer Oberfeldherr, der da bei all dem Pomp und Prachtaufwand, bei der reichen Ausrüstung der Truppen mit Kriegsgerät und Munition und bei all den Schätzen, die er mit vollen Händen verschwendet, kein großes Geschütz und keine Bombenmörser im Heer mitführte! Vor allem hier, wo er doch einen Feldzug gegen die Deutschen unternahm und sich zumutete, eine Festung wie Wien zu belagern, hätte er mindestens vierzig bis fünfzig Balyemez-Geschütze und fünfzehn bis zwanzig große Kolumbrinen-Geschütze (Colubrina: schweres Feldgeschütz), ebensoviel Bombenmörser und etwa dreihundert Sahi-Geschütze (leichtes türkisches Feldgeschütz) im großherrlichen Heer zur Verfügung halten müssen. So befanden sich im Heer nur neunzehn Kolumbrinen-Geschütze, fünf Bombenmörser und hundertzwanzig Sahi-Geschütze. Selbst von diesem Bestand waren fünf Kolumbrinen-Geschütze vor Raab zurückgelassen worden. Wie kann man jemals mit so kleinen Geschützen eine so starke Festung beschießen, wie kann man mit solcher Fahrlässigkeit dem deutschen Feind beikommen wollen? Wehe über solche Hoffart, wehe über solchen Leichtsinn!« Kara Mustapha war ein erfahrener, erfolgreicher Feldherr, der seine schwere Artillerie nicht aus Leichtsinn zurückließ. Der Grund für seine schwerwiegende Entscheidung war, daß er nicht die Absicht hatte, Wien sturmreif schießen zu lassen. Er wollte die Stadt gar nicht einnehmen und nach türkischem Kriegsrecht einer dreitägigen Plünderung durch seine Soldaten aussetzen. Er war davon überzeugt, die Wiener würden beim Anblick seiner Übermacht die Festung kampflos übergeben. Dann würde er, ein Liebhaber von Gold und Kunstwerken, die Beute, die ihm unversehrt in die Hände fiel, in Kisten verpacken und nach Istanbul transportieren lassen. Es war ein schöner Traum, der sich an ihm selbst bitter rächen sollte. Denn am Ende des großangelegten militärischen Unternehmens legte Kara Mustapha seinem Sultan nicht, wie geplant, den »Goldenen Apfel« zu Füßen, sondern der Henker legte ihm auf Befehl des Sultans die berühmte seidene Schnur um den Hals, mit der er erdrosselt wurde.

Das türkische Heer kam nur langsam voran. Die schlechten Straßen waren vom Regen aufgeweicht. Die Wagen blieben immer wieder im Schlamm stecken. Zudem ließ der Zustand der Brücken über die zahlreichen Flüsse, die überquert werden mußten, viel zu wünschen übrig. Ein eigenes Problem war natürlich auch die Versorgung der Soldaten. Das Heer verbrauchte täglich etwa 16 000 Kilogramm Fleisch und 60 000 Laib Brot. Diese Lebensmittel mußten hauptsächlich von der Landbevölkerung, die entlang der Heerstraße wohnte, aufgebracht werden. Das klappte oft nur schlecht und recht, so daß es nicht selten zu Plünderungen kam. Der Heerwurm hinterließ in den Landstrichen, durch die er sich wälzte, solcherart Hunger, Elend und Zerstörung.

Die türkische Armee, die im März 1683 von Istanbul und Edirne aufgebrochen war, erreichte Anfang Mai Belgrad. Sie überquerte die ungarische Tiefebene und überschritt am 6. und 7. Juli die Raab. Die Armee des Kaisers leistete nur schwachen Widerstand. Der Angriff auf Wien war nur noch eine Frage von Tagen.

Die Kunde vom Herannahen des türkischen Heeres löste in Wien banges Entsetzen aus. Täglich wurde nun die Türkenglocke geläutet, die alle Bewohner dazu aufrief, niederzuknien und für die Errettung vor dem Glaubensfeind zu beten. Durch die Stadttore drängten sich die ersten Flüchtlinge. Sie erzählten von Brandlegungen und Greueltaten des Feindes. Da jeder, der um Aufnahme in der Stadt ersuchte, sich selbst versorgen mußte, kamen sie mit Sack und Pack, schoben Handkarren und trieben Vieh vor sich her.

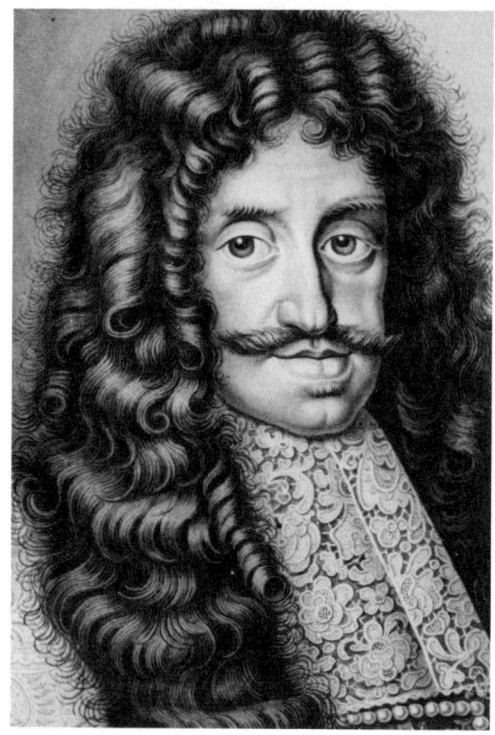

Kaiser Leopold I.

Den Kaiser schienen die Ereignisse zunächst kaum zu berühren. Leopold I. ging am 6. Juli in der Nähe von Mödling auf Hirschjagd, so als ob ihn alles nichts anginge. Begriff er die Gefahr nicht, die da aus dem Osten heranrückte, war er zu träge, zu unempfindlich, zu phlegmatisch, um darauf zu reagieren? Wollte er den Ansturm der Türken offen verharmlosen? Schon die Zeitgenossen haben sich über diese Fragen den Kopf zerbrochen und keine Antwort darauf gefunden.

Dieser Leopold I., den die Weltgeschichte nun auf eine harte Probe stellte, war zweifellos ein hochgebildeter, frommer Mann mit festen Grundsätzen. Aber er war vorsichtig, unschlüssig, mutlos. Umso erstaunlicher ist es, daß er sich schon am Tag nach seinem ungewöhnlichen Jagd-

ausflug, über den die Wiener den Kopf schüttelten, zu dem Entschluß durchrang, die Stadt zu verlassen. Der Kaiser konnte sich nicht einer möglichen Gefangennahme aussetzen.

Für eine Flucht war es freilich höchste Zeit. Die Türken standen bereits in Ungarisch-Altenburg. In der Wiener Hofburg begann nun ein hektisches Treiben. Die zahlreiche Dienerschaft packte Habseligkeiten aller Art, Gegenstände des täglichen Gebrauchs und Wertsachen in Kisten und verstaute sie auf die bereitgestellten Pferdewagen. Am Abend des 7. Juli 1683 verließ Leopold I. mit seinem Gefolge, begleitet von 200 Kürassieren (Reitern), seine Residenzstadt. Die gesamte Wagenkolonne bestand aus 69 Kaleschen (vierrädrige leichte Kutschen) und 32 schweren Wagen für den Kaiser, 33 Kaleschen, 22 schweren und 203 leichten Wagen für die Prinzen und Prinzessinnen.

Der beschwerliche Weg des Hofstaates führte über Korneuburg zunächst nach Krems. Von dort ging die Reise über Melk und Linz per Schiff nach Passau weiter, wo der Kaiser für mehrere Wochen notgedrungen Quartier nehmen mußte.

Das kaiserliche Vorbild zeigte Wirkung. Mit dem Hof suchten zahlreiche, vornehmlich wohlhabende Bürger vor den Türken das Weite. Ein Zeitgenosse berichtet: »Sobald dies kundbar geworden, daß Ihre Majestät mit dem Hofstaat wegreisen würden, da ist ein lauter Jammer, Elend und Not bei den Einwohnern entstanden. Was nur von Schiffen, Karren, Wagen, Pferden, was nur von Knechten, Dienern und anderen Lumpen sowie sonst nicht geachtetem Gesindel und allerlei nichtsnutzigen Rossen und Trossen, ja Spitzbuben, was nur von Zug- und Bagagepferden für zehnfaches Geld in der Eile aufzutreiben war, das wurde alles gemietet, um jedem die Flucht zu ermöglichen. Schade und zu bedauern war es, so viele Hundert starke, wohlgenährte und erfahrene waffentragende Lakaien, die der Stadt wohl angestanden wären, davongehen zu sehen und an deren Statt schwache und elende Leute am Ort zu lassen. Aus Mangel an genügenden Fuhren warfen sich angesehene wohlhabende Matronen und Mütter mit ihren erwachsenen Töchtern und Söhnen auf offene, unbedeckte Leiterwagen, ließen Haus, Hof und schön austapezierte Zimmer, die Weine im Keller, das Getreide auf dem Boden und in summa alles und jedes, was sie nicht zusammenpacken und zu sich stecken konn-

ten, im Stich. Manche Frauen, denen ihre Männer vorher keine Pferde verschaffen konnten, die ihnen, um ihre Prunksucht zu sättigen, schön genug waren, die waren nun froh, wenn sie ihre Karossen mit zweifarbigen, krummen, einäugigen und für einen Mistwagen dienenden Schindmähren zu bespannen gehabt haben; und diese belasteten sie dann so, daß von der allzu schweren Last die Räder zusammenbrachen und auf dem Weg liegenblieben. Da standen sie dann und wußten ihres Leides keinen Rat, waren dazu noch in Gefahr, augenblicklich vom Feind oder unseren eigenen Leuten überfallen, ausgeplündert oder gar totgeschlagen zu werden. Man sagt, es seien in diesen wenigen Tagen mehr als 60 000 Leute von Wien weggeflohen.« Diese Zahl ist sicherlich weit übertrieben.

Unterdessen traf man in Wien fieberhaft die unvermeidlichen Maßnahmen für die Verteidigung der Stadt. Bis zur Ankunft des Feindes gab es noch eine Menge zu tun. Die Lebensmittelvorräte mußten auf die verschiedenen Lagerhäuser gleichmäßig verteilt werden, die sanitären Probleme besprochen, die notwendigen Feuerschutzmaßnahmen beraten werden. Um dem Belagerungsheer Deckung und Unterschlupf zu entziehen, wurden die Vorstädte eingeäschert. Vor allem aber galt es, die Befestigungsanlagen noch rasch zu verstärken. Fast eine Woche lang bemühten sich Bürger, Soldaten, Taglöhner und Gelegenheitsarbeiter, die Basteien, den Stadtgraben und die Vorwerke in einen brauchbaren Zustand zu bringen. Schanzen und Palisaden (Zäune aus Pfählen) wurden errichtet und ausgebessert, Löcher in der zwölf Meter hohen Stadtmauer zugemacht, rund um die Stadt ein gedeckter

Rüdiger Graf Starhemberg

Wehrgang angelegt. Um den Zugang zu den äußeren Schanzen zu ermöglichen, wurden vor der Mauer hölzerne Brücken errichtet. Zur Beschleunigung dieser Arbeiten legte selbst Bürgermeister Andreas von Liebenberg mit Hand an.

Er gehörte mit Ernst Rüdiger Graf von Starhemberg und dem Bischof von Wiener Neustadt, Leopold Kollonitz, zum obersten Führungsstab in der Stadt. Für medizinische Fragen stand diesen drei tüchtigen Männern der holländische Pestarzt Dr. Paul Sorbait zur Seite, der die Aufsicht über die Notspitäler übernahm. Die Besatzung bestand aus 12 000 Berufssoldaten aus aller Herren Länder. Dazu kamen 5 000 Freiwillige aus der Wiener Bürgerschaft. Sie wurden gemäß der Vierteilung der Stadt in acht Kompanien (je zwei pro Viertel) gegliedert und während der Belagerung vornehmlich zum Wach- und Feuerlöschdienst herangezogen. Die

drei Studentenkompanien hatten eine Sonderstellung.

Trotz dieser verhältnismäßig geringen Zahl an einsatzbereiten und einsatzfähigen Verteidigern war Graf Starhemberg, der das militärische Oberkommando innehatte, guter Dinge. Die Lebensmittelvorräte reichten für ein paar Monate. Er hoffte, durchhalten zu können, bis Hilfe kam. Die Vorbereitungen hiezu waren bereits im Gange.

Am 13. Juli 1683 langte die Hauptstreitmacht der Türken vor Wien an. Kara Mustapha ließ den Großteil seiner Armee südlich und westlich von Wien bei den Dörfern Hundsturm, Gumpendorf und Ottakring die Zelte aufschlagen. Andere Abteilungen rückten bis Heiligenstadt vor und lagerten in einem breiten Gürtel um die Stadt. Das Prunkzelt des Großwesirs wurde in den Gärten zwischen der heutigen Burggasse und der Neustiftgasse aufgestellt, von wo aus man die belagerte Festung gut überblicken konnte. Am 14. Juli ließ Kara Mustapha eine in türkischer und lateinischer Sprache abgefaßte Aufforderung zur Kapitulation überreichen. Sie soll folgendermaßen gelautet haben: »Ich, durch die Gnade Gottes und die Würden des Propheten Heerführer des großmächtigsten Kaisers der Türken, des Königs aller Könige der Erde, mache Euch, Generalkapitän Starhemberg, zu wissen, daß ich mit zahlreichem Heer vor Wien gerückt bin, um diesen Ort seinem Reich einzuverleiben. Wenn Ihr ihn mir übergebt, so werdet Ihr alle, vom Kleinsten bis zum Größten, ungehindert mit allem Eigentum abziehen können. Weigert Ihr Euch, ihn mir zu übergeben, so werden wir Euch erstürmen und alle, vom Klein-

Der Großwesir Kara Mustapha

sten bis zum Größten, über die Klinge springen lassen; erkennen aber die Völker Österreichs die guten Gesinnungen, welche unser mächtigster Kaiser gegen sie hegt, so werden sie und ihre Kinder nach ihrem Beispiel ihn immerwährend verehren. Friede dem, der gehorcht.«

Starhemberg wies das Ansinnen zur kampflosen Übergabe der Stadt entrüstet zurück. Der Großwesir ließ nun, so erzählt ein türkischer Chronist, die Kanonen sprechen und befahl, den Belagerungsring um die Stadt zu schließen. Dies geschah innerhalb kürzester Zeit. Am 16. Juli war die Kaiserresidenz vom türkischen Heer völlig eingeschlossen.

Im Lager der Türken herrschte Jubelstimmung. Man glaubte, die Einnahme oder Übergabe der Stadt sei nur eine Frage der Zeit. In der Tat arbeitete sich die Belage- rungsarmee langsam, aber sicher unter der Erde Stück für Stück an die Befestigungs- mauern heran. Die türkischen Pioniere trieben Laufgräben und Stollen gegen die Festungswerke vor und begannen damit, Minen anzulegen. Diese unterirdischen Sprengladungen sollten, zur Explosion ge- bracht, Breschen in die Mauern reißen, durch die die Belagerer in die Stadt ein- dringen konnten. Den Hauptangriff plante Kara Mustapha zwischen Burg- und Löbelbastei.

Die Grabungsarbeiten waren jedoch müh- sam und nahmen viel Zeit in Anspruch. Der Großwesir mußte sich gedulden. Er gab in seinem Prunkzelt Audienzen und vertrieb sich die Langeweile mit schönen Frauen. Morgens und abends ließ er vor den Toren der belagerten Stadt seine Mu- sikkapellen aufspielen. Der türkische Ze- remonienmeister notierte am 18. Juli in seinem Tagebuch: »Heute nach dem Nachmittagsgebet begann die Heermusik des Großwesirs in seiner Schanze zu spie- len. Auch die Kapellen in den übrigen Ab- schnitten fingen zu spielen an. Auf diese Weise spielten nunmehr jeweils nach den Gebeten die Musikkapellen auf, daß von dem gemeinsamen Schall der Trommeln, Oboen, Pfeifen, Handpauken und Tschi- nellen, zu dem sich das Dröhnen der Ge- schütze und Flinten gesellte, Erde und Himmel erbebten.«

Am 23. Juli zündeten die Türken die er- sten beiden Minen. Sie hatten nach einem Bericht der Belagerten keine große Wir- kung, und die Verteidiger konnten den Angriff nach einem heftigen Gefecht ab- wehren. Aus türkischer Sicht liest sich die- ses Ereignis so: »Zuerst wurde die Mine entzündet; sie sprengte die vor ihr befind- lichen Palisaden in die Luft und schickte

Szene aus der Belagerung Wiens

100 oder 200 Giauren (die Türken bezeichneten mit diesem Wort die Ungläubigen) in das ewige Feuer der Hölle. Im Anschluß daran unternahmen die Freiwilligen dort einen Sturmangriff und erlegten eine Anzahl von Feinden, worauf die Giauren in hellen Haufen wie die wildgewordenen Schweine gegen die Streiter des Islams ausfielen. Aber wiederum stürmten die wackeren Freiwilligen in todesmutigem Einsatz vor und warfen die Giauren aus der Stelle, an der die Mine aufgeflogen war. Dort verschanzten sie sich mit Reisigbündeln und Wollsäcken und besetzten mit Gottes Gunst diesen Platz.«
In den folgenden Wochen wurde der Minenkrieg zum Belagerungsalltag. Trotz tapferer Gegenwehr der Wiener gelang es den Türken, sich immer näher an die Stadtmauer heranzuarbeiten.

Mitte August wurde die Lage bedrohlich. Unter den Soldaten und der Zivilbevölkerung wütete die Ruhr. Die Unterbringung der Kranken und Verwundeten bereitete immer größere Schwierigkeiten. Ärzte, geistliche Krankenschwestern und Apotheker waren nicht mehr in der Lage, die Opfer der Belagerung medizinisch zu betreuen. Es war nicht mehr genügend Platz, die Toten zu beerdigen. Die Frischwasserzufuhr war abgeschnitten. Bäcker, Fleischhauer und andere Gewerbetreibende nutzten die schlechte Versorgungslage und verlangten für ihre Waren Wucherpreise. Für ein Pfund Kalbfleisch, das früher $3^1/_2$ Kreuzer gekostet hatte, verlangte man jetzt 9, ein Laib Brot kostete nun 4–6 statt 2 Kreuzer.
Starhemberg und seine Mitstreiter hatten alle Hände voll zu tun, um die ärgsten Mißstände abzustellen und Soldaten wie Bürger zum Durchhalten zu bewegen.
Auch in der Belagerungsarmee stand es nicht gerade zum besten. Die Verluste bei den Angriffen waren hoch. Die Janitscharen, die an einen offenen Kampf gewöhnt waren, murrten über den langen Minenkrieg. Die christlichen Hilfstruppen aus der Moldau und der Walachei waren unverläßlich. Der Lebensmittelnachschub klappte nicht. Selbst die Kampfmoral der türkischen Kerntruppen gab Anlaß zur Besorgnis. Ein türkischer Geschichtsschreiber berichtet entsetzt: »Als die Muslims die unendlichen Mengen von Wein sahen, die in der Vorstadt von Wien erbeutet worden waren, da verfielen auch die Enthaltsamen von ihnen dem Trunke und begannen die mannigfachsten Übeltaten und unbegreifliche Schändlichkeiten zu verüben. So taten sich zum Beispiel unzählige kriegstüchtige Leute aus dem

großherrlichen Heer mit den beutejagenden Tataren zusammen und streiften mit ihnen zehn bis zwölf Tagereisen weit in das Innere des deutschen Landes hinein. Nur Allah der Allwissende kennt die Anzahl der Beute, die dabei gemacht wurde an Schafen, Rindern und Pferden, an goldenem und silbernem Geschirr und an Edelsteinen, an schlankhüftigen, hochwüchsigen und blondhaarigen Mädchen mit Augenbrauen wie der Halbmond und mit mandelförmig geschnittenen Augen. So kamen sie dann in das großherrliche Lager vor Wien und verkauften dort wegen dieses Überflusses an Dingen alles bald zu Spottpreisen. So konnte man die schönsten Sklavinnen schon um vierzig bis fünfzig Piaster erstehen, eine mittelmäßige um fünfzehn bis zwanzig Piaster, ein Mutterschaf samt Jungem um drei Piaster.«

Den Eingeschlossenen blieb der Zustand

Türken führen gefangene Christenmädchen ab

des türkischen Heeres natürlich verborgen. Sie hielten trotz mancher Unzulänglichkeiten und Schwächen innerhalb der Besatzung und der Bürgerschaft allen Angriffen seitens der Belagerer stand. Anfang September schien ihr Schicksal freilich besiegelt zu sein. Den Türken gelang es, zwischen Burg- und Löbelbastei eine Mine zu zünden, die ein breites Loch in die Stadtmauer riß. In einem stundenlangen erbitterten Kampf konnten Starhemberg und seine Mannen die Bresche schließen und ein Eindringen des Feindes in die Stadt verhindern.

Ein Augenzeuge berichtet über diesen schwersten Kampftag während der gesamten Belagerung: »Die Sonne des 4. September sollte einen Kampf bescheinen, von dem das Schicksal unserer Stadt abhing, da die Türken alle Anstrengungen machten, sie im Sturm zu nehmen. Gegen zwei Uhr hörten wir die Explosion einer Mine. Wir eilten sofort auf die Bastei. Als wir uns der Bresche näherten, sahen wir schon die Spitzen der türkischen Roßschweife, welche die Janitscharen auf der Höhe aufpflanzen wollten. So begann der Sturm, der ohne Unterbrechung mehr als zwei Stunden dauerte. Die Bresche war groß, aber steil, und wir konnten die Janitscharen ohne besondere Mühe bis hinter die großen Mauerstücke zurückdrängen, die unten stehen geblieben waren. Doch nun setzte ein furchtbares Feuer ein, gleichzeitig überschütteten uns die Türken mit einem Hagel von Kanonenkugeln, mit Bomben und Steinen aus Mörsern, mit Pfeilen und anderen Geschossen, die unsere Reihen zum Weichen bringen sollten. Starhemberg war mit allen Offizieren herbeigeeilt; sie alle setzten mit Todesverachtung ihr Leben aufs Spiel. Der

Die Schlacht vor den Toren Wiens

Angriff dauerte so lange, bis wir breite, auf vier Rädern vorgerollte spanische Reiter und Sandsäcke herbeigebracht hatten, um die Bresche zu schließen. Dieser Sturm kostete uns nicht weniger als 200 Mann, von denen zwölf durch eine einzige Bombe zerrissen worden waren, und viele Offiziere. Die Türken, welche ungleich größere Verluste erlitten hatten als wir, haben später erklärt, daß sie fest überzeugt waren, uns an diesem Tag zu überwältigen.«

In der Stadt gab es nur noch 4 000 einsatzfähige, erschöpfte Soldaten. Innerhalb der Bevölkerung machte sich Verzweiflung breit. Aber Graf Starhemberg und seine engsten Mitstreiter sprachen den verzagten Menschen unermüdlich Mut zu. Sie konnten es hoffnungsvollen Herzens tun, denn sie wußten, daß das so lange ersehnte Entsatzheer endlich im Anmarsch war.

Seit seinem Eintreffen in Passau war der Kaiser emsig darum bemüht, für seine belagerte Residenz Hilfe zu bekommen. Zweierlei war dazu nötig: Geld und Truppen. Geld, das normalerweise schwer aufzutreiben ist, war verhältnismäßig leicht zu beschaffen. Der Papst stellte mehr als eineinhalb Millionen Gulden zur Verfügung, der Erzbischof von Gran (Ungarn) 400 000. Portugal, Spanien, die Toskana und Genua machten eine Million flüssig. Hingegen erwies es sich als schwierig, Truppen für den Entsatz der Kaiserstadt zusammenzubringen. Polenkönig Jan Sobieski III. erklärte sich zwar bereit, zur Rettung Wiens einen militärischen Beitrag zu leisten, aber er verlangte dafür 500 000

Gulden. Kurfürst Friedrich Wilhelm von Brandenburg verweigerte überhaupt jedwede Hilfe. Daß der Glaubensfeind Wien bedrohte, kümmerte ihn wenig. Potsdam war nicht in Reichweite der Türken, und vom Gerede über das Zusammengehörigkeitsgefühl der Christenheit hielt er nichts. Die ersten, die auf die Bitten des Kaisers reagierten, waren die Bayern. Kurfürst Max Emanuel setzte 7 500 Fußsoldaten und 3 000 Reiter in Bewegung. Dazu kamen Truppen aus Sachsen, Infanteristen, Reiter und Geschütze aus Franken und Thüringen. Die kaiserliche Feldarmee, die unter dem Befehl Karls von Lothringen stand, bestand aus etwa 8 000 Mann zu Fuß, 12 900 Reitern und 70 Geschützen. Die Verhandlungen mit den verschiedenen Höfen waren zäh, die Anmarschwege in den Donauraum lang. Woche um Woche verstrich, ohne daß sich viel tat. Die Lage der Eingeschlossenen wurde immer bedrohlicher. Wie schlimm es um Wien stand, wußte kaum jemand. Die Verbindung zur Außenwelt war abgeschnitten. Der Versuch, durch das türkische Lager zu gelangen, war waghalsig und lebensgefährlich. Aber eine Nachrichtenübermittlung zwischen der umzingelten Stadt und dem Hauptquartier des kaiserlichen Heeres mußte unbedingt gelingen. Das war schon aus psychologischen Gründen wichtig. Graf Starhemberg wußte das. Er brauchte für seine Soldaten und die Wiener Bevölkerung eine verbürgte Bestätigung, daß Hilfe kam, daß es einen Sinn hatte durchzuhalten. Bereits am 8. August gelang es einem Boten, als Türke verkleidet, das türkische Lager zu durchqueren. Er konnte sich zu Herzog Karl von Lothringen, der in der Nähe von Mautern bei Krems an der Do-

nau lagerte, durchschlagen. Der Mann, ein Serbe namens Michael Gregorowitz, machte von seinem Wagemut nicht viel Aufhebens. Da war der nächste Bote, Georg Franz Kolschitzky, ein Orientwarenhändler aus Serbien, aus anderem Holz geschnitzt. Kolschitzky verließ am 14. August mit seinem Diener Wien. Er gelangte zum Herzog von Lothringen und kehrte drei Tage später mit der Nachricht in die Stadt zurück, daß ein Entsatzheer von ungefähr 70 000 Mann bereitstehe, das bald in Marsch gesetzt werde. Für seinen mutigen Botengang erhielt er eine Belohnung von 200 Golddukaten, die er sich vorher ausbedungen hatte. Vor allem aber machte er dafür geschickt und ausführlich Reklame. Er ließ später seine Erlebnisse niederschreiben und veröffentlichen. Auf diese Weise ist seine »Heldentat« in die Geschichte eingegangen.

Georg Franz Kolschitzky

Die Nachricht vom bevorstehenden Entsatz Wiens durch eine bunt zusammengewürfelte kaiserliche Armee wurde von weiteren Boten bestätigt und löste in der belagerten Stadt natürlich Jubel und neue Zuversicht aus. Aber die Geduld der Eingeschlossenen wurde auf eine harte Probe gestellt. Bis zur endgültigen Befreiung der Kaiserstadt aus der Umklammerung der Türken sollten noch ein paar bange Wochen verstreichen.

Vom Südturm des Stephansdomes steigen nun Nacht für Nacht Raketen auf, Feuerzeichen der Verzweiflung. Aber von draußen kommt zunächst keine Reaktion. Im Feldlager bei Tulln läßt man sich Zeit. Die Befehlshaber der einzelnen Truppenkörper halten Kriegsrat. Die Heerführer haben allerdings vorderhand nichts Besseres zu tun, als über die Rangordnung der zahlreich versammelten Prinzen und Generäle zu streiten. Menschliche Eitelkeit hat Vorrang vor der Notwendigkeit militärischen Handelns. Es ist kaum zu glauben: Da stehen Tausende Soldaten seit Wochen in einem erbarmungslosen Abwehrkampf gegen einen zu allem entschlossenen Feind, da steht das Schicksal einer Stadt auf dem Spiel, die als Bollwerk der Christenheit gelten kann, und zwanzig Kilometer von ihr entfernt sorgen sich die Truppenführer zunächst einmal um nichts anderes als ihre persönliche Ehre und ihren Ruhm.

Kaiser Leopold I. hat Passau verlassen und seine Absicht bekundet, sich an die Spitze seiner Armee zu stellen. Polenkönig Jan Sobieski spricht sich mit Entschiedenheit dagegen aus. Er beansprucht die Führung des Heeres für sich. Seinem von Eitelkeit diktierten Drängen gibt der Kaiser schließlich nach. Den praktischen Oberbefehl über das Heer hat Karl von Lothringen inne. Er ist der beste Kenner der Lage und des Geländes, und seine Feldherrnkunst ist der der anderen Truppenführer weit überlegen.

Auch über den Aufmarsch- und Angriffsplan erzielt man eine Einigung. Die Armee wird sich vom Tullnerfeld aus durch den unwegsamen Wienerwald zum Kahlengebirge hinaufmühen und von dort aus den Angriff auf die belagerte Stadt vortragen. Der Kampf um Wien ist in sein Endstadium getreten.

Samstag, 12. September 1683: Der Tag der großen Entscheidung ist angebrochen. Eine kurze, unruhige Nacht weicht langsam dem Dämmerlicht des Morgens. Noch vor Sonnenaufgang hält der Kapuzinerpater Marco d'Aviano beim niedergebrannten Kamaldulenserkloster auf dem heutigen Kahlenberg vor den Heerführern eine Messe und erbittet den Segen Gottes. Das Wetter verspricht nach dem Regen der vergangenen Tage schön und warm zu werden. Der Polenkönig Jan Sobieski III. hält an seine Soldaten eine Ansprache. Er macht ihnen Mut, fordert sie auf, tapfer zu sein, und erinnert sie an die Größe ihrer Aufgabe. Raketen werden abgefeuert. Dann erhalten die einzelnen Truppenkörper der Befreiungsarmee den Befehl, sich in Bewegung zu setzen. Über steile Hänge und sanfte Hügel, durch Schluchten, Gebüsch, Laubwälder und Weingärten streben die Truppen mühsam der Ebene zu, in der das belagerte Wien liegt. Vor seinen Toren wird sich in den nächsten Stunden das Schicksal Mitteleuropas entscheiden.

In der seit acht Wochen umzingelten Stadt verläßt Graf Starhemberg am frühen

Das türkische Heer auf der Flucht

Morgen sein Feldquartier und geht, von seinen Offizieren begleitet, über den Kohlmarkt und den Graben zum Stephansdom, wo Bischof Kollonitz ein Hochamt zelebriert. Starhemberg betritt die Kirche, kniet nieder, macht das Kreuzzeichen und wendet sich einer kleinen Tür im rechten Seitenschiff des Domes zu. Dann steigt er über eine Wendeltreppe zur Türmerstube empor. Oben angelangt, nimmt er sein Fernrohr zur Hand und blickt durch ein Turmfenster in Richtung Kahlen- und Leopoldsberg. Mit freudiger Erregung sieht er, wie die Soldaten langsam den Berg herunterkommen, wie die Kanonen auf den Bergkämmen ihre Salven abfeuern. Endlich ist es soweit. Das Entsatzheer ist in Aktion getreten. Befriedigt nimmt er das Fernrohr von den Augen und begibt sich zurück zu seinen Soldaten an die Stadtmauer.

Im Lager der Türken herrscht an diesem Tag seit den frühen Morgenstunden hektische Betriebsamkeit. Kommandorufe er-

tönen, Truppenverbände werden hierhin und dorthin beordert. Großwesir Kara Mustapha weiß um die Bedeutung der bevorstehenden Schlacht. Aber er hat in den vergangenen Wochen entscheidende Fehler begangen, die er kaum wird wiedergutmachen können. Er hat die Widerstandskraft Wiens unterschätzt, seine ganze Aufmerksamkeit auf die Belagerung konzentriert und keine Maßnahmen zur Sicherung des Belagerungsheeres getroffen. Er hat dem Niemandsland des Wienerwaldes zu wenig Aufmerksamkeit geschenkt und die auf den dortigen Höhen aufgestellten Beobachtungsposten nicht genügend gesichert. Er hat es schließlich verabsäumt, Klosterneuburg, den Schlüssel zum Wiener Becken, zu besetzen. Erst im letzten Augenblick hat er befohlen, zwischen den Osthängen der Berge und seinem Heerlager Gräben auszuheben und Geschütze aufzustellen. Um den bevorstehenden Angriff abzuwehren, hat er ungefähr 28 000 Mann von der Belagerungsarmee abgezogen. Diese Streitmacht ist viel zu klein, um dem christlichen Heer erfolgreichen Widerstand leisten zu können. So ist die Schlacht für den Großwesir eigentlich bereits verloren, noch ehe sie begonnen hat. Zu den ersten schweren Kämpfen kommt es am linken Flügel zwischen dem Kahlenbergerdorf und dem Nußberg, wo der Herzog von Lothringen das Kommando führt. Der schmale Uferstreifen zwischen der Donau und dem Berghang – heute verlaufen dort Bahnlinie und Autostraße – ist von strategischer Wichtigkeit. Ihn gilt es freizukämpfen. Ruhig und überlegt gibt der Herzog seine Anweisungen. Seine Truppen nehmen zunächst das Kahlenbergerdorf und besetzen dann gegen heftigen Widerstand Nußdorf. Zu Mittag erreichen sie unter Artillerieeinsatz Heiligenstadt.

Um diese Zeit kämpfen die süddeutschen Regimenter im Mittelteil der Front bereits um die Türkenschanze in Döbling. Nur am rechten Flügel, wo die Polen stehen, will es nicht so recht vorangehen. Erst um ein Uhr erreicht die polnische Vorhut Dornbach. Ihr Vormarsch kommt jedoch bald zum Stehen. In den Weingärten von Pötzleinsdorf haben sich tausend Janitscharen verschanzt, die Mann für Mann niedergekämpft werden müssen, ehe die Polen vorrücken können. Weiter südlich im engen Tal des Alsbaches leisten die Türken ebenfalls erbitterten Widerstand. Hier steht der Kampf lange Zeit auf des Messers Schneide. Polenkönig Sobieski, behäbig und fettleibig geworden, muß seine ganze Streitmacht aufbieten, um sich behaupten zu können. Und selbst das hätte nicht genügt, wären ihm nicht deutsche Infanteristen im entscheidenden Au-

genblick zu Hilfe gekommen. Nach einem grauenvollen Gemetzel weichen die Türken schließlich auf die Linie Weinhaus und Ottakring zurück. Das Tal ist geräumt, die polnische Reiterei kann sich nun voll entfalten. Aber vorerst gibt es eine kurze Kampfpause.

Die Generäle beraten über das weitere Vorgehen. Soll man die Schlacht abbrechen? Manches spricht dafür. Die Soldaten sind erschöpft, die Spätsommersonne brennt erbarmungslos vom Himmel. Bis zum Abend sind nur noch ein paar Stunden Zeit. Doch Karl von Lothringen ist für die Weiterführung des Kampfes. Der sächsische General Goltz stimmt zu. »Ich bin ein alter Mann«, soll er gesagt haben, »und ich freue mich auf ein bequemes Bett heute nacht – in Wien.« Auch Sobieski macht mit. Schließlich steht ein Flügel des Entsatzheeres nur mehr drei Kilometer von der Stadtmauer Wiens, und der andere ist nicht viel weiter vom Hauptquartier Kara Mustaphas entfernt. Eine so günstige militärische Situation darf man nicht ungenützt vorbeigehen lassen.

Um drei Uhr zwanzig wird der Kampf wieder eröffnet. Die Türken weichen weiter zurück. Nur ihre Hauptstreitmacht leistet den Polen hartnäckigen Widerstand. Nach einem erbitterten Ringen, das auf beiden Seiten schwere Verluste fordert, wenden sich die Türken auch in diesem Frontabschnitt zur Flucht, die in Panik endet. Aber geben wir für den Rest der Schilderung dem türkischen Zeremonienmeister (entspricht etwa einem Staatssekretär an einem europäischen Hof) das Wort. Er notierte in seinem Tagebuch: »Da der Polenkönig mit seinen Truppen geradewegs gegen die heilige Fahne vorstieß, stieg der Großwesir zu Pferde, und zu seiner Rechten und Linken hielten sich die Leute seines Gefolges. Während die Paschas auf beiden Flügeln schon zurückzuweichen begannen, stand im Herzen des Heeres der Großwesir mit seiner Umgebung fest und unerschüttert. Aber die Angriffe der Giauren wurden immer stärker, der Kampf nahm an Heftigkeit zu. Das Heer des Islams wurde von den Kugeln aus den Geschützen und Flinten der Feinde wie mit einem Regen überschüttet. Kämpfend und fechtend wandten sich die Massen der Krieger in der Umgebung des Großwesirs zur Flucht; die meisten flohen geradewegs zu ihren Zelten hin und dachten nur noch daran, ihr Leben und ihre Habe zu retten.

Der Großwesir zog sich mit seinem Gefolge und mit der heiligen Fahne kämpfend zu seiner Zeltburg zurück, während die Glaubensfeinde bereits hier und dort in die Zelte des Lagers eindrangen. Nunmehr erging auch an die Truppen in den Gräben der Befehl, diese zu räumen.

Als der Feind bereits das Scharfrichterzelt erreicht und auf dem Schatzzelt eine Fahne aufgepflanzt hatte, da griff der Großwesir mit einigen Gefolgsmännern wieder in den Kampf ein. In kühnem Eifer wollte der Großwesir nicht von der Stelle weichen; er war entschlossen, den Tod in der Schlacht zu suchen. Aber aus Mitleid für so viele Glaubensbrüder und aus Sorge um die heilige Fahne beschwor Osman Aga den Großwesir: ›Herr, seid gnädig! Es ist alles verloren. Wenn Ihr

Kaiser Leopold im Zelt des Großwesirs Kara Mustapha

Euch hinopfert, so muß das Heer des Islams in seiner Gesamtheit zugrunde gehen. Bitte, laßt uns doch aufbrechen!«

Mit diesen Worten ergriff er die heilige Fahne, und da auch die übrigen Gefolgsmänner des Großwesirs zum Rückzug nach Raab drängten, verließ dieser anderthalb Stunden vor Sonnenuntergang seine Zeltburg durch das hintere Tor und machte sich auf den Weg. Jedermann im Heere packte nur sein leichteres Gepäck zusammen und ließ seine sonstige Habe im Stich. Die Giauren aber bemächtigten sich der Zelte, des Schatzes, der Munition und des Kriegsgerätes. Auch der Privatschatz des Großwesirs und sein ganzes sonstiges Eigentum blieb in seinen Zelten zurück.

Völlig verstört über diese fürchterliche Niederlage verlor man zur Zeit des Nachtgebetes den Weg; eine ganze Stunde lang ritt man in höchster Verwirrung bald vorwärts und bald zurück, bis endlich die Leute des Staatskanzlers eine Fackel auftrieben; mittels dieser konnte nun die Straße ausfindig gemacht und also der Ritt nach Raab fortgesetzt werden.

Auch das übrige Volk eilte, zum Teil voraus und zum Teil hinterdrein, in überstürzter Flucht nach Raab hin.«

Um fünf Uhr dreißig war die Schlacht zu Ende. Wien war gerettet, die Türkengefahr endgültig gebannt. In den folgenden Jahrzehnten fügten die christlichen Heere den Türken Niederlage um Niederlage zu und drängten sie immer weiter nach Südosten zurück. An ihrer Spitze stand ein Mann mit überragenden militärischen Fähigkeiten, der sich in der Entsatzschlacht vor Wien seine ersten Sporen verdient hatte: Prinz Eugen von Savoyen.

20. Oktober 1740:

Maria Theresia tritt ein schweres Erbe an

Im Frühherbst des Jahres 1740 war Kaiser Karl VI. wieder einmal auf der Jagd. Das Jagen war eine der Lieblingsbeschäftigungen des schwerblütigen, nicht gerade strahlend begabten Habsburgers. Es war eine willkommene Abwechslung im grauen Alltag der Staatsgeschäfte. Der 55jährige Monarch, der in seinem Leben kaum ernsthaft krank gewesen ist – wenn man von den Pocken absieht, die sein Antlitz gezeichnet haben –, wirkt entspannt und guter Dinge. Da wird er im Schloß Halbthurn (im heutigen Burgenland) plötzlich von einem heftigen Unwohlsein befallen. Der Kaiser und sein Gefolge treten eilends die Rückfahrt nach Wien an. In der Favorita, dem Wiener Lieblingsaufenthalt Karls, stellt der kaiserliche Leibarzt hohes Fieber fest. Das heftige, fast ununterbrochene Erbrechen des Patienten kann er sich nicht erklären. Die Medizin ist im 18. Jahrhundert noch eine unterentwickelte Wissenschaft. Ist der Kaiser nach der Einnahme eines Pilzgerichtes an einer Vergiftung erkrankt? Die Ärzte rätseln. Sie wissen es nicht, können keine Diagnose stellen. Und sie wissen daher auch keine Abhilfe. Ratlos umstehen sie das Bett des hohen Patienten. Der Kaiser weiß, daß es schlecht um ihn steht, spürt, daß es mit seinem Leben zu Ende geht. Er hoffe, bemerkt er mit trokkenem Humor, die Ärzte würden nach seinem Tod, wenn sie ihn aufschneiden, die Krankheit herausfinden. Dann müßte ihm einer von ihnen nachfolgen und ihm im Jenseits das Resultat mitteilen.

Karls Gattin, seine älteste Tochter Maria Theresia und ihr Gemahl Franz Stephan von Lothringen müssen fassungs- und hilflos zusehen, wie die Kräfte des Kaisers von Stunde zu Stunde schwinden. Rührend nimmt der Vater von seiner Ältesten Abschied, die schon wieder ein Kind unter ihrem Herzen trägt, ihr viertes im fünften Ehejahr.

Am Morgen des 19. Oktober 1740 wird Karl VI. mit den Sterbesakramenten versehen. Am nächsten Tag haucht der letzte

Kaiserliche Abschußliste aus dem Jahr 1739 mit Jagdszenen

männliche Habsburger, dessen Geschlecht fast ein halbes Jahrtausend in Österreich regiert hat, sein Leben aus. Während die Kuriere die Nachricht vom Tod des Kaisers in alle Windrichtungen tragen, entnehmen die Ärzte dem kaiserlichen Leichnam die Eingeweide. Dann gehen die Einbalsamierer ans Werk. Die Todesursache kann nicht festgestellt werden. Dies wird noch nach Jahren und Jahrzehnten immer wieder zu den verschiedensten Vermutungen Anlaß geben.

An diesem 20. Oktober 1740 übernimmt Maria Theresia als erste und bislang einzige Frau in der Geschichte Österreichs die Leitung des Staates. Sie ist 23 Jahre jung und unerfahren. Der Kaiser hat zwar durch die sogenannte Pragmatische Sanktion die weibliche Erbfolge in seinem Herrscherhaus ermöglicht, und er hat

Maria Theresia im Krönungsornat

Himmel und Hölle in Bewegung gesetzt, um diesem Erbfolgegesetz durch die Staaten Europas Anerkennung zu verschaffen. Aber er hat seine Thronerbin von den Staatsgeschäften ferngehalten, sie nicht auf ihre schwere Aufgabe vorbereitet. Was soll unter diesen Umständen aus dem habsburgischen Reich werden? Das fragen sich Minister und Beamte am Wiener Kaiserhof, das fragt man sich auch in den Staatskanzleien des Auslandes. Die habsburgische Staatskasse ist leer, die Armee ist in einem denkbar schlechten Zustand, in den Ministerien sitzen verzopfte alte Herren. Es ist rein zum Verzweifeln!

Maria Theresia ist unerfahren, aber sie ist klug, und sie hat einen scharfen Blick. Sie durchschaut den Ernst der Situation. Es kommt jetzt alles darauf an, wie rasch sie sich in ihrer neuen Rolle zurechtfindet, wie entschlossen und willensstark sie handelt. Maria Theresia hat von der Mutter, der Welfin Elisabeth Christine von Braunschweig, einen Sinn für praktisches Handeln, einen sicheren und natürlichen politischen Instinkt geerbt. Das zeigen schon ihre ersten Amtshandlungen. Wenige Stunden nach dem Tod des geliebten Vaters empfängt sie, unter dem Thronhimmel stehend, die greisen Minister. Sie dankt ihnen in freier Rede für die Dienste, die sie dem Vater geleistet haben, und bestätigt sie in ihrem Amt. Am nächsten Tag schon leitet sie den Ministerrat, die »geheime Konferenz«. Sie stellt Fragen, läßt sich informieren, will über alles Bescheid wissen. Erstaunt schütteln die alten Herren ihre gepuderten Perückenköpfe. Sie ahnen bereits, daß die junge Herrscherin gewillt ist zu regieren, nicht die Dinge treiben zu lassen wie der schwerfällige, unentschlossene Vater.

Huldigungszug für Maria Theresia

Sänfte tragen. In dem langen Zug der Würdenträger, der Erzherzoge, der Minister und Gesandten, der Geheimen Räte und Generäle ist sie die einzige Frau. Maria Theresia ist in eine Seidenrobe mit Hermelin gehüllt, in ihrem toupierten, gepuderten Haar blitzen Diamanten. Die junge Regentin strahlt eine frische Natürlichkeit aus. Lächelnd winkt sie den Schaulustigen zu. Ganz im Gegensatz zu ihrem Vater, der sich hoheitsvoll gab und unnahbar, ist sie ungezwungen und leutselig.

Nach den kirchlichen Zeremonien gibt es in der Hofburg eine reichhaltige Tafel, bei der zum erstenmal in der Geschichte des habsburgischen Hofes auch Frauen anwesend sind. Eine neue Zeit ist angebrochen, das Zeitalter Maria Theresias.

Kaiserliche Hoftafel

Am 22. November findet die offizielle Throneinsetzung statt. In der Ritterstube der Hofburg huldigen ihr die niederösterreichischen Stände: die Vertreter der Herren, Prälaten, Ritter und der Städte, die die Steuern bewilligen und die Rekrutierungen für das Heer, wenn sie das für notwendig halten. Was nicht immer der Fall ist. Die Königin von Böhmen und Ungarn, die Erzherzogin von Österreich – diese Titel hat sie nach dem Tod des Vaters angenommen – nimmt die Huldigung würdevoll entgegen. Dann geht es in farbigem Zug über den Graben zum Stephansdom. Halb Wien ist auf den Beinen, um dieses Schauspiel zu sehen. Das Militär steht in weißer Uniform und Dreispitz Spalier, die Königin läßt sich, da sie in ihrem Zustand nicht reiten kann, in einer eigens für diesen Zweck angefertigten

Am politischen Himmel Europas haben sich mittlerweile längst dunkle Gewitterwolken zusammengeballt. Die ausländischen Staaten, allen voran Frankreich und Spanien, wollen die günstige Gelegenheit nützen, das Haus Habsburg zu schwächen. Mehr noch, sie wollen es zu Boden werfen, seine Besitzungen unter sich aufteilen. Sie haben zwar seinerzeit das Erbrecht Maria Theresias feierlich anerkannt. Aber was sind schon Verträge? Ein Stück Papier, nicht mehr. Der einzige Herrscher, der der jungen Habsburgerin in ihrer Bedrängnis beizustehen bereit scheint, ist König Friedrich II. von Preußen: »Sie kennen meine Wertschätzung und Freundschaft, die ich immer für Sie empfunden habe, und mit diesen Gefühlen bitte ich Eure Königliche Hoheit, mich als Ihren guten und sehr zärtlichen Vetter zu betrachten«, hat er kurz nach dem Tod Kaiser Karls VI. an den Gemahl Maria Theresias geschrieben. Doch diese freundlichen Worte sind bloße Täuschung: Am 16. Dezember 1740 fällt Friedrich ohne vorherige Kriegserklärung, zur Überraschung von Freund und Feind, mit seiner Armee in Schlesien, der reichsten Provinz des habsburgischen Reiches, ein. Der Kampf der jungen Königin um ihr Erbe hat begonnen, ein Kampf, der viele Jahre andauern sollte.

Der Einfall der preußischen Armee in Schlesien hat Maria Theresia völlig unvorbereitet getroffen. Nur drei Bataillone stehen zur Verteidigung des Landes zur Verfügung, eine völlig unzulängliche Streitmacht. Kein Wunder, daß unter diesen Umständen die Provinz fast widerstandslos in die Hand des Feindes fällt. Die militärische Lage ist verzweifelt, die greisen Ratgeber der Königin drängen zu einem

Schlacht gegen die Preußen

Vergleich mit dem Preußenkönig. Maria Theresia entscheidet sich für den Widerstand. Aber erst nach mehr als einem Vierteljahr ist die österreichische Armee in der Lage, den preußischen Truppen eine Schlacht zu liefern. Ehe es dazu kommt, bringt Maria Theresia ihr viertes Kind zur Welt. Diesmal ist es ein Bub, der Thronfolger. Er wird auf den Namen Joseph getauft. Ganz Wien ist in einem Freudentaumel, doch die Freude wird schon einen Monat später von der ersten militärischen Niederlage gegen die Preußen überschattet. Bei Mollwitz werden die Österreicher empfindlich geschlagen.

So schmerzlich diese Niederlage ist, noch schmerzlicher sind die politischen Folgen, die sie zeitigt. Denn jetzt fallen die übrigen Gegner Österreichs wie ein Schwarm von Hornissen über die arme Habsburgerin her. Maria Theresia hat zwar einem Thronfolger das Leben geschenkt. Aber wird sie über kurz oder lang überhaupt einen Thron zu vererben haben?

Maria Theresia braucht militärische und finanzielle Hilfe. In dieser ernsten Situation unternimmt sie einen denkwürdigen Schritt. Sie fährt nach Ungarn, um sich dort zur Königin krönen zu lassen. Sie will den ungarischen Adel im Kampf gegen ihre zahlreichen Feinde für sich gewinnen. Wieder zweifeln die greisen Räte am Erfolg ihres Vorhabens. Aber die junge Herrscherin belehrt sie eines Besseren. Die Krönung wird zum Jubelfest. Als es gegen die militärische Hilfeleistung dann doch Widerstände gibt, wirft Maria Theresia die ganze Kraft ihrer Persönlichkeit in die Waagschale. Sie beruft für den 11. September 1741 den ungarischen Landtag zu einer Sitzung in das Preßburger Schloß ein (Preßburg war damals noch die Hauptstadt Ungarns) und hält vor den versammelten Adeligen eine flammende Ansprache. »Es geht«, sagt sie in lateinischer Sprache im Kernstück ihrer Rede, »um das Königreich Ungarn, um Unsere Person, um Unsere Kinder, um

Die Ungarn huldigen Maria Theresia

die Krone. Von allen verlassen, suchen Wir Zuflucht bei der Treue der Ungarn, bei ihrer von alters her bewährten Tapferkeit. Deshalb bitten Wir in dieser äußersten Gefahr die Stände, für Unsere Person, für Unsere Kinder und für das Reich ohne alles Säumen mit der Tat einzutreten.«

Der Hilferuf der Königin entflammt die Herzen der Zuhörer. In stürmischer Begeisterung reißen die Adeligen die Säbel aus den Scheiden und brechen in den Huldigungsruf aus: »Vitam nostram et sanguinem consecramus.« (Unser Leben und Blut weihen wir.)

Maria Theresia hat einen wichtigen, unblutigen Sieg errungen. Die Ungarn haben sich für sie entschieden. Sie wird ihnen das nie vergessen. Aber die militärische Lage Österreichs ist alles andere als rosig. Zu Weihnachten 1741 sind Schlesien, Böhmen und Oberösterreich von feindlichen Truppen besetzt. Die Franzosen stehen in St. Pölten, die Preußen in Znaim. Jeder andere Herrscher hätte in einer solchen Situation den ungleichen Kampf aufgegeben. Maria Theresia hält durch. Sie gibt sich nicht geschlagen, sie glaubt mit jeder Faser ihres Herzens an den Sieg des Rechtes über das Unrecht. Unverdrossen flößt sie ihren Räten und Heerführern Mut und Vertrauen in die eigene Kraft ein. Ihre Standhaftigkeit zeitigt bald Früchte. In einem raschen Siegeszug wirft die österreichische Armee die Franzosen aus dem Land und besetzt Bayern. Friedrich II. schließt nun Frieden, um ihn freilich bei der nächstbesten Gelegenheit wieder zu brechen. Aber von einer Aufteilung des habsburgischen Erbes ist jetzt keine Rede mehr. Die tödliche Krise ist überwunden.

Am 4. Oktober 1745 erlebt Maria Theresia einen der schönsten Tage ihres Lebens, als Franz Stephan, ihr geliebter Mann, in Frankfurt am Main zum römisch-deutschen Kaiser gekrönt wird. Drei Jahre später schweigen endlich die Waffen. Das Unwahrscheinliche ist geschehen: Maria Theresia hat ihr Erbe gegen eine Welt von Feinden im wesentlichen behauptet. Sie hat Schlesien an Preußen verloren, ein Verlust, den sie nie überwinden wird. Aber die Monarchia Austriaca, die habsburgische Monarchie, steht nach den acht schweren Kriegsjahren gefestigter da als beim Tod Karls VI.

Der Kampf um ihr Erbe gegen halb Europa, der sogenannte Österreichische Erbfolgekrieg, hat freilich auch die Schwächen des Habsburgerreiches mit aller Deutlichkeit aufgezeigt. Also geht die tatkräftige Herrscherin jetzt daran, Reformen durchzuführen, um den Staat auf eine festere, gesündere Grundlage zu stellen. Ihr erstes und vordringlichstes Augenmerk gilt der Armee. Sie hat zwar nicht versagt, sich aber dem preußischen Heer unterlegen gezeigt. Maria Theresia gründet zur besseren Ausbildung der Offiziere in Wiener Neustadt eine Militärakademie, die noch heute besteht. Die Soldaten, die nun nicht mehr angeworben, sondern aus der Bevölkerung ausgehoben (rekrutiert) werden, bekommen eine bessere Ausrüstung und Verpflegung. Die Prügelstrafe im Heer wird abgeschafft. Eine neugegründete Schule, das »Theresianum«, soll in Hinkunft bessere Beamte und Diplomaten heranbilden.

Eine Armee kostet Geld, Kriege sind kostspielig. Beide, Kriege und Armeen, müssen aus den Steuern der Bevölkerung bezahlt werden. Das ist heute nicht anders als vor 200 Jahren, nur daß im 18. Jahrhundert im Gegensatz zu heute fast die gesamte Steuerlast auf den Schultern der ärmeren und ärmsten Bevölkerungsschichten lag: der Bürger und der Bauern. Das änderte sich jetzt. Maria Theresia läßt für das gesamte Staatsgebiet ein Grundstücksverzeichnis (Kataster) anlegen und besteuert nun auch den bisher abgabenfreien Grundbesitz des Adels und der Geistlichkeit. Sie sorgt auf diese Weise für eine gerechtere Verteilung der Steuerlast. Die Herrscherin drängt aber auch den politischen Einfluß des Adels zurück. Sie will einen modernen Staat schaffen, sie will unabhängig werden von den Ständen, die dem Herrscher immer wieder Schwierigkeiten bereiten. Zu diesem Zweck schafft sie Zentralbehörden (Ministerien), denen in den einzelnen Ländern Gubernien (heute: Landesregierungen) und Kreisämter (heute: Bezirkshauptmannschaften) untergeordnet sind. Über die Beamten, die in diesen Ämtern sitzen, bringt sie nun ihre Verordnungen und Anordnungen ohne Mitwirkung der Adeligen direkt an ihre Untertanen heran.

Alle diese Maßnahmen erfordern Beharrlichkeit, Energie und einen Blick, ein Gespür für tüchtige, einsatzbereite Ratgeber und Mitarbeiter. Maria Theresia besitzt alle diese Eigenschaften in reichem Maße. Sie versteht es, Mitarbeiter zu gewinnen und zu formen. Sie schafft Vertrauen und motiviert – so sagt man heute – zur Leistung. Sie erduldet aber auch die Empfindsamkeiten und Launen ihrer Berater, weil sie nicht nur deren menschliche Schwächen sieht, sondern auch ihre Vorzüge und Qualitäten.

Graf Friedrich Wilhelm Haugwitz, der aus Schlesien kommt, berät sie beim Um-

Wenzel Fürst Kaunitz

bau des Staates, Fürst Wenzel Anton Kaunitz übernimmt die Leitung der Außenpolitik. Ihm gelingt es, im neuerlichen Krieg gegen Preußen um die Wiedergewinnung Schlesiens (Siebenjähriger Krieg 1756–63) Frankreich auf die Seite Österreichs zu ziehen. Abt Johann Ignaz Felbiger wird mit der Organisation des Schulwesens betraut. Er schafft mit seiner »Allgemeinen Schulordnung« die Grundlage für die österreichische Volksschule und die sechsjährige Schulpflicht. Der kaiserliche Leibarzt Gerard van Swieten reformiert die Universitäten und begründet den Ruhm der Wiener Medizinischen Schule.

Joseph Freiherr von Sonnenfels ist der Ratgeber Maria Theresias auf dem Gebiet des Rechtswesens. Unter seinem Einfluß wird die unmenschliche Folter abgeschafft, mittels der man von Gesetzesbrechern durch die Jahrhunderte Geständnisse erzwungen hat. Die Strafen bleiben für unsere Begriffe freilich noch immer hart genug.

Die fromme Herrscherin regelt auch das Verhältnis zwischen Kirche und Staat neu. Aufrufe des Papstes an die Gläubigen dürfen ohne ihre Genehmigung nicht veröffentlicht werden. Die Zahl der kirchlichen Feiertage wird eingeschränkt, die Gründung neuer Klöster untersagt.

Auch den Bauern widmet Maria Theresia ihr Augenmerk. Die Bauern, die damals in allen europäischen Staaten die Mehrheit der Bevölkerung bilden, sind die Lasttiere der Gesellschaft. Sie werden von ihren Grundherren wie Sklaven gehalten und rücksichtslos ausgebeutet. Der Grundherr kann sie beliebig oft zur Arbeit auf seinen Feldern heranziehen (Robotpflicht), verlangt von ihnen nach Lust und Laune Abgaben und sitzt über sie zu Gericht. Die Bauern dürfen ohne seine Zustimmung weder heiraten noch das Dorf verlassen,

Gerard van Swieten

in dem sie wohnen. Zu allen diesen Bedrängnissen und Beschränkungen kommt noch, daß die Bauern auch die Hauptlast der Kriege zu tragen haben: Sie werden für den (jahrelangen) Dienst im Heer verpflichtet, ihre Felder nicht selten von den feindlichen Armeen verwüstet.

Maria Theresia und ihr ältester Sohn Joseph versuchen nach besten Kräften, das harte Los der Bauern zu lindern. Durch neue Gesetze wird die Robotpflicht verringert und die persönliche Abhängigkeit der Bauern von ihren Grundherren (Leibeigenschaft) abgeschafft. Auch dürfen sie sich nun beim kaiserlichen Gericht beschweren.

Bei allen ihren Reformen geht Maria Theresia behutsam und schonend vor. Ungarn und die österreichischen Niederlande (das heutige Belgien), die viele Sonderrechte besaßen, nahm sie davon überhaupt aus. In diesem Maßhalten, in dem angeborenen Gespür für das Zumutbare offenbart sich ihre große Staatskunst.

So sehr sich Maria Theresia der Staatsgeschäfte annimmt, so sehr sie sich für alle Probleme in ihrem großen Reich interessiert, sie erübrigt immer auch Zeit für ihre große Familie. Ihrem Gemahl Franz Stephan von Lothringen, den sie schon in jungen Jahren am Wiener Hof kennengelernt hat, wo Franz des öfteren zu Gast war, bleibt sie zeitlebens in inniger Liebe zugetan.

Franz, um neun Jahre älter als seine Gemahlin, war eine ruhige, taktvolle Persönlichkeit. Er liebte die Behaglichkeit und verbrachte einen Großteil seiner Zeit auf der Jagd oder beim Karten- und Billardspiel. Es ist freilich die Frage, ob er sich diesen Beschäftigungen aus natürlicher

Veranlagung und Neigung widmete oder ganz einfach deshalb, weil ihm nichts anderes zu tun übrigblieb.

Franz Stephan war seit 1745 römisch-deutscher Kaiser und Mitregent seiner temperamentvollen, ehrgeizigen Gattin. Mitzureden hatte er allerdings nichts, vom Mitregieren ganz zu schweigen. Also fügte sich der »Franzl«, wie ihn Maria Theresia liebevoll nannte, in sein Schicksal und ging seinen persönlichen Vorlieben und Neigungen nach: seiner Sammlerleidenschaft (Münzen, Medaillen, Mineralien), der Betreuung seiner Schlösser und Gärten, der Vermehrung seines beträchtlichen Privatvermögens. In der Verwaltung seiner Güter, die er nach modernsten Grundsätzen bewirtschaften ließ und die er zu landwirtschaftlichen Musterbetrieben ausbaute, war er seiner Zeit weit voraus.

Franz Stephan von Lothringen

Die kaiserliche Familie feiert das Nikolausfest

Ob Franz Stephan unter der öffentlichen Zurücksetzung durch seine Gemahlin litt, ist schwer zu sagen. Denkbar wäre es. In einer Zeit, in der das gesamte gesellschaftliche Leben auf den Mann zugeschnitten war, von ihm dominiert wurde, war seine Stellung jedenfalls ungewöhnlich. Franz Stephan war zu vornehm, um sich darüber zu äußern. Die Ehe des kaiserlichen Paares litt jedenfalls nicht darunter. Auch wenn sich der gemütliche, jeder Etikette abholde Lothringer ab und zu ein galantes Abenteuer leistete, im Vergleich zu den anderen Fürstenehen der Zeit war der Ehebund zwischen der »Resl und ihrem Franzl« geradezu vorbildlich.

Um ihre Kinder, und sie hatte bekanntlich deren sechzehn, von denen einige früh verstarben, kümmerte sich die vielbeschäftigte Regentin mit großer mütterlicher Fürsorge. Sie gab Anweisungen für ihre Erziehung und nahm an ihrer körperlichen und geistigen Entwicklung regen Anteil. Sie hatte ein offenes Auge für ihre Vorzüge und Fehler, und sie sparte, wenn es not tat, auch nicht mit Tadel. Selbst die erwachsenen Söhne und Töchter mußten sich zuweilen ein ermahnendes Wort gefallen lassen. So schrieb sie einmal an ihren jüngsten Sohn Maximilian, den späteren Kurfürsten und Erzbischof von Köln: »Die Sauberkeit, mein Lieber! – wenn Ihr jetzt nach Italien geht, wo es sehr heiß ist, ist da noch wichtiger. Ich habe beobachten müssen, daß Ihr oft die Hände im Gesicht oder am Mund haltet, um Euch zu kratzen oder an den Nägeln zu kauen, laßt das gefälligst, es sieht ganz übel aus und macht Euch lächerlich.«

Dem Erzieher ihres drittältesten Sohnes Leopold gab sie genaue pädagogische Anweisungen. »Er ist träge und faul«, schrieb sie ihm, »in diesem Punkt müssen Sie mit Genauigkeit arbeiten. Sie müssen sehr darauf achten, daß er sich sitzend, stehend oder gehend ohne Verrenkungen hält, denn in seinem Alter nehmen junge Leute oft eine Gewohnheit an, die ihnen dann für immer bleibt. Er ist ganz voll derartiger Unarten.«

»Was den Geist und das Herz betrifft«, fuhr sie fort, »so müssen Sie sich vor allem darum bemühen, seine Veranlagung und seine Neigungen gründlich zu studieren, um seine Begabungen fruchtbar zu machen. Man darf ihm keine Vertraulichkeit mit irgend jemandem gestatten, wohl aber Höflichkeit gegen jedermann empfehlen.« »Er ist sehr empfänglich für Vorurteile«, meinte sie dann weiter, »und er gibt sie nur schwer auf, da er von sich selbst eine zu gute Meinung hat und es nicht liebt, um Rat zu fragen und diesen zu befolgen.«

Die Mutter kannte aber auch die Vorzüge des Knaben. »Leopold hat von Natur ein gutes, großmütiges und mitleidiges Herz«, schrieb sie, »er ist wissensdurstig und recht geschickt in seinen Aufgaben.« Abschließend stellte die Herrscherin fest, daß es ihr nicht so sehr auf den Lehrstoff und die Unterrichtsstunden ankomme, sondern auf die Formung seines Charakters, vornehmlich in freundschaftlichen Gesprächen. Maria Theresia vertrat, wie man sieht, in mancher Hinsicht ganz moderne pädagogische Ansichten.

Besonders streng ging die Herrscherin mit ihrer Tochter Marie Antoinette ins Gericht, die am französischen Königshof einen sehr anstößigen Lebenswandel

Marie Antoinette

führte. »Euer Kopfputz, meine Liebe«, schrieb ihr die Mutter eines schönen Tages. »Man sagt, Eure Frisur messe sechsunddreißig Zoll von den Haarwurzeln bis in die Höhe und sei mit zahllosen Federn und Bändern geschmückt, die sie stützen sollen! Ihr wißt, daß ich stets der Meinung war, die Mode nur maßvoll mitzumachen und sie nicht zu übertreiben. Eine hübsche junge Königin mit so viel natürlicher Anmut hat derlei Torheiten nicht nötig. Im Gegenteil, je schlichter ein Haarschmuck ist, desto besser bringt er die wirklichen und echten Reize einer Frau zur Geltung. Auch ist dies allein dem Rang einer Königin angemessen, und wenn sie den rechten Ton angibt, werden sich die anderen beeilen, es ihr nachzutun und sogar ihre kleinen Wunderlichkeiten annehmen.«

Das kaiserliche Lustschloß Schönbrunn

Die Briefe Maria Theresias an ihre Kinder sind voll mit solchen Ratschlägen, mit Lebensanweisungen jeglicher Art. Sie sind ein Gemisch aus (groß-)mütterlicher Sorge, liebevoller Anteilnahme an ihrem Geschick und massiven, aus heutiger Sicht zuweilen unangenehm berührenden Einmischungsversuchen in ihre Privatsphäre.

Im Morgengrauen des 4. Juli 1765 stehen vor dem Schloß Schönbrunn, dem Sommersitz Maria Theresias, in dem sie sich so gerne aufhält, die kaiserlichen Reisewagen zur Abfahrt nach Tirol bereit. Reiseziel ist Innsbruck, wo im August die Hochzeit des Erzherzogs Leopold mit Maria Luisa, der Tochter des spanischen Königs, stattfinden wird. Über Leoben, Graz, Klagenfurt und Lienz geht es nach Brixen. Überall gibt es glanzvolle Empfänge und Festlichkeiten für das Kaiserpaar und sein zahlreiches Gefolge. Am 15. Juli langt der kaiserliche Hof unter dem Jubel der Bevölkerung in der Tiroler Hauptstadt ein. Die Stände haben zu Ehren Maria Theresias und Franz Stephans eine steinerne Triumphpforte errichtet, die

noch heute an den Aufenthalt des Kaiserpaares in der Stadt erinnert. Ein paar Tage später trifft auch die Braut ein. Es gibt Theateraufführungen, Jagden, Vergnügungen aller Art. Aber in der Hofgesellschaft will doch keine rechte Festesfreude aufkommen. Der Bräutigam ist unpäßlich, Maria Theresia ist nicht in bester körperlicher Verfassung. »Meine Beine machen mir große Sorge«, schreibt sie an die Gräfin Sophie Enzenberg. »Sie sind mehr als je angeschwollen. Ich kann nur hoffen, daß sie mir nicht übel mitspielen, denn ich fürchte die große Hitze.«

Die hohen, eng geschnürten schwarzen Samtschuhe, das beengende Mieder und die schwere Galakleidung, die sie bei den vielen öffentlichen Anlässen tragen muß, vergällen ihr die Laune. Auch der Kaiser fühlt sich gesundheitlich nicht wohl. Er ist herzleidend. Das feuchtheiße Föhnwetter macht ihm schwer zu schaffen. In der Nacht vom 17. auf den 18. August klagt er über Brustschmerzen und Übelkeit. Der Leibarzt und Maria Theresia raten zu einem Aderlaß. Aber Franz Stephan fühlt sich am Morgen schon wieder ganz wohl.

Er geht – es ist Sonntag – zur Beichte und nimmt dann an der Mittagstafel teil, die, der Mode der Zeit entsprechend, vor einer gaffenden Menschenmenge in der Öffentlichkeit stattfindet. Am Abend wohnt er der Vorstellung einer italienischen Operntruppe bei, die der Kaiserhof für die Hochzeitsfeierlichkeiten eigens engagiert hat. Vor dem Souper will der Kaiser, wie üblich, noch seiner Gemahlin einen kurzen Besuch abstatten. Langsamen Schrittes geht er in der Innsbrucker Hofburg, treppauf, treppab, einen langen, engen Gang entlang, auf die Gemächer zu, in denen Maria Theresia logiert. Sein Sohn Joseph folgt ihm in angemessener Entfernung. Plötzlich wird Franz Stephan von Übelkeit befallen. Schwer atmend und erschöpft lehnt er sich an den Türpfosten eines Zimmers. Joseph, der rasch herbeigeeilt ist, will Hilfe holen. Aber der Kaiser winkt ab. Wankenden Schrittes geht er weiter. Er kommt nicht mehr weit. Bei einer der nächsten Türen sinkt er ohnmächtig zusammen. Der Thronfolger legt den Vater mit Unterstützung eines Hofbediensteten in einem Vorzimmer auf ein Klappbett und ruft nach dem Beichtvater und den Ärzten, die den Kaiser zur Ader lassen. Aber jede medizinische Hilfe kommt zu spät. Franz Stephan ist bereits tot.

Joseph überbringt der Mutter die Todesnachricht. Maria Theresia erstarrt im Schmerz. Fassungslos, wie versteinert, verweilt sie in ihrem Zimmer, zunächst keiner Gefühlsregung, nicht einmal einer Träne fähig. Erst als ihr die Ärzte eine Ader öffnen, löst sich die Starrheit ihres Körpers. Die ganze Nacht wird ihr Kör-

Kaiserin Maria Theresia im Kreise ihrer Familie

per von einem wilden Schluchzen geschüttelt. Ihr Schmerz und ihre Trauer sind grenzenlos. An ihre alte Erzieherin, Gräfin Rosalia Edling, schreibt sie später: »Den vollkommensten, den liebenswürdigsten Herrn habe ich verloren, seit dreiundvierzig Jahren war mein Herz ihm allein zugethan; er war mein Trost in Allem in meinem harten Lebenslaufe, jetzt ist nichts mehr für mich. Bete für mich, liebste Saler, daß Gott mich erleuchte und stärke, solange ich noch in dieser Welt herumkugeln muß.«

Die Regentin läßt sich das kaum ergraute Haar abschneiden. Sie schenkt ihre Kleider den Kammerfrauen, ihren Schmuck den Töchtern. In den verbleibenden fünfzehn Jahren ihres Lebens trägt sie nur noch Trauerkleidung. Sie, die in ihren Jugend- und reifen Frauenjahren heiter und lebenslustig gewesen ist, die getanzt und gespielt, die alle Vergnügungen am Hof mitgemacht hat, wird jetzt lebensscheu, einsam, alt. »Selbst die Sonne erscheint mir schwarz«, schreibt sie im Herbst, und über ihre ersten Weihnachten nach dem Tod des geliebten Mannes berichtet sie: »Ich bin allein in meiner Stube, die mit grauem Tuch bespannt ist und in der nur zwei Wachskerzen brennen, so daß es recht düster ist; aber so fühle ich mich noch am wohlsten.«

In ihren Mußestunden und in vielen durchwachten Nächten zergrübelt sie sich den Kopf über ihre Ehe, über die Fehler, die sie gemacht hat, die Unduldsamkeit, die Eifersucht, mit der sie Franz Stephan manchmal gequält hat. Sie trauert den unwiederbringlichen glücklichen Ehetagen nach und verfällt dabei auf die seltsamsten Ideen. In ihrem Gebetbuch fand man einen Zettel mit ihrer Handschrift, auf dem sie, drei Jahre nach dem Tod des Gatten, die Zeit ausgerechnet hat, die sie mit ihm verbrachte: »29 Jahre, 6 Monate, 6 Täge, macht also Jahre 29, Monat 335, Wochen 1 540, Täge 10 781, Stunden 358 744.«

Hätte sie nur diesen einen Zettel hinterlassen, wir könnten ermessen, welch tiefen Einschnitt das Jahr 1765 im Leben der Maria Theresia markiert.

Einen Augenblick lang hat die Regentin nach dem Tod ihres Gemahls mit dem Gedanken gespielt, die Regierung des Reiches in die Hände ihres ältesten Sohnes, des Thronfolgers, zu legen. Aber dann haben doch ihre angeborene Lust am Herrschen und ihr Pflichtbewußtsein rasch über ihre Verzweiflung gesiegt. Sie kann und will Joseph nicht die alleinige Regierungsverantwortung überlassen. Sie liebt ihren Ältesten, und sie wird von ihm zärtlich wiedergeliebt. Aber Mutter und Sohn sind von ihrer Veranlagung her völlig verschieden. Maria Theresia ist warmherzig, umgänglich, offen, vertrauensselig. Sie ist klug, welterfahren und hat einen sicheren politischen Instinkt. Joseph ist ein kalter, nüchterner Verstandesmensch, er ist scheu, schüchtern, mißtrauisch. Er handelt politisch nicht selten unüberlegt und hat kein Verständnis für Tradition und historisch Gewachsenes. Die Mutter bevormundet den Sohn, läßt ihm nichts gelten, gibt ihm keinen Raum, keine Gelegenheit zur Entfaltung. Sie kehrt ihm gegenüber bei jeder Gelegenheit ihre größere Erfahrung und Reife hervor. Das führt auf seiten Josephs zu verärgerter Verbitterung, zu Auflehnung, zu Ausbrüchen des Hasses. Maria Theresia und ihr Mitregent Joseph liegen miteinander im Dauerstreit, machen einander das Leben schwer.

Joseph II. wird zum Kaiser gekrönt

Leopold, der 1765 die Herrschaft in der Toskana angetreten hat, hat das Verhältnis zwischen Mutter und Sohn einmal treffend so beschrieben: »Sie liebt aufs äußerste den Kaiser, dennoch möchte sie ihm befehlen und ihn leiten und sein ganzes Verhältnis kennen und alles das, was er machen möchte. Wenn sie zusammen sind, gibt es ununterbrochen Streit, und immer widersprechen sie einander. Und wenn der Kaiser einen Schritt unternimmt, ohne ihr etwas zu sagen, dann ist sie darüber sehr gekränkt.«

Die Meinungsverschiedenheiten zwischen Maria Theresia und Joseph, die Grundeinstellungen zum Leben, zur Religion, zu Gesellschaft und Staat betrafen, wurden immer häufiger schriftlich ausgefochten.

Beide nahmen sich dabei kein Blatt vor den Mund, sparten nicht mit Vorwürfen, Anschuldigungen und Anklagen. »Hüte dich wohl davor«, schrieb sie ihm einmal, »an Bosheit Gefallen zu finden! Dein Herz ist noch nicht schlecht, aber es wird es werden! Es ist höchste Zeit, daß Du aufhörst, Geschmack zu finden an all diesen Witzworten, diesen geistreichen Wendungen, die nur den Zweck haben, andere zu betrüben und lächerlich zu machen.« Und ein andermal schleuderte sie ihm den Satz in das Gesicht: »Zwischen uns waltet ein böses Verhängnis, beim besten Willen verstehen wir uns nicht.«

Nein, sie verstanden einander wirklich nicht, die herrschsüchtige Mutter und ihr eigensinniger, vernunftgläubiger Sohn. Joseph war frustriert. Er empfand sein Leben als »Märtyrium«, zum »Verrücktwerden«, zum »Davonlaufen«. Vor der Verantwortung lief er zwar letzten Endes doch nicht davon, er nutzte aber jede sich bietende Gelegenheit, um dem Hof fern-

Joseph II. mit seinem Bruder Leopold

zubleiben, zu reisen, die Lebensverhält-
nisse der Untertanen aus eigener An-
schauung kennenzulernen, sich mit den
Herrschern anderer Länder zu einem
Meinungsaustausch zu treffen. Er flüch-
tete vor dem Herrscherwillen der Mutter,
dem er sich nicht entziehen konnte, und
vor seiner eigenen inneren Unrast.

Völlig entgegengesetzter Meinung waren
die Königin und ihr Mitregent auch in
außenpolitischen Fragen. Nach dem ge-
scheiterten Versuch, das an Preußen ver-
lorene Schlesien im Siebenjährigen Krieg
wiederzugewinnen, hatte Maria Theresia
nur noch einen Wunsch: ihren Völkern
einen Krieg zu ersparen. »Welch häßli-
ches Gewerbe ist doch der Krieg, gegen
die Menschlichkeit und gegen das Glück«,
schrieb sie einmal an Joseph. Dieser Satz,
das großartigste Bekenntnis der Maria
Theresia, hat im 18. Jahrhundert aus
Herrschermund nicht seinesgleichen. Und
an Feldmarschall Graf Franz Moritz Lacy
schrieb sie: »Ich, die ich die Schläge des
Krieges allzu schmerzlich empfunden
habe, gedenke nie mehr einen zu führen.
Allzusehr liebe ich die Völker, meine
Ruhe.«

Der ungestüme, auf Ländererwerb und
Machterweiterung erpichte Thronfolger
kümmerte sich nicht um solche Überlegungen. Er war ehrgeizig, er erstrebte militärischen Ruhm. Als sich zu Beginn des
Jahres 1772 Zarin Katharina II. von Rußland und Friedrich II. von Preußen über
eine Teilung Polens einigten, glaubten
sich Joseph und Staatskanzler Kaunitz an
diesem Länderraub beteiligen zu müssen.
Maria Theresia sprach sich mit Entschiedenheit dagegen aus. »Ich verstehe eine
Politik nicht«, argumentierte sie gegenüber Kaunitz, »die erlauben soll, daß,

Spottbild auf die Zerstückelung Polens

wenn zwei sich ihrer Übermacht bedienen, um einen Unschuldigen zu unterdrücken, sich der Dritte das Recht nehmen darf, die gleiche Ungerechtigkeit zu
begehen: mir scheint das unhaltbar zu
sein. Ein Herrscher hat keine anderen
Rechte als der Privatmann: wenn wir alle
einmal vor Gott erscheinen müssen, um
Rechenschaft abzulegen, wird die Größe
und Stärke unseres Staates nicht in Rechnung gestellt werden.«

Alle diese Einwände prallten an den
machtpolitischen Erwägungen Josephs
und des Staatskanzlers ab. Schließlich
setzte Maria Theresia nach langem inne-
rem Ringen ihre Unterschrift unter den
Vertrag. Sie hat es bis an ihr Lebensende
nicht überwunden, daß eine reine Macht-
überlegung den Sieg über ihr Gewissen
davongetragen hatte.

Zwei Jahre vor ihrem Tod kam es zwischen Mutter und Sohn aus einem außenpolitischen Grund noch einmal zu einer
tiefgreifenden Auseinandersetzung. Nach

dem Aussterben der bayerischen Linie des Hauses Wittelsbach wollte Joseph den Länderbesitz der habsburgischen Monarchie um Bayern vergrößern. Er stieß mit dieser Absicht auf den heftigen Widerstand Friedrichs II. Maria Theresia stellte sich entschieden gegen die Pläne ihres Sohnes. Als sie trotz größter Bemühungen einen Krieg nicht verhindern konnte, knüpfte sie hinter dem Rücken Josephs mit ihrem Erzfeind, dem alten Fritz, dem Ungeheuer, wie sie den preußischen König im vertrauten Kreis nannte, Friedensverhandlungen an. Der Krieg, ob seiner kurzen Dauer »Kartoffelkrieg« genannt, brachte Österreich den Gewinn des Innviertels.

Maria Theresia hat nach dem Tod ihres Gemahls weiter an Gewicht zugenommen. Sie leidet unter hohem Blutdruck, hat Atembeschwerden, die Beine versagen ihr den Dienst. Sie trägt ihre schwindende Gesundheit mit Geduld, faßt ihre Leiden als Barmherzigkeit Gottes auf. Ihre Lebensgewohnheiten verändert sie nicht. Sie will ihre Umgebung nicht mit ihren Unpäßlichkeiten behelligen.

Im Herbst 1780 verschlechtert sich ihr Zustand. Die Beschwerden nehmen zu, die Erstickungsanfälle häufen sich. Gefaßt sieht die fromme Frau dem Tod entgegen. In den Abendstunden des 29. November 1780 haucht die Regentin in den Armen ihres Erstgeborenen, der in den letzten schweren Tagen ständig um sie gewesen ist, ihr Leben aus. Maria Theresia, die große Mutter Österreichs, ist tot. Aber ihr Werk, ihre Herrschertugenden und ihre Menschenliebe bleiben unvergessen, leben weiter durch die Jahrhunderte.

Metternich übernimmt die Leitung der österreichischen Außenpolitik

Die Schicksalstage eines Staates sind meist mit dramatischen Ereignissen verbunden: mit kriegerischen Entscheidungen, mit Vorgängen von revolutionärem Charakter, die völlig neue Entwicklungen einleiten, den Strom des Geschichtsablaufes in andere Bahnen lenken. Herrscher und Herrscherhäuser werden gestürzt und durch andere ersetzt, eine Staatsform wird durch eine andere abgelöst. Diese Veränderungen gehen so augenfällig vor sich, daß vielen Menschen ihre Schicksalhaftigkeit sogleich bewußt ist. Es gibt aber auch Ereignisse, die sich so still und unauffällig vollziehen, daß ihre Bedeutung von den Zeitgenossen gar nicht wahrgenommen wird. Ihr Wendepunktcharakter stellt sich erst später heraus, kann erst von den folgenden Generationen erkannt werden.

Die Bestellung des österreichischen Botschafters in Paris, des Grafen Klemens Wenzel Lothar Metternich, zum Leiter der österreichischen Staatskanzlei am 8. Oktober 1809 durch Kaiser Franz I. war ein solches Ereignis. Es gab nicht viele Menschen im österreichischen Kaiserreich, die davon Notiz nahmen. Das Wissen um politische Vorgänge war damals auf wenige Eingeweihte beschränkt: auf die Hofgesellschaft, auf Adelige und Diplomaten, auf Schriftsteller und Dichter, die sich für Politik interessierten. Und auch sie konnten nicht ahnen, daß der neue Mann in der Staatskanzlei am Wiener Ballhausplatz, den der Kaiser in einer aufgewühlten Zeit an die Spitze des Staates berufen hatte, einer ganzen Epoche den Stempel seiner Persönlichkeit aufdrücken würde. Die Ära Metternich, die mit dieser Bestellung eingeleitet wurde, dauerte fast vier Jahrzehnte, bis zum März 1848.

Klemens Wenzel Metternich

Bevor wir darüber sprechen, wie Metternich in dieser langen Zeit das Schicksal Europas beeinflußte und bestimmte, müssen wir uns mit seiner Herkunft beschäftigen, mit seiner Ausbildung, seinen Ansichten, seinem gesellschaftlichen Aufstieg.

Wie sein großer Zeitgenosse Ludwig van Beethoven, dem Österreich ebenfalls zur (zweiten) Heimat wurde, war Metternich Rheinländer. Er wurde am 15. Mai 1773 in Koblenz geboren. Sein Vater, Franz Georg Karl Graf Metternich-Winneburg-Beilstein, war Diplomat. Er war zwar nicht sehr tüchtig, aber er hielt viel auf seinen Stand, auf seine Stellung, und er war von pfauenhafter Eitelkeit. Klemens Wenzel Lothar, sein Ältester, fiel in dieser Beziehung nicht weit vom Stamm. Auch er trug zeitlebens seine aristokratische Abstammung zur Schau, und seine Selbstgefälligkeit ließ nichts zu wünschen übrig. An Klugheit, an Intelligenz und Geist ließ der Sohn den Vater allerdings weit hinter sich. Diese Eigenschaften wurden ihm von der Mutter in die Wiege gelegt, einer geborenen Gräfin Maria Beatrix Kagenegg, die aus dem Breisgau stammte und ihren bildhübschen, blitzgescheiten Lieblingssohn von klein auf verwöhnte.

Der umsorgte Klemens wuchs im Salon der Eltern auf, lernte hier standesgemäß Benehmen und höfisch-höfliche Umgangsformen. Er wurde frühzeitig in die Kunst der Konversation, des unverbindlichen Geplauders, des Blendens und Brillierens mit der Sprache eingeführt, was ihm in seinem späteren Leben sehr zustatten kam. Jedenfalls brachte er es auf diesem Gebiet zu vollendeter Meisterschaft. Gesprochen wurde natürlich Französisch, wie es in einer Diplomatenfamilie damals üblich war. Klemens Wenzel Metternich hat sich in dieser Sprache denn auch stets besser und klarer auszudrücken vermocht als im Deutschen. Seine Formulierungen in der Muttersprache wirken ein wenig hölzern und ungeschliffen.

Das begabte Muttersöhnchen wurde von der Umwelt weitestgehend abgeschirmt. Es wuchs im geschlossenen Kreis eines Aristokratenhauses auf und kam mit dem Volk nicht oder kaum in Berührung. Dies erklärt, warum Metternich für die Sorgen und Nöte der kleinen Leute nie Verständnis aufbrachte, gar nicht aufbringen konnte. Die Welt der Bürger und Arbeiter existierte für ihn ganz einfach nicht.

Der hellwache, springlebendige Knabe lernte leicht, fast spielend. Er wurde den übrigen Geschwistern vorgezogen, man erfüllte ihm alle seine Wünsche. So entwickelte sich Klemens früh zu einem ganz auf sich bezogenen Menschen, zu einem schrankenlosen Egoisten, der er sein ganzes Leben lang geblieben ist.

Die beiden Hauslehrer, die für seine Ausbildung zu sorgen hatten und die das Fundament für sein Weltbild legten, hatten es aus diesem Grund auch nicht ganz leicht mit ihm. Klemens akzeptierte nur das, was seinem Naturell entsprach, seinem Hang zur Bequemlichkeit. Er liebte die Annehmlichkeiten, er schätzte die Vorteile, die ihm sein Stand bot.

Frühreif, aufgeschlossen und sehr von sich eingenommen, wie es sich für einen jungen Herrn aus großem Haus gehörte, war er mit fünfzehn Jahren ein erstaunlich fertiger Mensch. Und was heute schlicht undenkbar ist, war im 18. Jahrhundert ohne weiteres möglich: Klemens Metternich erhielt mit fünfzehn die Hochschulreife. Er bezog die Universität Straßburg, an der er Rechts- und Staatswissenschaften studierte. In der schönen Stadt an der Ill, die heute nicht zufällig Sitz des Europarates ist – liegt sie doch am Schnittpunkt des romanischen und germanischen Kulturraumes –, brachte ihm einer seiner Universitätsprofessoren, Christoph Wilhelm von Koch, eine Lehre nahe, die sein Denken lebenslang beherrschen sollte: die Idee vom System des Gleichgewichtes der europäischen Mächte. In Europa, so lehrte Koch, dürfe kein Staat ein politisches Übergewicht haben, eine Vorherrschaft ausüben. Nur dann wäre die Sicherheit jedes einzelnen Staates und der Friede für alle gewährleistet. Metternich hat als Staatsmann diese Idee vom Gleichgewicht der Kräfte zur obersten Richtschnur seines Handelns gemacht. In Straßburg hatte der junge Student noch ein Schlüsselerlebnis, das ihn für sein gan-

zes weiteres Leben prägte: Er war Augenzeuge, wie am 21. Juli 1789, eine Woche nach der Revolution in Paris, eine mit Beilen und Äxten bewaffnete Volksmenge die Fenster des Rathauses einschlug und die Amtsräume plünderte. Von diesem Tag an empfand der empfindsame, standesbewußte Aristokrat eine tiefe Abscheu vor Äußerungen der Volksleidenschaft und stemmte sich mit ganzer Kraft gegen jede Entwicklung, die die bestehenden Verhältnisse in Frage stellte, die gar revolutionären Charakter in sich trug. Schon das Wort »Revolution« löste Erregungszustände in ihm aus, flößte ihm Abscheu und Ekel ein. Gesetz, Recht und Ordnung wurden die Leitsterne seines politischen Handelns.

Das Studium selbst nahm er nicht sonderlich ernst. Wozu sollte er sich auch groß

Revolution in Paris

anstrengen? Über kurz oder lang würde er schon seinen Weg machen. Und einstweilen genoß er das freie Studentenleben und machte Eindruck bei den Damen, die ihn »froh, schön und liebenswürdig« fanden.

Im Jahre 1790 verließ Metternich Straßburg und begab sich nach Frankfurt am Main, wo er am 14. Juli 1790 und dann auch 1792 als Assistent seines Vaters als Zeremonienmeister an den Kaiserkrönungen Leopolds II. und Franz' II. teilnahm. Der Prunk und die Pracht, die dabei entfaltet wurden, beeindruckten ihn, waren so recht nach seinem Geschmack. Die Schaustellung, das Schauspiel gehörte zu seinen Vorlieben. Schon der Studiosus stand gerne im Mittelpunkt. Bei allem, was er tat, war immer auch ein Stück Selbstdarstellung dabei.

Sein Studium setzte er in Mainz fort, das damals von einem Erzbischof regiert wurde. An der Universität verstärkte und festigte ein anderer Lehrer, Nikolaus Vogt, in Metternich die Idee vom Gleichgewicht der europäischen Kräfte mit Deutschland als Mitte und Herzraum des Kontinents. Ansonsten führte der leichtblütige Klemens auch in Mainz ein unbekümmertes Leben. Er feierte die Feste, wie sie fielen, und sie fielen in großer Zahl. In dieser Zeit erlebte er auch seine erste große Liebe, woran er sich später immer wieder gerne erinnerte. Und das will etwas heißen, denn an Frauenbekanntschaften hat es dem Mann mit dem »feinen Gesicht, der sanft gebogenen Nase und den großen blauen Augen« nie gemangelt. Klemens Wenzel Lothar Metternich war nicht nur ein großer Staatsmann. Er war auch ein großer Frauenfreund und ein unersättlicher Liebhaber.

Staatskanzler Klemens Wenzel Metternich

Die Zeichen der Zeit standen auf Sturm. In Frankreich machte die Revolution immer größere Fortschritte. Auch in Mainz konnte man nicht auf Dauer den Kopf in den Sand stecken und so tun, als wäre nichts geschehen, als gingen einen die Vorgänge im Nachbarland nichts an. Im April 1792 entschieden sich die Revolutionäre in Paris für einen Krieg gegen Österreich. Und dieser Waffengang mußte früher oder später nicht nur die deutschen Städte am Rhein in Mitleidenschaft ziehen, sondern auch die Familie Metternich, die im Rheinland ansässig war. 1794 traf die Metternichs dann auch tatsächlich das Fallbeil der Revolution. Die Franzosen eroberten die Städte Koblenz, Trier, Köln und Bonn. Die Familie Metternich verlor ihre Besitzungen am linken Rheinufer und floh Hals über Kopf nach Wien. Sie ließ 6 200 Untertanen, dreieinhalb Quadratmeilen Landbesitz und 50 000 Gulden jährliche Einkünfte zurück. Ein langes Kapitel Metternichscher Familiengeschichte war damit zu Ende. Der Vater war ohne Stellung, der Sohn ohne Hoffnung auf eine rasche Karriere. Die Zukunft war düster und ungewiß. Man stand vor einem völligen Neubeginn.

In Wien wurden die Metternichs beileibe nicht mit offenen Armen aufgenommen. Die österreichische Hocharistokratie rümpfte über die Habenichtse aus dem Rheinland die Nase. Die Schwarzenbergs und Starhembergs, die Kinskys und Harrachs hielten es für unter ihrer Würde, mit ihnen gesellschaftlichen Kontakt zu pflegen. Was wollten diese Rheinländer eigentlich in der Hauptstadt des Kaisers? Sollten sie hingehen, wo der Pfeffer wächst. Wien war ganz gewiß nicht der richtige Ort für sie.

Klemens, einundzwanzig Jahre alt und voll zum Mann herangereift, hat die herablassende Gönnerhaftigkeit, mit der man der Familie begegnete, nur schwer ertragen. Sein ganzes Leben lang kam er darüber nicht hinweg, machte er bissige Bemerkungen über die Stadt und ihre Gesellschaft. Wien sei die Hauptstadt der Musik, erklärte er, aber nur, weil man hier keine Gedanken hervorbringe. Und: Die Aristokraten hätten keinen Geschmack, sie interessierten sich bestenfalls für die Architektur der Tänzerinnen. Das waren boshafte Bemerkungen, die aus einem beleidigten Selbstwertgefühl kamen, und selbstgefällig, das wissen wir bereits, war Metternich bis zum Übermaß.

Indessen versuchte der Vater hartnäckig, wieder in den kaiserlichen Dienst gestellt zu werden, was ihm auch gelang. Die Mutter, liebenswürdig, charmant und ehrgeizig, ließ alte Schulfreundschaften mit hocharistokratischen Damen aufleben und spann ihre gesellschaftlichen Fäden. Sie wollte ihrem Klemens möglichst rasch den Weg in die Wiener Hocharistokratie ebnen. Was eignete sich dazu besser, als in diese exklusive Schicht einzuheiraten? Die Gräfin griff gleich nach den Sternen, warf ihr Auge schnurstracks auf die Enkelin des Fürsten Wenzel Anton Kaunitz, des berühmten Hof- und Staatskanzlers Maria Theresias. Die neunzehnjährige Eleonore Kaunitz war die beste Partie in toute Vienne. Ihr Vater war steinreich, sie selbst klein und mager, nicht gerade häßlich, aber vom Schönheitsideal der Zeit weit entfernt. Lorel, wie sie im Familienkreis gerufen wurde, besaß indessen eine Reihe von bemerkenswerten Eigenschaften. Sie hatte einen wachen Geist und einen kulti-

Gräfin Kaunitz, Metternichs erste Frau

69

vierten Charme, sie war intelligent und besaß ein lebhaftes Temperament. Gräfin Metternichs Brautwahl für ihren Sohn stieß natürlich auf Widerstände. Die Fürstin Liechtenstein, Eleonores Tante, war strikt gegen eine Verbindung, vor allem aber sprachen sich auch die Eltern dagegen aus. Aber selbst im Jahrhundert der Vernunftehen, in dem die Nachkommen von hochgestellten Persönlichkeiten, von Königen und Fürsten, oft schon im Kindesalter verkuppelt und verschachert wurden, geschahen ab und zu Wunder: Das Werben des Grafen Metternich um die Gunst und die Hand von Eleonore Kaunitz hatte Erfolg. Seine Liebesbriefe wurden postwendend beantwortet, Eleonore fing vom ersten Augenblick an für Klemens Feuer. Der Vater gab schmollend-grollend seine Zustimmung zur Verehelichung und setzte seiner geliebten einzigen Tochter eine Jahresrente von 17 000 Gulden aus.

Die Hochzeit fand im engsten Kreis am 27. September 1895 auf Schloß Austerlitz in Böhmen, der Sommerresidenz der Familie Kaunitz, statt. Die Vermählten verbrachten die Flitterwochen in Austerlitz und kehrten erst dann nach Wien zurück. Aus dem dahergelaufenen Grafen aus dem Rheinland war mit einem Schlag ein wenn auch zunächst nur widerstrebend geduldetes Mitglied der Wiener Hofgesellschaft geworden.

Eleonore und Klemens Metternich waren trotz der zahlreichen Liebschaften und Seitensprünge des Gatten ein glückliches Ehepaar. Eleonore, die sieben Kindern das Leben schenkte, war nicht nur eine fürsorgliche Mutter, sondern auch und vor allem eine verständnisvolle, verzeihende Gattin. Klemens Metternich verdankt ihr seine Karriere, seinen Aufstieg zum führenden Staatsmann Europas.

Zu einer solchen Karriere hatte der frischgebackene Ehemann freilich zunächst überhaupt keine Lust. Viel eher stand ihm der Sinn nach leichter Unterhaltung, nach Nichtstun und Müßiggang. Er schlief weit in den Tag hinein, verbrachte ein paar Stunden mit naturwissenschaftlichen Studien und verplauderte die Abende in den Salons der Adeligen. Zwei Jahre führte Metternich dieses bequeme, träge Schmarotzerdasein. Aber eine so agile Natur wie er brauchte ein Betätigungsfeld. Graf Metternich konnte auf die Dauer seine feingliedrigen Aristokratenhände nicht in den Schoß legen. 1797 nahm der Vater den Sohn als seinen Privatsekretär auf einen Kongreß mit. Obwohl Klemens in Rastatt, dem Konferenzort in Deutschland, nicht allzusehr beschäftigt war, machte er dort doch seine ersten diplomatischen Gehversuche und erhielt Einblick in das komplizierte Räderwerk der europäischen Diplomatie. Ein Sprungbrett für eine Karriere war Rastatt für ihn nicht. Aber Graf Ludwig Cobenzl, der ein paar Jahre später die Leitung der österreichischen Außenpolitik übernehmen sollte, war auf den vielversprechenden jungen Mann aufmerksam geworden. Er erkannte dessen angeborenes Verhandlungstalent, seine Kunst der Menschenbehandlung, seine Fähigkeit, den Gesprächspartner für sich einzunehmen, ihn mit Worten zu umgarnen. Cobenzl war fest entschlossen, Klemens Metternich einen Gesandtschaftsposten zu verschaffen. Aber vorläufig war er selbst nicht in der Position, diese Absicht durchzusetzen. Man mußte die Entwicklung der Dinge abwarten.

Im Jahre 1801 war es dann soweit. Seine Majestät Kaiser Franz II. bietet über Anraten seines neuen Außenministers dem 28jährigen Reichsgrafen, ohne daß dieser – wie sonst üblich – zuvor in einer untergeordneten Stellung als Gesandtschaftssekretär tätig gewesen wäre, gleich drei Posten an: jenen des Botschafters in Kopenhagen oder in Dresden oder den eines Vertreters für Böhmen beim Reichstag in Regensburg. Metternich bittet sich Bedenkzeit aus. Dann entscheidet er sich für Dresden, für den Hof des Kurfürsten von Sachsen. Er hat die erste Sprosse auf seiner Erfolgsleiter erklommen.

Ein neues Jahrhundert hat begonnen, aber es hat politisch keine wesentlichen Veränderungen gebracht. Der Mann, der seit einigen Jahren Europa in Atem hält, heißt Napoleon Bonaparte. Napoleon, 1769 auf Korsika geboren und in Frankreich zum Offizier ausgebildet, hat 1796 den Oberbefehl über die französische Armee in Italien übernommen. Seit dieser Zeit hat dieses militärische Genie eine Schlacht nach der anderen gewonnen, die Heere der Gegner Frankreichs zu Paaren getrieben. Nicht nur militärisch, auch politisch gibt der kleingewachsene, ehrgeizzerfressene, skrupellose General bereits den Ton an. Eben jetzt, im Jahre 1801, hat er nach einem neuerlichen siegreichen Krieg den Rhein zur Ostgrenze Frankreichs gemacht und mit dem Papst einen Vertrag (ein Konkordat) geschlossen. Aber trotz seiner Erfolge steht der kleine, siegegewohnte Korse erst am Beginn seines Weges. Dieser Weg wird weiter steil nach oben führen und sich in den nächsten zehn bis fünfzehn Jahren mit dem Lebensweg des österreichischen Diplomaten Klemens Wenzel Lothar Metternich kreuzen,

dessen Karriere eben erst angelaufen ist. Metternich wird sein großer Gegenspieler werden, der ihn nicht mit der Waffe in der Hand, sondern mit der Waffe des Geistes und der geschmeidigen Diplomatie schlagen wird. Aber im Jahre 1801 stand all das noch in den Sternen.

Der neue österreichische Botschafter in Dresden findet sich in seinem neuen Aufgabenbereich rasch zurecht. Er erlernt spielend das Handwerkliche seines Berufes, schickt ellenlange Berichte nach Wien, macht Konversation mit Andersgesinnten und Höhergestellten und schließt Freundschaften. Eine davon, jene mit dem preußischen Schriftsteller und Politiker Friedrich von Gentz, wird lebenslang währen. Gentz, ein Schüler des großen deutschen Philosophen Immanuel Kant und wie Metternich streng konservativ gesinnt,

Friedrich von Gentz

Katherina Pawlowna Fürstin Bagration

wird sein engster Mitarbeiter. Eine andere Bekanntschaft, die mit Katharina Pawlowna Fürstin Bagration, einer Großnichte der Zarin Katharina I., ist lockerer Natur und weniger dauerhaft, doch sie hat Folgen: Der Botschafter wird Vater einer unehelichen Tochter, die auf den beziehungsreichen Namen Clementine getauft wird. Gattin Eleonore tröstet sich mit dem Gedanken, daß auch sie in anderen Umständen ist. In der Gewißheit, daß die Ehe unauflöslich ist und das Herz ihres Mannes trotz allem ihr gehört, bringt sie bald darauf dieses Kind zur Welt.

Politisch gesehen, ist in Dresden für Metternich nicht viel zu holen. Sachsen spielt im Konzert der europäischen Mächte nur eine untergeordnete Rolle. Da ist Berlin, wohin er im November 1803 übersiedelt, schon ein anderer Boden. Preußen ist wie

Österreich, Rußland und Großbritannien eine europäische Großmacht, ein wichtiges konservatives Glied im Kampf gegen das napoleonische Frankreich. Doch bisher hat es sich aus allen Kriegen herausgehalten, Neutralität bewahrt. Metternich möchte das Land auf die Seite der Gegner Napoleons ziehen, ein Bündnis mit Österreich zustande bringen. Es gelingt ihm nicht. Indessen hat sich Napoleon am 2. Dezember 1804 in der Kathedrale Nôtre Dame zu Paris zum Kaiser der Franzosen gekrönt. Auf den Tag genau ein Jahr später zerschmettert der Unbezwingbare bei Austerlitz in Böhmen die russisch-österreichische Armee. Im Jahr 1806 kommt es noch schlimmer: Sechzehn deutsche Fürsten, an der Spitze die neugebackenen Könige von Bayern und Württemberg, treten aus dem Reich aus, gründen den Rheinbund und unterstellen sich dem Schutz Napoleons. Franz II. legt daraufhin die römisch-deutsche Kaiserwürde nieder. Eine tausendjährige Epoche deutscher Geschichte ist zu Ende.

In dieser politisch äußerst ungünstigen Situation, in der es darum geht, die bedrohte Eigenstaatlichkeit Österreichs zu bewahren, wird der 33jährige Metternich auf den wichtigsten Botschafterposten berufen, den die Monarchie zu vergeben hat: auf jenen in Paris. Metternich soll in der Stadt an der Seine alle Register seines diplomatischen Könnens ziehen, durch geschicktes Taktieren, durch Abwarten, Aufschieben, Anpassen, Verzögern, Hinhalten den Angriffsgeist des Kaisers einbremsen, seine Initiativen lähmen, ihn mit den Mitteln der Diplomatie gewissermaßen an die Kette legen. Es ist ein Auftrag, der Metternich auf den Leib geschneidert ist, die bislang größte und schwierigste

Franz II. legt die römisch-deutsche Kaiserwürde nieder

Aufgabe seines Lebens. Er wird sie, das sei vorweg gesagt, nicht zur Gänze meistern. Aber das liegt nicht an ihm, sondern an der Ungunst der Umstände.

Am 10. August 1806 treffen die beiden großen Gegner, der energiegeladene Tatmensch Napoleon und der feinnervige Verstandesmensch Metternich zum ersten Mal persönlich aufeinander. Im Bourbonenschloß Saint-Cloud bei Paris überreicht der Botschafter sein Beglaubigungsschreiben. Napoleon begrüßt Metternich etwas gönnerhaft mit den Worten: »Sie sind sehr jung, um die älteste Monarchie Europas zu vertreten.« Worauf der Diplomat geistesgegenwärtig antwortet: »Ich bin so alt wie Eure Majestät bei Austerlitz.« Das stimmte zwar nicht, denn Napoleon war 1805 sechsunddreißig, und Metternich steht bei dieser Unterredung erst im 33. Lebensjahr. Aber der Kaiser

scheint diese Antwort nicht auf ihre Richtigkeit überprüft zu haben.

Welchen Eindruck der Emporkömmling aus Korsika auf den eleganten Diplomatensprößling bei dieser ersten Begegnung gemacht hat, ist schwer zu sagen. Jahre später schilderte Metternich das Zusammentreffen mit jenem Hauch von Überheblichkeit, den man bei ihm immer in Rechnung stellen muß, so: »Ich hatte Napoleon vor der Audienz, die er geruhte mir in Saint-Cloud zu geben, nicht gesehen. Ich fand ihn stehend inmitten eines der Säle, umgeben vom Minister der Auswärtigen Angelegenheiten und sechs Beamten seines Hofs. Er trug die Uniform der Gardeinfanterie und war bedeckt. Den Hut auf dem Kopf zu haben schien mir unter allen Beziehungen unschicklich, weil die Audienz keine öffentliche war. Einen Augenblick kam mir der Gedanke, meinen eigenen Hut wieder aufzusetzen. Ich hielt eine ganz kurze Ansprache, welche sich durch Bündigkeit und Präzision wesentlich von den Anreden unterschied, welche damals am neuen französischen Hof an der Tagesordnung waren.« Und weiter: »Napoleons Auftreten war eckig, ich möchte fast sagen, unsicher. Sein breites, zusammengedrücktes Gesicht, seine Haltung ohne Würde, sein gesuchtes Streben zu imponieren ließen mich nicht den großen Mann erkennen, für den man ihn damals hielt und der die Welt in Schranken hielt.«

Auch in Paris hat es Metternich anfangs nicht leicht. Er findet kaum ernstzunehmende Gesprächspartner. Dafür hat er gesellschaftlich sofort Erfolg. Auf den zahlreichen Festen und Veranstaltungen, die er besucht, in den Salons der Adeligen weiß er geschickt die Aufmerksamkeit auf sich zu lenken, läßt der vollendete Kavalier seinen Charme spielen. Und natürlich hat er auch wieder Liebschaften, die zu seinem Leben gehören wie das Amen zum Gebet.

Diese Privatbeziehungen nutzt der gefinkelte Diplomat auch dazu, wertvolle politische Informationen zu bekommen. Metternich weiß, daß in Paris alle wichtigen Entscheidungen fallen, daß hier und nicht anderswo Weltgeschichte gemacht wird, daß das Schicksal Europas von den Entschlüssen Napoleons abhängt. Und er spürt die Berufung in sich, das Unheil, das seiner Meinung nach vom Kaiser der Franzosen ausgeht, mit Verstellung, mit List und Doppelzüngigkeit, mit diplomatischen Winkelzügen aller Art aufzuhalten. Zunächst freilich ohne Erfolg. Es gelingt ihm nicht, in Europa den Frieden zu erhalten. 1806 zertrümmert Napoleon Preußen, 1808 führt er seine Truppen nach Spanien, wo er auf den heftigen Widerstand des Volkes und zum ersten Mal an die Grenzen seiner Eroberungswut stößt.

In Wien und Berlin will man die Gunst der Stunde nutzen, bereitet man sich auf einen Revanchekrieg vor. Metternich ist dagegen. In mehreren Denkschriften beschwört er Kaiser Franz, einen neuerlichen Waffengang mit Napoleon zu verhindern. Der Botschafter setzt sich mit seinen Argumenten nicht durch. Die Kriegspartei mit Außenminister Graf Johann Philipp Stadion an der Spitze ist stärker. Und so wird das Jahr 1809 zu einem Schicksalsjahr Österreichs. Napoleon wird zwar von Erzherzog Karl, dem Bruder des Kaisers, bei Aspern in einer offenen Feldschlacht zum erstenmal besiegt, aber er gewinnt den Krieg. Im darauffolgenden Friedensvertrag demütigt er das

Erzherzog Karl, der Sieger von Aspern

Habsburgerreich und reduziert es auf eine Macht mittlerer Größe. 100 000 Quadratkilometer Land mit dreieinhalb Millionen Einwohnern gehen verloren. Österreich spielt in Europa vorderhand keine politische Rolle mehr.

Der österreichische Botschafter in Paris zieht aus dem tiefen Fall seines Landes persönlichen Nutzen. Der Kriegspolitiker Stadion muß abtreten und wird durch den Friedenspolitiker Klemens Wenzel Lothar Metternich ersetzt. In Österreich bricht ein neues Zeitalter an, die Ära Metternich.

Für den neuen Mann am Wiener Ballhausplatz ist es völlig klar, daß er seinen außenpolitischen Kurs auf Paris abstellen muß, auf Freundschaft mit Frankreich um beinahe jeden Preis. Die Frage ist nur, wie das zu bewerkstelligen ist, mit welchen Mitteln und auf welchen Wegen. Metternich zerbricht sich darüber lange den Kopf. Dann kommt ihm der Zufall zu Hilfe, das Schicksal, wie immer man das bezeichnen will.

Am 15. Dezember 1809 wird die kinderlose Ehe Napoleons mit Josephine Beauharnais geschieden. Der Kaiser der Franzosen braucht, um seine Herrschaft zu sichern, einen Stammhalter. Und er hat noch eine Absicht: Er will in ein altehrwürdiges Herrscherhaus einheiraten, er, der Emporkömmling, der Rohling mit den ungehobelten Manieren, über den die anderen europäischen Könige und Kaiser die Nase rümpfen. Er möchte durch eine solche Heirat seiner Herrschaft den Anschein der Rechtmäßigkeit geben.

Napoleon hat sich schon längst am Zaren-

Napoleon nach der Schlacht bei Aspern

hof um eine russische Großfürstin beworben, aber er hat aus St. Petersburg nur ausweichende Antworten erhalten. Der Korse ist darüber verärgert und gekränkt. In dieser Situation mengt sich der schlaue Metternich in das Heiratsspiel ein. Eine Ehe Napoleons mit einer österreichischen Prinzessin könnte dazu beitragen, das angespannte Verhältnis zwischen Wien und Paris zu verbessern. Metternich läßt seinen Botschafter in dieser Angelegenheit in der französischen Hauptstadt vorfühlen. Dieser stößt dort auf Interesse. Und nun geht es Schlag auf Schlag, läuft alles wie nach einem bereits fertig einstudierten Drehbuch ab. Am 6. Februar 1810 läßt Napoleon dem österreichischen Botschafter in Paris erklären, daß er bereit sei, Marie Louise, die 18jährige Tochter des Kaisers Franz, zu heiraten. Einen Tag später wird der Ehevertrag unterschrieben.

Der österreichische Kaiser hat dem Eheprojekt nicht ganz leichten Herzens zugestimmt, die Braut wird von Metternich zum Jawort überredet. Sie wird, wie dies an den Fürstenhöfen seit urdenklichen Zeiten üblich ist, für die politischen Interessen des Landes geopfert. Am 11. März findet in der Wiener Augustinerkirche die Voraustrauung statt. Dabei fungiert Erzherzog Karl, der Onkel der Braut, stellvertretend für Napoleon als Bräutigam. Bald darauf nimmt die junge Kaiserin tränenreichen Abschied von ihrer Heimatstadt, um sich mit 83 Wagen und 300 Damen und Herren im Gefolge nach Frankreich zu begeben. Napoleon fährt ihr eine Strecke Weges entgegen und geleitet sie nach Paris, wo am 2. April 1810 im Viereckssaal des Louvre (des heutigen Nationalmuseums) die endgültige kirchliche Trauung stattfindet.

Marie Louise vor ihrer Abreise nach Paris

Metternich hat die unschuldige Marie Louise gewiß nicht glücklich gemacht, aber er hat durch diese Heirat ein Näherrücken zwischen Frankreich und Rußland hintangehalten und verhindert, daß Österreich zwischen den Mühlsteinen dieser beiden Mächte zermahlen wird. »Wir sind berufen, eine große Rolle zu spielen«, erklärt er nach den Hochzeitsfeierlichkeiten selbstbewußt. »Man wird uns sowohl von der einen wie von der anderen Seite umwerben.« Das klingt im Augenblick ein wenig unrealistisch, aber die mit staatsmännischem Weitblick getroffene Voraussage Metternichs bewahrheitet sich rascher als erwartet.

Der unvermeidliche Zusammenstoß zwischen Frankreich und Rußland, den der österreichische Staatskanzler bei allen seinen Überlegungen in Rechnung gestellt hat, wird 1812 zur Gewißheit. »Ich werde Krieg mit dieser Macht haben aus Gründen, die jenseits der menschlichen Einflußnahme stehen, denn sie liegen in der Natur der Dinge selbst«, hat Napoleon Metternich gegenüber einmal erklärt. Jetzt ist es soweit. Am 23. Juni 1812 überschreitet die »Grande Armée«, das größte Heer, das die Welt bis dahin gesehen hat, die Weichsel. 600 000 Soldaten aus fast allen Ländern Europas hat Napoleon zusammengetrommelt, um Rußland zu erobern. Auch ein österreichisches Hilfskorps von 30 000 Mann – 24 000 Mann Fußvolk, 6 000 Reiter und 60 Kanonen – unter österreichischem Oberbefehl ist darunter.

Die Armee Napoleons stößt ins Leere. Die Russen ziehen sich vor dem Feind immer weiter in das Innere des Landes zurück, zünden Dörfer und Städte an und vernichten die Ernte. Zwei Monate lang kommt es zu keiner ernsthaften Schlacht, aber die Kraft der »Großen Armee« erschöpft sich in dieser Zeit mehr und mehr. 150 000 Soldaten sind bereits kampfunfähig. Krankheiten, Lebensmittelmangel und die langen Fußmärsche setzen täglich fünf- bis sechstausend Mann außer Gefecht. Am 7. September erzwingt Napoleon nach einer mörderischen Schlacht den Übergang über die Moskwa, eine Woche später hält er Einzug in Moskau. Schon glaubt der Kaiser der Franzosen sein Ziel erreicht, Rußland niedergeworfen zu haben. Aber Zar Alexander I. gibt sich nicht geschlagen. Er ist zu keinen Verhandlungen bereit. Ein ungeheurer Brand legt drei Viertel der russischen Hauptstadt in Schutt und Asche. Der russische Winter steht vor der Tür, die Verpflegungsreserven sind aufgebraucht. Unter diesen Umständen sieht sich Napoleon gezwungen, den Befehl zum Rückzug zu geben.

Der Rückmarsch wird für den Rest der Armee zur Katastrophe. Bei einer Temperatur von minus 20 bis 30 Grad, hungernd, von Kopf bis Fuß in Lumpen gehüllt, schleppen sich die Soldaten durch den tiefen Schnee Kilometer um Kilometer den Weg zurück, auf dem sie gekommen waren. Am Straßenrand bleiben Zehntausende Leichen, Kanonen und Wagen liegen. Mitte Dezember überqueren die Reste der geschlagenen Armee die

Französische Soldaten auf dem Rückzug

Memel. Es sind schätzungsweise 18 000 Mann, kleinere Gruppen folgen nach.

Napoleon hat bereits am 5. Dezember seine Armee verlassen und ist in aller Eile nach Paris zurückgekehrt, wo er in der Nacht vom 18. auf den 19. Dezember eintrifft. Auf seinen Wangen sind zwar die Spuren leichter Erfrierungen zu bemerken, aber sonst ist der Kaiser wohlauf und bei bester Gesundheit. Vor allem aber ist sein Kampfeswille ungebrochen. Ohne zu zögern, geht er daran, ein neues Heer aufzustellen.

Den Staatsmännern der übrigen europäischen Länder bleibt nichts anderes übrig, als sich auf eine Fortsetzung des Krieges vorzubereiten. Preußen und Rußland schließen ein Bündnis. Aber das große Fragezeichen im veränderten politischen Pokerspiel ist Österreich. Was wird Metternich tun? Welche Entschlüsse wird er fassen? Wird er sich von Frankreich lösen und einen Beitrag zur endgültigen Niederwerfung Napoleons leisten? Die Augen ganz Europas sind auf den Ballhausplatz in Wien gerichtet. Der europäisch gesinnte Graf aus dem Rheinland ist zur Schlüsselfigur Europas geworden. Das Schicksal des Kontinents ist in seine Hände gelegt.

Metternich ist in einer Zwickmühle. Nüchtern und kühl wägt er die Umstände ab. Er will einerseits Frankreichs Vorherrschaft brechen und darf andererseits Rußland nicht zu mächtig werden lassen. Das Gleichgewicht der Kräfte in Europa ist seine politische Leitidee, das wissen wir schon. Aber wie kann es wiederhergestellt, wie gesichert werden? Metternich überlegt, zögert, bedenkt sich. Ehe er seine endgültige Entscheidung fällt, trifft er noch einmal, ein letztes Mal, mit Napoleon zu einer Unterredung zusammen. Das welthistorische Gespräch fand am 26. Juni 1813 im Palais Marconi in Dresden statt. Es dauerte sage und schreibe neun Stunden. Metternich hat es Jahre später in seinen Grundzügen schriftlich festgehalten. Es war ein hartes, unfreundliches Gespräch, bei dem die beiden Gesprächspartner einander nichts schuldig blieben. Napoleon lehnte das Friedensangebot Metternichs mit den Worten ab: »Was will man denn von mir? Daß ich mich entehre? Nimmermehr. Ich werde zu sterben wissen, aber ich trete keinen Handbreit Bodens ab. Eure Herrscher, geboren auf dem Thron, können sich zwanzigmal schlagen lassen und doch immer wieder in ihre Residenzen zurückkehren; das kann ich nicht, ich, der Sohn des Glücks! Meine Herrschaft überdauert

König Friedrich Wilhelm III., Kaiser Franz I. und Zar Alexander I. nach der Schlacht von Leipzig

den Tag nicht, an dem ich aufgehört habe, stark und folglich gefürchtet zu sein. Ich werde nicht Frieden schließen.« Wieder einmal sind die berühmten Würfel gefallen. Der Krieg geht weiter. Österreich schließt sich dem russisch-preußischen Bündnis an. Die Völkerschlacht bei Leipzig, die drei Tage dauert (16.–19. Oktober 1813), endet mit einer vernichtenden Niederlage der Franzosen. Die Verbündeten überschreiten die französische Grenze und ziehen in Paris ein. Napoleon dankt ab und wird auf die Insel Elba verbannt. Aber noch ist der »korsische Werwolf« nicht endgültig geschlagen. Noch einmal bäumt er sich auf, entflieht der Verbannung und überzieht Europa mit einem neuen Krieg. Bei Waterloo im heutigen Belgien erleidet er seine unwiderruflich letzte Niederlage. Diesmal verbannen ihn die Alliierten auf die ferne Atlantikinsel St. Helena, von wo es keine Wiederkehr mehr gibt. Am 5. Mai 1821 beschließt Napoleon dort sein bewegtes Leben. Europa kann aufatmen. Nach mehr als 20jährigem Waffengeklirr und Kampfgetümmel gibt es endlich wieder Frieden. Klemens Wenzel Lothar Metternich hat dazu einen entscheidenden Beitrag geleistet und wird zum Dank dafür vom Kaiser in den Fürstenstand erhoben.

Nach dem verheerenden Völkermorden soll auf einem Kongreß in Wien eine neue Friedensordnung ausgehandelt und vereinbart werden. Der offizielle Kongreßbeginn ist auf den 1. Oktober 1814 festgelegt, aber dann auf den 1. November verschoben worden. Bis zum Abschluß der Verhandlungen im Juni des nächsten Jahres ist die Kaiserstadt an der Donau der Nabel der Welt. Der Trubel ist groß, der

Jubel der Wiener anfänglich ebenfalls. Begeistert begrüßen sie die zahlreichen Gäste, die nach und nach in der Stadt Quartier nehmen. Es sind Kaiser darunter, Könige, bevollmächtigte Gesandte, Minister, Generäle. Und sie alle bringen natürlich ihr Dienstpersonal mit: Schreibkräfte, Sekretäre, Adjutanten, Leibärzte, Beichtväter, Köchinnen, ihre Frauen und Geliebten. Wien quillt über vor Fremden. Wirte und Zimmervermieter, Kutscher, Fuhrleute, Friseure, leichte Mädchen, Kunsthändler, Theaterdirektoren und Juweliere machen das Geschäft ihres Lebens. Aber der riesige Gästezustrom hat auch seine Schattenseiten. Die Mietzinse steigen ob der großen Nachfrage rasch an, die Lebensmittelpreise klettern in die Höhe. Und das freut die Wiener schon wieder weniger; sie beginnen zu raunzen, zu murren, zu witzeln und zu spotten. Aber sie haben doch auch wieder ihren Spaß an den vielen Festen und Veranstaltungen, die Woche für Woche abgehalten werden. Sie kommen aus dem Schauen und dem Staunen gar nicht heraus. Einmal gibt es einen Maskenball in der Hofburg, ein andermal ein Volksfest im Augarten, Schlittenfahrten in Schönbrunn, Paraden, Jagden, Reiterspiele, Zirkusvorführungen unter freiem Himmel, Bälle, Konzerte, Theatervorstellungen. Beethovens »Fidelio« findet im Kärntnertortheater begeisterte Zustimmung, Anton Salieri, der Lehrer Beethovens, leitet ein Konzert, bei dem auf hundert Klavieren gespielt wird. Es geht bunt zu in der Kaiserstadt Wien. Der Tratsch und die Intrige blühen. Was wissen die Wiener über die hohen Herrschaften, die sich in ihrer Stadt versammelt haben, nicht alles zu erzählen! Zar Alexander I. hat schon nach wenigen Wochen den Rekord von vierzig durchtanzten Nächten aufgestellt, Fürst Metternich und der Beherrscher Rußlands machen denselben Damen den Hof und geraten hart aneinander, Lord Castlereagh, der Vertreter Großbritanniens, hält sich in seinem Palais täglich durch Tanzübungen geschmeidig und so weiter und so fort.

Öffentliche Hoftafel im Redoutensaal

Am buntesten trieb es die Geheimpolizei des Kaisers. Sie stellte jedem hochgestellten Teilnehmer des Kongresses nach, überwachte jeden seiner Schritte, bespitzelte ihn vom frühen Morgen bis in die späte Nacht. Verdächtige Briefe wurden abgefangen, geöffnet, kopiert und sodann wieder verschlossen und weiterbefördert. Papierkörbe wurden durchwühlt, Kamine untersucht. Die Reste zerrissener Schriftstücke wurden kunstvoll aneinandergefügt und wiederhergestellt. Alle Geheimberichte erhielt zunächst der Polizeiminister, der sie in einer Auswahl an den Kaiser weiterleitete. Kaiser Franz las sie jeden Morgen während des Frühstücks und hatte sein Vergnügen daran. Weniger vergnüglich waren die Kosten, die der Kongreß verursachte. Die Festlichkeiten und Festmähler verschlangen täglich 50 000 Gulden, die der als knausrig verschriene Kaiser großzügig berappte. Der boshafte Wiener Volkswitz sah seine Rolle so:

Der Kaiser von Rußland: liebt für alle.
Der König von Preußen: denkt für alle.
Der König von Dänemark: spricht für alle.
Der König von Bayern: trinkt für alle.
Der König von Württemberg: frißt für alle.
Der Kaiser von Österreich: zahlt für alle.

Auf dem Wiener Kongreß wurde freilich nicht nur gefeiert, getanzt und intrigiert. Es wurde auch gearbeitet, wenngleich hinter verschlossenen Türen, was viele Zeitgenossen nicht wahrnahmen. Des politischen Feilschens war allerdings kein Ende. Jedes Land wollte nach dem Sieg über

Der Wiener Kongreß tagt

Napoleon eine möglichst große Ernte in seine Scheunen einbringen. Fürst Metternich, der den Vorsitz bei den Verhandlungen führte, hatte alle Hände voll zu tun, um zu vermitteln und auszugleichen. Schließlich gelang vieles, aber manches mißlang auch. Frankreich als Verlierer wurde nicht gedemütigt: das war gewiß weitblickend. Der Machthunger Rußlands und Preußens wurde eingedämmt: das war vernünftig. England baute seine Vormachtstellung zur See aus: das ließ sich nicht vermeiden. Österreich gab das heutige Belgien ab und erhielt dafür Gebiete in Italien (Venetien und die Lombardei): das war sinnvoll. Aber die deutsche Frage wurde nicht zukunftsweisend gelöst. Deutschland blieb in 35 souveräne Staaten und 4 freie Städte zersplittert. Sie bildeten unter dem Vorsitz Österreichs den »Deutschen Bund«, ein politisches Gebilde ohne Macht und Einfluß. Das europäische Gleichgewicht der Kräfte war im großen und ganzen wiederhergestellt. Aber die Staatsmänner des Wiener Kongresses trafen ihre Entscheidungen über die Köpfe der Völker hinweg. Die Völker existierten bei ihren politischen Überlegungen für sie nicht. Vor allem nicht für Fürst Metternich. Für die neuen Strömungen der Zeit, für den Ruf nach mehr Freiheit für die Menschen, für die Masse der Bürger hatte er absolut kein Verständnis. Die Friedensordnung, die im Wiener Kongreß geschaffen wurde, klammerte sich an die Vergangenheit. Das war ihre entscheidende Schwachstelle, an der sie schließlich auch scheitern sollte.

Die Zeit zwischen 1815 und 1848 war die eigentliche »Ära Metternich«. Sie wird auch als Biedermeierzeit bezeichnet. Von

Die Villa Metternich

der Politik ferngehalten, zogen sich die Bürger in ihre vier Wände, in das Privatleben zurück. Sie pflegten die Geselligkeit, suchten das traute Glück im Familienkreis, machten Hausmusik, lasen zensurierte Zeitungen, spielten Karten und unternahmen Spaziergänge und Ausflüge ins Grüne, um die schönen Tage und die Natur zu genießen. Ansonsten mied man tunlichst die Öffentlichkeit. Im Kaffeehaus, in der Wirtsstube, im Theater, im Konzertsaal, im Büro oder an einer anderen Arbeitsstätte war es ratsam, seinen Gedanken und Ideen nicht allzu freien Lauf zu lassen. Die Wände hatten Ohren. Überall war man von Spitzeln umgeben. Ein unbedachtes Wort konnte den Bürger, den Untertan in Konflikt mit der Staatsgewalt bringen. Polizei und Zensur waren allgegenwärtig. Niemand war vor ihrem Zugriff sicher. Einer besonderen Kontrolle wurden die Hochschulen unterzogen, die als Brutstätten der Unruhe galten. Den Universitätsprofessoren wurde genau vorgeschrieben, was sie lehren durften. Selbst die Dichter mußten ihre Theaterstücke dem Zensor vorlegen. Erst wenn dieser grünes Licht gab, durfte ein Schauspiel, eine Komödie oder Tragödie aufge-

Der Dichter und der Zensor

führt werden. Wie kleinlich die Zensur war, davon konnten Johann Nestroy und Franz Grillparzer ein Lied singen, deren Werke streng überprüft und erst nach der Streichung so mancher unliebsamer Passage für eine Aufführung freigegeben wurden. So durfte etwa Grillparzers »König Ottokars Glück und Ende«, das Heldendrama der österreichischen Geschichte, im Hofburgtheater zunächst nicht aufgeführt werden, weil es Anspielungen auf die Heirat Napoleons mit Marie Louise enthielt.

Die Komponisten und Maler hatten es da vergleichsweise besser. Die Lieder Franz Schuberts, die Symphonien Ludwig van Beethovens, die Bilder Ferdinand Waldmüllers oder Moritz von Schwinds waren politisch nicht anstößig.

Fürst Metternich hatte zur Kunst wenig Beziehung. Die Musik Beethovens zum Beispiel mochte er nicht. Sie klang ihm zu revolutionär. Der Staatskanzler interes-

sierte sich fast ausschließlich für Politik und Liebe. Sein ganzes Sinnen und Trachten war darauf gerichtet, die auf dem Wiener Kongreß eingerichtete Ordnung in Europa aufrechtzuerhalten, jede freiheitliche Regung zu unterdrücken. Österreich, Rußland und Preußen maßten sich das Recht an, überall dort militärisch einzugreifen, wo sie die bestehende Ordnung bedroht sahen: in Deutschland, in Spanien, in Italien.

Das »System Metternich« geriet bald in Schwierigkeiten. 1829 erhoben sich die Griechen gegen die türkische Herrschaft, ein Jahr später brach in Frankreich die Revolution aus, die auch auf andere Staaten und Städte übergriff. Ein Aufstand der Polen gegen ihre russischen Zwingherren wurde blutig unterdrückt.

Auch sonst war die Biedermeierzeit gar nicht so gemütlich, wie man es da und dort lesen und hören kann. Die technische Entwicklung machte auch im rückständigen Österreich Fortschritte. 1831 nahm die Donaudampfschiffahrtsgesellschaft (DDSG) den regelmäßigen Verkehr auf, 1837 fuhr zwischen Floridsdorf und Deutsch-Wagram die erste Dampfeisenbahn. In Wien und Umgebung entstanden die ersten Seiden- und Baumwollfabriken, in denen die Arbeiter bei niedriger Entlohnung 14 Stunden pro Tag schuften mußten.

Fürst Metternich nahm von all dem kaum Kenntnis. Vor dem Fortschritt, vor wirtschaftlichen Entwicklungen verschloß er die Augen. Er wollte nichts bewegen, er wollte nur bewahren. Und der Kaiser, der mit ihm langsam alt wurde, dachte und handelte genauso. »Verrücke nichts an den Grundlagen des Staatsgebäudes, regiere, verändere nicht«, ermahnte Franz I.

seinen Sohn und Nachfolger Ferdinand, ehe er am 2. März 1835 einer Lungenentzündung erlag. Doch Ferdinand, der neue Kaiser, war Epileptiker und nahezu regierungsunfähig. Er mußte notgedrungenermaßen die Führung der Staatsgeschäfte einem Staatsrat überlassen, in dem Metternich zwar den Ton angab, aber in der Person des Grafen Franz Anton Kolowrat einen starken Rivalen fand. »Metternich und Kolowrat bilden den kaiserlichen Adler. Der eine Kopf schaut nach rechts, der andere nach links«, bemerkte ein Zeitgenosse spitzzüngig. Und er traf mit dieser Äußerung den Nagel auf den Kopf. Metternich und Kolowrat gingen einander aus dem Weg. Unter diesen Umständen bewegte sich in Österreich politisch überhaupt nichts mehr. Der Staat wurde nur noch verwaltet und lief Gefahr, den Anschluß an die Zukunft zu verlieren. Die Unzufriedenheit der Bürger wuchs. Hinter dem trügerischen Schein von Ruhe tickte eine Zeitzünderbombe. Sie sollte in Bälde gezündet werden.

In den Morgenstunden des 13. März 1848 bewegt sich ein langer Zug von Studenten durch die Wiener Innenstadt. Ziel der Demonstration ist das niederösterreichische Landhaus in der engen Herrengasse, wo eine Sitzung der Stände, der Vertreter des Adels, der Geistlichkeit und der Bürger stattfindet. Eine große Menschenmenge hat sich, teils aus Neugier, teils aus Schaulust, den Studenten angeschlossen. Eine Demonstration: das hat es in Wien schon seit Menschengedenken nicht mehr gegeben. Aus vielen Fenstern, aus Haustoren und Geschäftslokalen werden die Marschierer mit Beweisen der Zustimmung und der Sympathie überhäuft.

Die Herrengasse und die umliegenden Straßen sind dicht mit Menschen gefüllt, die Stimmung ist gereizt. Die Menge drängt in den Hof des Landhauses. Dort erklettert der Mediziner Dr. Adolf Fischhof einen abgedeckten Brunnen und hält unter dem Jubel der Zuhörer eine flammende Rede gegen das bestehende Regierungssystem. Er fordert Presse- und Versammlungsfreiheit, die Einberufung einer Volksvertretung, die Freiheit der wissenschaftlichen Lehre. Rufe gegen Metternich ertönen, werden von der versammelten Menge aufgenommen, schwellen zum Chor an. »Nieder mit Metternich!« ist die Parole.

Das Beispiel Fischhofs findet Nachahmung. Weitere Redner entflammen die Menge. Tobende Demonstranten stürmen in den Sitzungssaal des Landhauses und zertrümmern die gesamte Einrichtung: Sessel, Tische, Spiegel, Luster. Die verschreckten, angstschlotternden Standesherren begeben sich in die Hofburg, wo einige Mitglieder des Kaiserhauses und die Militärs die Lage beraten. Einige sind für Nachgiebigkeit, andere für energisches, hartes Einschreiten.

Adolf Fischhof hält eine Ansprache

Inzwischen ist es Mittag geworden. Noch immer stehen die Menschenmassen dichtgedrängt vor der Hofburg, auf dem Michaelerplatz, dem Kohlmarkt, der Freyung, Am Hof, in der Herrengasse. Kurz nach ein Uhr rücken die ersten Truppen in die Innenstadt ein, die Stadttore werden geschlossen. Die Soldaten haben Befehl, die Straßen zu räumen. Sie werden von der Menge verlacht, verhöhnt, ausgepfiffen. Steine und Holztrümmer fliegen durch die Luft. Eines dieser Wurfgeschoße trifft Erzherzog Albrecht, den Landeskommandanten von Wien und Niederösterreich. Albrecht verliert die Fassung und gibt Befehl, von der Waffe rücksichtslos Gebrauch zu machen. Die Soldaten feuern in die Menschenmenge, gehen mit gefällten Bajonetten gegen die Demonstranten vor. Die Menschen stieben wild auseinander, Verletzte stürzen zu Boden, die Fliehenden stürmen über sie hinweg. Fünf Menschen bleiben tot in der Herrengasse zurück: vier Männer und eine Frau.

Revolution in Wien

Nun aber gibt es kein Halten mehr. Die wütende Volksmenge reißt Ankündigungstafeln nieder, wirft Pfähle um, zerstört Wachehäuschen, stürmt Polizeistuben. Barrikaden werden errichtet, der Ruf nach Waffen ertönt. Das Volk versucht, die beiden Zeughäuser Am Hof und in der Renngasse zu stürmen, wo Gewehre und anderes Kriegsmaterial lagern. Die Vorgänge in der Innenstadt entfachen die Volkswut auch in den Vorstädten und den Vororten. Gaslaternen werden aus dem Boden gerissen, Fleischhauer- und Bäckerläden geplündert, Fabriken angezündet, Maschinen zerstört. Aus einer ursprünglich friedlichen Demonstration ist eine Revolution geworden.

In der Hofburg tagt unterdessen – so würde man heute sagen – ein Krisenstab. Auch Fürst Klemens Wenzel Lothar Metternich ist anwesend. Der 75jährige Staatskanzler bleibt auch in dieser Situation seinen Grundsätzen treu. »Wer der Menge nachgibt«, sagt er, »wird von der Masse erdrückt.« Er hat damit nicht ganz unrecht. Aber die Meinung des alten, nierenkranken Herrn, der fast vier Jahrzehnte lang die Politik des Hauses Habsburg bestimmt hat, hat an diesem Tag nicht mehr viel Gewicht. Seine Zeit ist vorüber. In den Straßen der kaiserlichen Hauptstadt wird stürmisch sein Rücktritt gefordert. Metternich will zunächst nichts davon wissen. Doch als er sieht, daß sich die Anwesenden nacheinander von ihm abwenden, daß man von ihm ein Opfer zur Rettung der Dynastie erwartet, schreibt er am Abend dieses folgenschweren Tages sein Entlassungsgesuch. Würdevoll, wie es sich für einen Mann seines Formates geziemt, verabschiedet er sich hierauf von der kaiserlichen Familie.

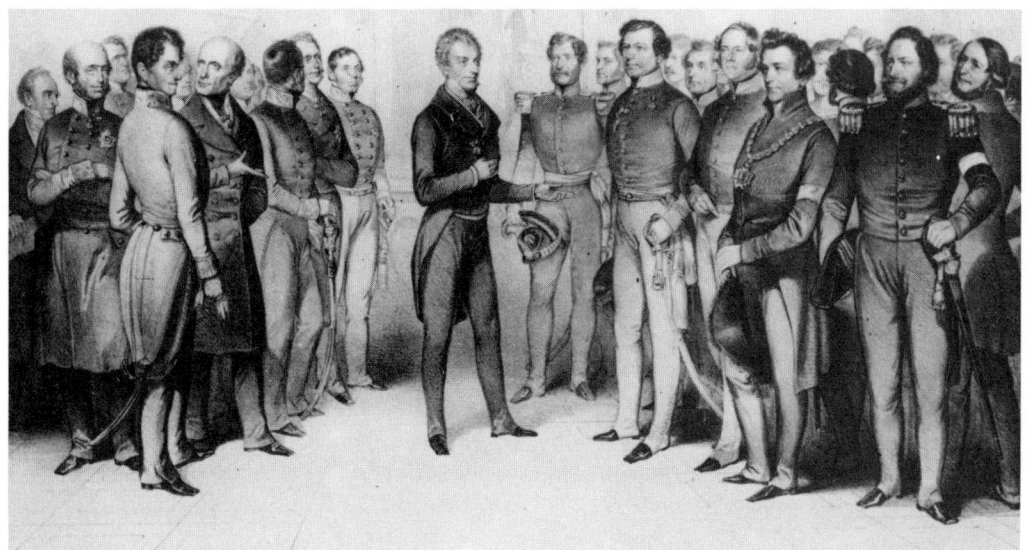

Fürst Metternich verabschiedet sich von seinen Mitarbeitern

Die Nachricht von seiner Demission löst in ganz Wien ungeheuren Jubel aus. Von seiner dritten Frau Melanie begleitet und umsorgt, verläßt Fürst Metternich in der Nacht vom 14. auf den 15. März 1848 in einer Kutsche die von der Revolution erschütterte Kaiserstadt. Er rettet sich vorerst nach Böhmen. Von dort reist er unter falschem Namen und in unbequemen Eisenbahnwaggons in das liberale England weiter, wo der konservative ehemalige Staatskanzler gastliche Aufnahme findet. Die Ära Metternich ist endgültig zu Ende.

2. Dezember 1848:

Ein Achtzehnjähriger wird Kaiser

Am 6. Oktober 1848 stehen in der Wiener Vorstadt Gumpendorf die Soldaten des Grenadierbataillons Richter schon am frühen Morgen im Kasernenhof, gefechtsmäßig ausgerüstet, zum Abmarsch bereit. Marschziel ist der Nordbahnhof, Endstation Ungarn. Das Bataillon soll dort die kaiserliche Armee im Kampf gegen die Revolution verstärken. Kommandorufe ertönen. Dann setzt sich der Truppenkörper in Bewegung.

Auf dem Weg zum Bahnhof werden die Soldaten von einer aufgeregten Volksmenge, die mit den revolutionären Ungarn sympathisiert, am Weitermarsch gehindert. Es kommt zu Tätlichkeiten, Barrikaden werden errichtet, ein Teil der Grenadiere meutert. Das Volk besetzt den Nordbahnhof, reißt die Eisenbahnschienen aus dem Boden, zerschneidet die Telegrafendrähte. Drohend verlangt es vom Kriegsminister, dem Grafen Theodor Latour, den Abmarschbefehl für das Bataillon zurückzunehmen. Aber dieser denkt nicht daran, diese Forderung zu erfüllen. Revolutionären gibt man nicht nach. Die schießt man nieder.

Gegen elf Uhr vormittags setzt Latour an diesem wunderschönen, warmen Herbsttag neue Truppen ein, um den Abmarsch der Grenadiere mit Gewalt zu erzwingen. Es kommt zu einem Gefecht, bei dem die kaiserlichen Soldaten in die Flucht geschlagen und drei Geschütze erbeutet werden. Um ein Uhr mittags ziehen die Sieger, von der Bevölkerung jubelnd begrüßt, in die Innere Stadt ein. Auf dem Stephansplatz kommt es zwischen den Revolutionären und bewaffneten Anhängern des Kaisers zu einer zweiten blutigen Auseinandersetzung. Die Kaisertreuen werden in den Dom abgedrängt, wo der Kampf weitergeht und erst vor dem Hochaltar ein Ende findet. 15 Tote und 95 Verwundete bleiben auf der Kampfstätte zurück. Der Kriegsminister setzt nun Pioniere ein. Sie haben Befehl, den Stephansplatz von den Aufständischen zu säubern. Aber das Militär ist an diesem Tag den Volksmassen nicht gewachsen. Die Soldaten werden zurückgeschlagen und durch die Herrengasse und die Hofburg aus der Stadt gejagt. Die wütende Menge besetzt den Platz Am Hof, stürmt in das Kriegsministerium und bemächtigt sich des 68jährigen Latour, der sich in dem Gebäude befindet. Ein Arbeiter schlägt ihm den Hut vom Kopf, andere reißen ihn bei den Haaren. Dann versetzt ihm ein als Arbeiter gekleideter Ungar mit einem Hammer von hinten einen Schlag auf den Kopf, ein Mann mit grauem Rock verwundet ihn mit einem Pioniersäbel, ein dritter stößt ihm ein Bajonett in die Brust.

Graf Latour am Laternenpfahl

Der Pöbel grölt vor Wonne. Taschentücher werden in das Blut getaucht, der Jubel will kein Ende nehmen. Schließlich schleift der entfesselte Mob den Leichnam aus dem Gebäude und knüpft ihn mit zwei Militärmantelriemen an einer Straßenlaterne auf. »So hing Latour da, anfangs mit Frack und Bluse«, berichtet ein Augenzeuge, »dann im Hemd, endlich ganz nackt bis in die späte Nacht.«

Die Menschenmassen ergießen sich nun in die benachbarte Renngasse, erstürmen nach stundenlanger Belagerung das Zeughaus und setzen sich in den Besitz der dort aufbewahrten Waffen. Am Morgen des 7. Oktober ziehen sich die Truppen aus dem inneren Stadtbereich zurück. Wieder – wie schon im März dieses ereignisreichen Jahres – befindet sich die Residenz des Kaisers in den Händen der Revolutionäre.

An ebendiesem 7. Oktober weckt der 18jährige Erzherzog Franz, der einige Wochen später den Namen Franz Joseph tragen wird, seine Mutter Sophie, um ihr mitzuteilen, daß sich Kaiser Ferdinand I. entschlossen hat, Schloß Schönbrunn zu verlassen. Schnell werden einige Habseligkeiten in Kisten verpackt. Zwei Stunden später läßt der kaiserliche Hof – beschützt und begleitet von 7 000 Soldaten – das revolutionäre Wien hinter sich. Seinem Beispiel folgen 20 000 Wiener, überwiegend wohlhabende Bürger, denen der Boden in der Stadt zu heiß geworden ist.

Die kaiserliche Karawane zieht über Stift Herzogenburg und Stift Göttweig nach Krems, wo sie die Donau überquert. Dann geht es nordwärts über Znaim und Austerlitz dem mährischen Städtchen Olmütz zu, das man am 14. Oktober erreicht. Die Stadt bietet dem Kaiser und seinem zahlreichen Gefolge mit Musik und Fahnenschmuck einen herzlichen Willkommensgruß. Der Fürsterzbischof stellt dem Kaiser und der Kaiserin sowie dessen Bruder Erzherzog Franz Karl und Erzherzogin Sophie, den Eltern Franz Josephs, sein geräumiges Schloß zur Verfügung.

Die kaiserliche Familie ist hier in Olmütz in Sicherheit. Von hier aus wird in den nächsten Wochen das weitere Geschick des habsburgischen Vielvölkerreiches, das in seine Einzelteile auseinanderzufallen droht, entschieden werden. Zwei Tage nach seiner Ankunft in Olmütz kündigt der Kaiser den Wienern an, er werde die Ruhe und Ordnung in der Stadt mit Waffengewalt wiederherstellen. Sogleich werden unter dem Kommando des Fürsten Alfred Windisch-Graetz Truppen in Marsch gesetzt.

Bombardement Wiens

Das revolutionäre Wien bereitet sich unterdessen, so gut es geht, auf die unvermeidliche militärische Auseinandersetzung mit der kaiserlichen Armee vor. Neben der Akademischen Legion, die aus Studenten besteht, und den bewaffneten bürgerlichen Militäreinheiten wird eine Mobilgarde aufgestellt. Sie setzt sich hauptsächlich aus den Arbeitern und Handwerksgesellen der Vorstädte zusammen. Insgesamt sind es etwa 25 000 Mann, die für die Verteidigung der Stadt zur Verfügung stehen. Das militärische Oberkommando hat ein ehemaliger Oberleutnant der kaiserlichen Armee, Wenzel Caesar Messenhauser, inne. Der 35jährige Messenhauser ist allerdings der falsche Mann auf dem falschen Posten. Er ist ein begeisterter Verfechter freiheitlicher Ideen, die er sogar in Gedichtform zu Papier bringt. Aber es fehlt ihm an Organisationstalent und an militärischem Weitblick. Mit Ideen und Gedichten ist den Soldaten des Kaisers gewiß nicht beizukommen. Da trifft es sich gut, daß wenigstens der engste Mitarbeiter Messenhausers, der polnische Revolutionsgeneral Josef Bem, etwas vom Kriegshandwerk ver-

steht. Aber auch er wird keine Wunder wirken können. Die weitläufigen Befestigungsanlagen der Stadt sind mit den geringen Truppeneinheiten, die zur Verfügung stehen, nur schwer zu verteidigen. Dazu fehlt es so manchem Revolutionär an Kampfesmut, und zu allem Überdruß mangelt es auch an Munition, vor allem an Pulver. So gesehen ist Wien schon verloren, ehe der Angriff der kaiserlichen Armee auf die Stadt begonnen hat.

Die Streitmacht des Fürsten Windisch-Graetz trifft, von Böhmen kommend, am 20. Oktober vor der kaiserlichen Hauptstadt ein. Sie vereinigt sich hier mit kroatischen Truppen unter der Führung von Feldmarschall-Leutnant Josef Jellačić und der Wiener Garnison, die sich über den Laaerberg zurückgezogen hat. Nach einigen Vorgefechten schließt sich der Belagerungsring um die Stadt. Am 28. Oktober setzt Windisch-Graetz mit seinen 70 000 Mann und 200 Geschützen zum Großangriff an. Die zahlenmäßig weit unterlegenen Verteidiger wehren sich gegen die Kaiserlichen mit dem Mut der Verzweiflung. Es gelingt ihnen, sich zwei Tage lang erfolgreich zu behaupten. Dann läßt Windisch-Graetz Wien, die jahrhundertelange Residenzstadt des Kaisers, wahllos beschießen. Ganze Häuserviertel gehen in Flammen auf, die Augustinerkirche, die Trauungskirche der Habsburger, wird in Brand geschossen. Ein zeitgenössischer Schriftsteller berichtet: »Die Wiener wurden furchtbar bombardiert, weit ärger als im Jahre 1809 von Napoleon und den Franzosen.«

Am 31. Oktober wird die Stadt im Sturm genommen. Am nächsten Tag, zu Allerheiligen, wird auf dem Stephansturm die weiße Fahne gehißt. Der Kampf ist zu

Eine Wiener Familie sucht Schutz im Keller

Ende. Ungefähr 2 000 Belagerte haben den Tod gefunden, sind erschossen oder erschlagen worden. Über die Verluste der Angreifer liegen keine genauen Zahlenangaben vor.

Auf die Rückeroberung der rebellischen Kaiserstadt folgt ein hartes Strafgericht. Von November 1848 bis April 1849 werden rund 2 400 Personen in das Gefängnis geworfen, vor ein Militärgericht gestellt und abgeurteilt. Von den 72 Todesurteilen, die verhängt werden, werden 25 vollstreckt. Auch Wenzel Caesar Messenhauser fällt der Rache der Sieger zum Opfer. Er wird im Stadtgraben erschossen. Über Wien wird der Belagerungszustand verhängt. Die politischen Vereine und die militärischen Verbände werden aufgelöst, Ansammlungen von mehr als zehn Personen im Freien untersagt. Die Presse wird unter Zensur gestellt. Den Studenten werden die langen Haare geschoren, Haus-durchsuchungen nach Waffen sind an der Tagesordnung. Der Freiheitstraum der Wiener Kleinbürger, Arbeiter und Studenten ist für einige Jahre ausgeträumt.

Im fernen Olmütz atmen der Kaiser und sein Gefolge erleichtert auf, als sie von der Einnahme der aufständischen Hauptstadt durch die Armee hören. Der Höhepunkt der Revolution scheint überschritten zu sein. In Italien, wo es ebenfalls zu Aufständen gekommen war, hat Feldmarschall Radetzky die Ruhe und Ordnung wiederhergestellt, und auch die Magyaren sind für den Augenblick in die Schranken gewiesen. Nun muß man daran gehen, die Zügel der Regierung wieder fester in die Hand zu nehmen. Der Mann, dem man die Tatkraft und den festen Willen zutraut, der Revolution entschieden und nachdrücklich die Stirn zu bieten, heißt Fürst Felix Schwarzenberg.

Schwarzenberg, altem österreichischem Hochadel entstammend, hat eine interessante militärische, aber eine keineswegs unumstrittene diplomatische Laufbahn hinter sich, als er am 21. November 1848 zum neuen Ministerpräsidenten und Außenminister des Kaisers ernannt wird. »Fürst Schwarzenberg ist ein kalter, nüchterner Verstand mit einem österreichischen Herzen«, sagte ein zeitgenössischer Diplomat über ihn. »Er weiß seinem Willen ein Ziel zu stecken.« Das Ziel, das sich der großgewachsene, rasch gealterte Fürst gesteckt hat, ist die Wiederherstellung der absoluten Herrschaft des Kaisers und des Kaiserreichs Österreich als deutsche und europäische Großmacht. Dieses Ziel muß er allerdings, ehe die Revolution nicht besiegt ist, verschleiern. Vor der Volksvertretung, dem Reichstag, der seit dem 22. August in Wien getagt hat und nun in das mährische Städtchen Kremsier in der Nähe von Olmütz verlegt worden ist, spricht er nicht von einer absoluten, sondern von einer konstitutionellen Monarchie, die er haben will, von der vollen Gleichheit aller Staatsbürger vor dem Gesetz und der Gleichberechtigung aller Volksstämme. Aber das ist nur politische Taktik. Ein paar Jahre später ist das alles Schall und Rauch für ihn.

Österreich braucht in dieser bewegten, aufgewühlten Zeit nicht nur eine starke Regierung, sondern auch einen jungen, unverbrauchten Kaiser. Schwarzenberg und die ehrgeizige Erzherzogin Sophie, die treibende politische Kraft am österreichischen Kaiserhof, sind davon überzeugt. Mit Ferdinand I. ist kein Staat zu machen. Er ist krank, schwach, zaghaft und kleinmütig. Erzherzog Franz Karl, der Gatte Sophies und erste Anwärter auf den Thron, ist – so glauben viele – für das hohe, verantwortungsvolle Amt nicht unbedingt geeignet. Auch seine Gemahlin Sophie ist dieser Meinung. Sophies ganzes Sinnen und Trachten ist seit längerer Zeit darauf gerichtet, ihren ältesten Sohn Franz, ihren geliebten Franzl, zum Kaiser zu machen. Sie hat seine Erziehung darauf abgestellt, ihm Sinn für Tradition und Herrscherwürde einimpfen lassen. Jetzt, in den Novembertagen des Jahres 1848, sieht sie eine günstige Gelegenheit, ihren Plan zu verwirklichen. Sophie spinnt im Schloß des Fürsterzbischofs von Olmütz ihre Fäden. Sie bespricht sich mit Schwarzenberg, sie redet mit dem alten Kaiser, mit ihrem Gemahl, ihrem Sohn. Ferdinand ist für die Idee, auf den Thron zu verzichten, leicht zu haben. Es bedarf dazu keiner großen Überredungskünste. Mit Franz Karl haben Schwarzenberg

und Sophie kein so leichtes Spiel. Franz Karl hält sich für die Kaiserwürde geeignet. Er kann erst in langen, mühsamen Gesprächen dazu gebracht werden, auf seine Thronrechte zugunsten seines ältesten Sohnes zu verzichten.

Der künftige Kaiser, der junge, unerfahrene Erzherzog, muß sich mit der Vorstellung, daß er schon bald das zweitgrößte Reich in Europa lenken soll, erst langsam anfreunden. Er ist von innerer Unruhe erfüllt, er kann nächtelang nicht schlafen, er sieht blaß und schmal aus. Aber schließlich fügt er sich in sein im Schoß der Familie beschlossenes Schicksal.

Bevor der feierliche Akt der Thronübernahme abrollt, den Schwarzenberg und Sophie in gemeinsamer Überlegung und Arbeit inszenieren, muß er noch zu seinem neuen Herrschernamen überredet werden. Erzherzog Franz wird sich als Kaiser Franz Joseph I. nennen. Der Name »Joseph« soll die Erinnerung an den Reformkaiser Joseph II. wachrufen, der Doppelname des jungen Monarchen ein neues Zeitalter einleiten, in dem Herkommen und Fortschritt einander ergänzen und befruchten.

Franz Joseph: das ist für viele Persönlichkeiten am Kaiserhof zunächst nichts weiter als eine unnotwendige, ungewöhnliche Koppelung zweier Namen. Daß der österreichische Kaiser dieses Namens der ganzen zweiten Hälfte des 19. Jahrhunderts und den ersten eineinhalb Jahrzehnten des 20. das Gepräge geben wird, konnte damals noch niemand ahnen.

Der 2. Dezember 1848 ist der erste große Tag im jungen Leben Franz Josephs. Es ist aber auch der Tag seiner Mutter, der Erzherzogin Sophie. Jahrelang hat sie ihn herbeigesehnt, auf ihn hingearbeitet. Nun ist Sophie am Ziel ihrer Wünsche angelangt.

Die in Olmütz anwesenden Mitglieder der kaiserlichen Familie, die kaiserlichen Minister und Feldmarschälle sind für acht Uhr früh in den Thronsaal der fürsterzbischöflichen Residenz bestellt. Der geräumige Saal ist für den geplanten feierlichen Staatsakt, in den bestmöglichen Zustand gebracht worden. Hofbedienstete haben tagelang Hand an ihn gelegt, haben ihn entstaubt, geputzt, gereinigt. Der Parkettboden ist frisch gewachst, Spiegel und Fenster sind blitzblank. Die goldbestickten Wandteppiche strömen eine frische und satte Wärme aus, die venezianischen Kronleuchter erstrahlen im Kerzenlicht. An der Stirnseite des Saales ist ein Thron mit einem Baldachin aus scharlachfarbenem Samt aufgebaut, auf dem Samtpolster des Thronsessels liegen Krone und Zepter.

Punkt acht Uhr öffnen sich die Türen des Saales, um die ersten Festgäste einzulassen. Feldmarschall Windisch-Graetz und Feldmarschall-Leutnant Jellačić nehmen seitwärts vom Thron Aufstellung, die Mitglieder des Kaiserhauses postieren sich im Halbkreis. Dann erscheinen die beiden Majestäten und nehmen auf zwei Lehnstühlen vor dem Thron Platz. Zuletzt betritt Erzherzog Franz Joseph mit seinen Eltern den Saal. Sophie trägt ein weißes Moirékleid, um ihren Hals glitzert ein Geschmeide aus Türkisen und Diamanten. Der achtzehnjährige Franz Joseph, in roter Hose und weißem Waffenrock, wirkt frisch, offen, natürlich, ungekünstelt. In seinem knabenhaften Gesicht spiegelt sich Ehrfurcht vor der Größe des Augenblicks. Im Saal herrscht atemlose, feierliche Stille. Nun tritt der kaiserliche Protokollchef, Legationsrat Alexander von Hübner, vor und überreicht dem Kaiser mit tiefer Verbeugung ein handgeschriebenes Blatt Papier. Sichtlich bewegt beginnt Ferdinand mit zittriger Stimme zu lesen: »Wichtige Gründe haben Uns zu dem unwiderruflichen Entschlusse gebracht, die Kaiser-

Ferdinand verzichtet zugunsten Franz Josephs auf die Kaiserwürde

krone niederzulegen, und zwar zugunsten Unseres geliebten Neffen Erzherzog Franz Joseph, höchstwelchen Wir für großjährig erklärt haben ...«

Nachdem der Kaiser am Ende seiner Erklärung angelangt ist, verliest Fürst Schwarzenberg, tief ergriffen, die Großjährigkeitserklärung Franz Josephs und die Verzichtserklärung des Erzherzogs Franz Karl, die diese mit ihrer Unterschrift besiegeln. Blaß vor Erregung, mit Tränen in den Augen, geht nun der junge Kaiser ein paar Schritte auf seinen Onkel zu und beugt vor ihm wortlos das Knie. Ferdinand neigt sich zu ihm herab, legt die Hände auf seinen Kopf, macht ein Kreuzeszeichen und sagt kaum hörbar: »Gott segne dich, bleib brav, Gott wird dich schützen.« Den Dank des jungen Kaisers wehrt er ab: »Es ist gerne geschehen«, sagt er einfach und schlicht. So jedenfalls schildert es ein Augenzeuge.

Die ersten, die Franz Joseph gratulieren, sind die Eltern. Der junge Kaiser wirft sich, vor innerer Erregung bebend, der geliebten Mutter weinend in die Arme. Gerührt sieht die Hofgesellschaft der Szene zu. »Kein Auge blieb trocken«, berichtet der Chronist. Anschließend nimmt Franz Joseph die Glückwünsche aller Anwesenden entgegen. Die Monarchie hat einen neuen Herrscher.

Der alte Kaiser, der zu schwach und zu gütig gewesen ist, tritt von der Weltbühne ab und zieht sich auf sein Altenteil nach Prag zurück. In seinem Tagebuch notiert er: »Auch meine liebe Frau umarmte und küßte unseren neuen Herrn, dann entfernten wir uns in unsere Zimmer. Bald darauf hörten ich und meine liebe Frau in der Kapelle der erzbischöflichen Residenz die heilige Messe ...«

Während die Nachricht vom Thronwechsel in die Welt hinausgeht, stellt Fürst Schwarzenberg dem jungen Kaiser sein Ministerium vor. Franz Joseph wechselt mit jedem der Herren ein paar freundliche Worte und versichert sich ihrer Unterstützung. Große Aufgaben sind zu bewältigen, die der Monarch getreu seinem Wahlspruch »Viribus unitis« mit »vereinten Kräften« lösen will. »Fest entschlossen, den Glanz der Krone ungetrübt zu erhalten, aber bereit, Unsere Rechte mit den Vertretern Unserer Völker zu teilen«, heißt es in seinem Aufruf zum Regierungsantritt, »rechnen Wir darauf, daß es mit Gottes Beistand und im Einverständnis mit den Völkern gelingen werde, alle Länder und Stämme der Monarchie zu einem großen Staatskörper zu vereinen.« Seine Rechte mit den Volksvertretern zu teilen: das wird Franz Joseph später sehr schwerfallen. Und auch das Programm eines österreichischen Einheitsstaates, die Lieblingsidee des Fürsten Schwarzenberg, wird scheitern. Am 2. Dezember 1848 zerbricht sich der Achtzehnjährige darüber nicht weiter den Kopf. Er hat gar keine Zeit dazu. Schon muß er eine Parade der Garnison von Olmütz abnehmen. Tausende Soldaten ziehen mit ihren Offizieren unter den Klängen flotter Marschmusik am Kaiser vorbei. Die Kommandorufe, das Gedröhn der Pferdehufe und der Gleichschritt der Soldatenstiefel widerhallen noch lange in seinen Ohren. Und an diesem ereignisreichen Tag muß er noch zahlreichen anderen Pflichten nachkommen. Kaiser zu sein, ist keine leichte Aufgabe. Es ist eine schwere Bürde, es ist ein Joch, in das man Tag für Tag eingespannt ist, vom frühen Morgen bis zum späten Abend. Noch ist sich Franz Joseph dessen nicht oder nicht voll bewußt. Aber er wird diese Bürde achtundsechzig Jahre lang bis in sein hohes Alter tragen müssen. Er trägt sie mit Würde, bewundernswerter Selbstbeherrschung und unbeirrbarem Pflichteifer.

Der junge Monarch steht schon bald vor schweren, schwerwiegenden Entscheidungen. Die Revolution ist nicht endgültig besiegt. In Italien hat Feldmarschall Radetzky die Situation zwar fest im Griff. Aber der italienische Krieg ist noch nicht zu Ende. Das weiß der unerfahrene Franz Joseph so gut wie der 82jährige Radetzky. Die größten Sorgen bereiten dem jungen Kaiser und seinen Ratgebern aber zunächst die Ungarn. Der Reichstag in Budapest hat den Thronwechsel nicht zur Kenntnis genommen. Die Magyaren wollen keinen König, der nicht mit der heiligen Stephanskrone gekrönt ist. Außerdem verlangen sie die Bestätigung ihrer zahlreichen Sonderrechte. Franz Joseph ist nicht gewillt, diese Forderungen zu erfüllen. Rasch entschlossen setzt er Fürst Windisch-Graetz mit einer Armee in Marsch. Die kaiserlichen Truppen fügen der ungarischen Revolutionsarmee mehrere Niederlagen zu und ziehen in Buda ein. Aber Windisch-Graetz begeht einen schweren militärischen Fehler. Er versäumt es, den Kern des ungarischen Heeres zu vernichten. Als er dazu noch unverschämte politische Forderungen stellt, wird er kurzerhand seines Postens enthoben.

Franz Joseph setzt diese Maßnahme nicht, ohne sich vorher mit seinen engsten Ratgebern besprochen zu haben. Er steht noch ganz unter dem Einfluß Schwarzenbergs, seiner Mutter Sophie und seines Generaladjutanten Graf Karl Grünne. Das wird noch ein paar Jahre so bleiben.

Aber die Entlassung des Fürsten Windisch-Graetz zeigt doch schon etwas an, was später für Franz Josephs Herrschertätigkeit charakteristisch sein wird: Wenn ein Minister, ein hoher Offizier, ein hoher Staatsbeamter aus irgendwelchen Gründen unliebsam geworden ist, wird er vom Kaiser entlassen, mag er noch so viele Verdienste haben. In dieser Hinsicht kennt Franz Joseph keine Rücksichtnahmen, ist er hart, gnadenlos und unerbittlich.

Im März 1849 überstürzen sich die Ereignisse. In Kremsier hat der Reichstag nach langen Verhandlungen eine Verfassung ausgearbeitet, deren erster Paragraph lautet: »Alle Staatsgewalten gehen vom Volk aus.« Der Adel soll abgeschafft, die Monarchie zu einem Staat gleichberechtigter Bürger und Nationen umgebaut werden.

Der Kaiser will das nicht hinnehmen. Er will sich seine Rechte nicht beschneiden lassen. Franz Joseph läßt von seinen Ministern eine eigene Verfassung ausarbeiten, die er am 4. März genehmigt. Drei Tage später besetzen kaiserliche Truppen das Reichstagsgebäude in Kremsier. Die Volksvertretung wird aufgelöst, die Abge-

Feldmarschall Joseph Radetzky

ordneten verlassen die mährische Kleinstadt. Ihre Tätigkeit ist zu Ende.

Mitte März kommt es in Oberitalien zu neuen Kampfhandlungen, nachdem König Albert von Sardinien-Piemont den vor Monaten geschlossenen Waffenstillstand aufgekündigt hat. Feldmarschall Radetzky besiegt die Italiener in zwei Schlachten und unterwirft auch Venedig wieder der österreichischen Herrschaft. Die Loslösung der Lombardei und Venetiens vom Hause Habsburg-Lothringen ist damit abgewendet.

Die Schwierigkeiten in Ungarn sind weniger leicht zu lösen. Im Frühjahr 1849 muß die kaiserliche Armee einen Großteil des Landes räumen. Der ungarische Reichstag erklärt die Habsburger für abgesetzt und ruft die Republik aus. Franz Joseph steht vor einer schweren militärischen Kraftprobe. Er erbittet russische Waffenhilfe und überträgt das Oberkommando der Armee an Feldzeugmeister Julius Haynau, der wegen seiner Strenge allgemein bekannt und gefürchtet ist.

Der Übermacht der österreichischen und russischen Armee ist das ungarische Rebellenheer nicht gewachsen. Im Juli 1849 haben die Russen schon fast ganz Siebenbürgen erobert, Haynau zieht in Buda ein. Am 13. August ist der Krieg zu Ende. Elf ungarische Generäle und 30 000 Mann ergeben sich bei Villagos den Russen. Zar Nikolaus I. läßt alle Gefangenen an die Österreicher übergeben und ersucht, sie milde zu behandeln. Aber Haynau denkt gar nicht daran, Milde walten zu lassen, und der junge Kaiser, der in Bad Ischl Urlaub macht, läßt ihn gewähren. Am 6. Oktober 1849 werden im Festungsgraben von Arad, einer kleinen Provinzstadt nördlich von Temesvar, die heute zu Ru-

Ludwig Kossuth, der Führer des Aufstandes in Ungarn

mänien gehört, dreizehn ungarische Generäle teils erschossen, teils gehängt. Drei Wochen später werden sechs Zivilisten hingerichtet, unter ihnen der ehemalige ungarische Ministerpräsident Ludwig Batthyáni. Ludwig Kossuth, der Führer des Aufstandes, der geflüchtet ist, wird in Abwesenheit zum Tode verurteilt. 2 000 Ungarn müssen langjährige Kerkerstrafen verbüßen.

Das national gesinnte Ungarn wird dem Haus Habsburg diese furchtbare Rache nie vergessen. Der junge Kaiser hat gleich zu Beginn seiner Herrschaft sein Ansehen schwer belastet.

Die Revolution ist nun endgültig niedergekämpft. Jetzt gilt es, auch noch den Revolutionsschutt wegzuräumen. Franz Joseph ist dazu fest entschlossen. Er ist zum Herrscher von Gottes Gnaden erzogen worden, der sein Recht mit niemandem zu teilen braucht. Im August 1851 verfügt er, daß die Minister nur ihm verantwortlich sind. Am Silvestertag dieses Jahres wird der kaiserliche Absolutismus wiederhergestellt. Seiner Mutter schreibt Franz Joseph: »Österreich hat nur mehr *einen* Herrn.« Und in der Tat: die Macht des Kaisers ist unumschränkt. Die Presse- und Vereinsfreiheit sind abgeschafft, die Beamten und die Armee müssen einen Eid auf den Kaiser ablegen. Bis in den kleinsten Winkel des riesigen Reiches, bis in die kleinste Gemeinde gilt nur noch der Wille des Herrschers. »Es ist mein Wille«, mit diesen Worten beginnt jede Verfügung des nunmehr 21jährigen Monarchen. Die Untertanen haben widerspruchslos zur Kenntnis zu nehmen, was Franz Joseph von seinem Schreibtisch in der Hofburg oder in Schönbrunn aus befiehlt.

Der junge Kaiser, der mit seinem Hof längst von Olmütz nach Wien zurückgekehrt ist, ist beim Volk nicht sehr beliebt. Viele Wiener haben für ihn nur Spott übrig. Sie bezeichnen den jungen Herrscher als den »rothosigen Leutnant«. Franz Joseph ist nämlich in der Öffentlichkeit fast nur in Uniform zu sehen. Allerdings in Generalsuniform, nicht in der Uniform eines kleinen Leutnants. Aber der Volkswitz hat sich um solch feine Unterscheidungen nie sonderlich viel gekümmert.

Der junge Franz Joseph nimmt seine Herrscherpflichten ungemein ernst. Er sitzt stundenlang über den Akten, gibt Audienzen, leitet Sitzungen. Von den wenigen Zerstreuungen, die er sich gönnt, ist ihm die Jagd auf Hirsche, Gemsen und Auerhähne am liebsten. Gelegentlich unternimmt er einen Reitausflug in den Prater oder macht einen Mittagsspaziergang auf der Bastei. Dabei wird er zumeist nur von einem Adjutanten begleitet.

Auch am 18. Februar 1853 ist das nicht anders. Obwohl er den Belagerungszustand über Wien noch immer nicht aufgehoben hat, fühlt sich der Kaiser in seiner von einer Mauer umgebenen Haupt- und Residenzstadt offenbar sicher. Aber an diesem kalten Wintertag des Jahres 1853 kostet ihn diese sorglose Zuversicht beinahe das Leben. Als er beim Kärntnertor an die Brüstung der Befestigungsmauer tritt und in den Stadtgraben hinunterschaut, wo gerade Soldaten exerzieren, stürzt sich plötzlich von hinten ein junger Mann auf ihn und stößt ihm ein beidseitig geschliffenes Messer in den Nacken. Die Waffe durchstößt den Kragen des Uniformrockes und dringt in den Hals ein. Franz Joseph taumelt, der Waffenrock

Das Attentat auf Kaiser Franz Joseph

färbt sich rot mit Blut. Schon will der Attentäter ein zweites Mal zustechen, da zieht der Flügeladjutant O'Donell den Säbel und dringt auf den jungen Mann ein. Es entspinnt sich ein wildes Handgemenge, das durch das Eingreifen eines anderen Spaziergängers, des Fleischhauermeisters Ettenreich, beendet wird. Ettenreich hält den Attentäter so lange fest, bis er von der Polizei überwältigt und abgeführt wird. Es ist – wie sich später herausstellt – ein ungarischer Schneidergeselle namens János Libényi, der schon seit vierzehn Tagen den Kaiser bei seinen Spaziergängen auf der Bastei beobachtet und auf eine günstige Gelegenheit für die Ausführung seines Planes gewartet hat.

Der Kaiser ist gerettet. Seine Verletzung, eine zwei bis drei Zentimeter lange Stichwunde, ist ernst, aber nicht lebensbedrohend. Die Wunde wird verarztet, dann muß Franz Joseph das Bett hüten. Die Hofärzte sind über den Zustand des hohen Patienten zunächst beunruhigt. Vor allem die Sehkraft des Kaisers, die stark beeinträchtigt ist, macht ihnen Sorgen. Innerhalb von zwölf Tagen gelangen drei-

ßig ärztliche Mitteilungen über das Befinden Seiner Majestät an die Öffentlichkeit. Aber es hat alles ernster ausgesehen, als es ist. Nach vier Wochen ist der Kaiser völlig wiederhergestellt. Ettenreich wird in den Adelsstand erhoben, der Attentäter hingerichtet. Zum Gedenken an die ruchlose Tat wird später vor dem Schottentor eine Kirche errichtet – die nach den Plänen von Johann Heinrich Ferstel erbaute Votivkirche.

Noch eine zweite Auswirkung hat das Attentat: Als Franz Joseph nach seiner Genesung im offenen Wagen eine Fahrt in den Prater unternimmt, wird er von der Bevölkerung umjubelt. Aus der Abneigung gegen den Kaiser ist auf dem Umweg über das Mitleid Zuneigung geworden.

Das Jahr 1853, das mit einem so unliebsamen Zwischenfall begonnen hat, bringt in weiterer Folge im persönlichen Leben des Kaisers eine Veränderung von entscheidender Bedeutung. Franz Joseph ist nun 23 Jahre alt. Es ist an der Zeit, daß er eine Familie gründet, um den Fortbestand des Herrscherhauses zu sichern. Sophie, seine ehrgeizige, besorgte Mutter, hält bereits seit längerem an den europäischen Höfen nach einer geeigneten Braut für ihren Sohn Ausschau. Nachdem einige Heiratspläne aus den verschiedensten Gründen gescheitert sind, sieht sich die Mutter des Kaisers in ihrem Heimatland Bayern näher um. Ihre Schwester Ludowika, die mit dem eigenwilligen Maximilian in Bayern verheiratet ist, hat eine Tochter, die zu Franz Joseph passen würde. Sie heißt Helene, ist 19 Jahre alt, groß, schlank und elegant.

Sophie lädt die Schwester für den 16. August zu einem Besuch nach Bad

Ischl ein. Nené, wie sie im Familienkreis genannt wird, soll dort dem Kaiser vorgestellt werden, ihn näher kennenlernen und später heiraten. So ist es geplant, aber es kommt dann alles ganz anders. Ludowika nimmt nach Ischl nicht nur Nené, sondern auch deren Schwester, die kaum 16jährige Elisabeth, mit. Sisi – so wird sie von den Eltern und Geschwistern gerufen – ist ein süßer, unreifer Backfisch, ein unbekümmerter Wildfang, offen, sportbegeistert, tierliebend, naturverbunden. Ihre Umgangsformen und ihre Bildung lassen noch sehr zu wünschen übrig. Der junge Kaiser findet an diesem halbwüchsigen Mädchen vom ersten Augenblick an Gefallen. Er fängt Feuer, er verliebt sich in Sisi bis über beide Ohren. Er spricht der Mama gegenüber nur noch von ihr und läßt die für ihn ausersehene Nené links liegen. Beim Ball am Vorabend seines Geburtstages tanzt er mit Sisi den Gesellschaftstanz und überreicht ihr als Zeichen seiner Erwählung einen Blumenstrauß. Sophie nimmt es mit Überraschung und Erstaunen zur Kenntnis.

Am 18. August, am Geburtstag des Kaisers, sitzt Sisi beim Diner bereits neben Franz Joseph. Helene muß sich mit einem Platz am Ende des Tisches begnügen. Schon am nächsten Tag wird in der Ischler Pfarrkirche die Verlobung gefeiert. Der Kaiser von Österreich hat sich fast über Nacht für eine Frau entschieden, die noch ein halbes Kind ist. Er hat nicht danach gefragt, ob die kaum 16jährige zu ihm paßt. Auch die nahe verwandtschaftliche Beziehung – Sisi ist seine Cousine – stört ihn nicht. Er hat bei seiner Wahl nur das Herz und nicht seinen Verstand sprechen lassen. Für einen Monarchen des 19. Jahrhunderts ist das ungewöhnlich.

Und die kleine Sisi? Was sagt sie dazu? Wie nimmt sie die Wendung der Dinge auf? Die Prinzessin ist verstört, unsicher. Sie stimmt notgedrungenermaßen allen Entscheidungen zu. Als reife Frau wird sie später einmal bemerken: »Die Ehe ist eine widersinnige Einrichtung. Als fünfzehnjähriges Kind wird man verkauft und tut einen Schwur, den man nicht versteht und dann dreißig Jahre oder länger bereut und nicht mehr lösen kann.«

Für die Herzogstochter, die frei aufgewachsen ist und sich weiterhin nach Freiheit und Ungebundenheit sehnt, beginnt nun ein neues Leben. Sie muß in den nächsten neun Monaten bis zur Hochzeit all das an Ausbildung nachholen, was sie bislang, ohne ihr eigenes Verschulden, versäumt hat. Sie nimmt Französisch- und Italienischstunden, Tanzlektionen, macht Konversationsübungen und studiert österreichische Geschichte.

Das dichtgedrängte Erziehungsprogramm macht Sisi überhaupt keinen Spaß. Es stört sie auch, daß sie überall, wohin sie kommt, im Mittelpunkt steht. Die kostbaren Geschenke, die der Kaiser aus Wien nach Possenhofen, dem Schloß ihres Vaters, schicken läßt, beachtet sie kaum. Die vielen neuen Kleider, die für sie angefertigt werden, sind ihr egal. Der Hochzeitstermin rückt immer näher, und Sisis Angst vor dem Wiener Hof wächst.

Die Vorbereitungen für die Vermählung gehen programmgemäß weiter. Anfang März 1854 wird der Ehevertrag unterzeichnet. Als Heiratsausstattung bekommt die junge Braut 50 000 Gulden, 54 Kleider, 6 Schlafröcke, 16 Hüte, 6 Mäntel, 168 Hemden, 168 Paar Strümpfe, 72 Unterröcke, 60 Unterhosen und 120 Paar Handschuhe von zu Hause mit. Der Kai-

Empfang Sisis in Nußdorf

ser legt 100 000 Gulden dazu. Zur persönlichen Verwendung bekommt Sisi jährlich
ebenfalls 100 000 Gulden »Spenadelgeld«.
Und dann kommt der Tag, an dem Sisi
von ihrem geliebten Possenhofen, von
ihren Eltern und Geschwistern Abschied
nehmen muß. Es ist gleichzeitig ein Abschied von ihrer Jugend und ihrer Jung-
mädchenzeit.

Auf dem Raddampfer »Franz Joseph« der
k. k.   Donaudampfschiffahrtsgesellschaft
geht es   stromabwärts.   Zehntausende
Schaulustige säumen die Ufer der Donau.
Bei jeder Station gibt es einen Empfang
mit Festreden, Glückwünschen und Blu-
mensträußen. Am 22. April legt das Schiff
mit der Braut des Kaisers an Bord schließlich unter Jubelrufen, Kanonendonner
und dem Glockengeläute der Wiener Kirchen in Nußdorf an, wo Sisi von Franz
Joseph begrüßt und empfangen wird.
»Der Kaiser«, so heißt es im Hofbericht,
»sprang die auf das Verdeck führenden
Stufen rasch hinan und drückte einen
Kuß auf die Stirn seiner mit allen Reizen

der Jugend und Anmut strahlenden
Braut.«

Beim feierlichen Empfang in Nußdorf
hält der Fürsterzbischof von Wien, Kardinal Joseph Othmar Rauscher, der ehemalige Erzieher des Kaisers, die Begrüßungs-
rede. Dann geht es in einem endlosen Wa-
genzug hinaus nach Schönbrunn, wo der
Braut die Mitglieder des Kaiserhauses
vorgestellt werden. Sisi wirkt unbeholfen
und bringt nur mit Mühe die einstudierten
Höflichkeitsformeln über die Lippen.

Am 23. April hält die Kaiserbraut in einer
Glaskutsche glanzvollen Einzug in der
kaiserlichen Residenzstadt. Halb Wien ist
auf den Beinen, die Häuser sind beflaggt,
die Straßen mit Blumen bestreut. Die
sechzehnjährige Sisi, die eine strahlende
Braut sein soll, hält das ganze Tamtam
nicht durch. Sie verliert die Nerven. In der
Hofburg wirft sie sich dem Kaiser, der
dort mit dem ganzen Hofstaat auf sie gewartet hat, schluchzend an die Brust.

Am nächsten Tag findet in der Augusti-
nerkirche die Trauung statt, die Kardinal
Rauscher im Beisein von mehr als siebzig
Bischöfen und Prälaten vornimmt. Nach

Sisi trifft in Wien ein

der feierlichen religiösen Zeremonie werden der neuen Kaiserin in der benachbarten Hofburg die Botschafter und Gesandten, die hohen Militärs und die Hofbediensteten vorgestellt. Elisabeth wirkt blaß, abgespannt und müde. Mit einem festlichen Diner endet der Hochzeitstag. Aber Sisi hat noch lange nicht alles überstanden. Auch an den folgenden Tagen gibt es Empfänge für die Abgeordneten aus den Kronländern, einen Hofball für den Adel, ein Praterfest für das Volk. Die aufreibende Festwoche klingt mit einem städtischen Ball in der Winterreitschule aus.

Hochzeitsreise gibt es keine, und auch die Flitterwochen im Schloß Laxenburg, wo das junge Paar die nächste Zeit verbringt, sind nicht sehr romantisch. Der Kaiser hat viel zu tun. Er fährt jeden Tag in die Hofburg nach Wien. Seine Herrscherpflichten nehmen ihn voll und ganz in Anspruch. Sisi ist viel allein. Sie hat Heimweh und kann sich an ihre neue Umgebung nicht gewöhnen. Ihre Schwiegermutter läßt sie nicht aus den Augen und vergällt ihr das Leben. Alle ihre Schritte werden von ihr beobachtet, bekrittelt, beargwöhnt. Das angespannte Verhältnis zwischen der feinfühligen Kaiserin und der strengen Schwiegermama bessert sich auch dann nicht, als Elisabeth ihr erstes Kind erwartet. Das Mädchen, das auf den Namen Sophie getauft wird, wird sofort nach der Geburt von der Großmutter in Obsorge genommen. Auch das zweite Kind, das zum Leidwesen des Hofes und der Bevölkerung wieder eine Tochter ist – sie erhält den Namen Gisela –, wird der Mutter sofort entrissen. Erst am 21. August 1858 schenkt Elisabeth nach einer schweren Geburt in Laxenburg einem Knaben das

Kronprinz Rudolf und seine Schwester Gisela

Leben. Der heißersehnte Thronfolger wird nach dem Ahnherrn des Hauses Habsburg Rudolf genannt. Der Kaiser ist überglücklich. Aber dieser Sohn wird ihm noch manches aufzulösen geben, ihm noch viele Sorgen bereiten. Und auch die Kaiserin, seine geliebte Sisi, wird bald ihre eigenen Wege gehen. Sie wird zahlreiche Reisen unternehmen und sich in Wien, das sie nie liebgewinnen kann, nur selten sehen lassen.

Die Kaiserstadt an der Donau zählte um die Mitte des vorigen Jahrhunderts ungefähr eine halbe Million Einwohner (1857: 476 220). Sie war zu dieser Zeit die Stadt mit der größten Bevölkerungsdichte Europas. Während in Mailand durchschnittlich 31 Bewohner auf ein Haus kamen, waren es in Prag 44 und in Wien 55.

Wenn viele Menschen auf engem Raum zusammenleben, bringt das natürlich Probleme mit sich. Das größte Problem, das der Wiener Stadtverwaltung jahrzehntelang Kopfzerbrechen bereitete, war die Beschaffung von Wohnraum für die immer größer werdende Bevölkerung. In der Wiener Innenstadt gab es seit dem 18. Jahrhundert geräumige barocke Paläste, die noch heute unsere Bewunderung erregen. Sie wurden von reichen adeligen Familien bewohnt. Auf der anderen Seite lebten in der Stadt und den Vorstädten Zehntausende Menschen, die überhaupt kein Dach über dem Kopf hatten. Sie hausten auf den Plätzen der Innenstadt unter freiem Himmel und wurden von Zeit zu Zeit von der Polizei in Scheunen, Stallungen und Kellergewölbe abgeschoben.

Die Wohnung des Durchschnittsbürgers war klein, Fließwasser gab es natürlich keines, das Klosett befand sich auf dem Gang. Und doch verschlang die Miete durchschnittlich ein Viertel des kargen Lohnes. Ein Zeitgenosse klagt: »Viele Hausherren lassen die Parteien um einen mäßigen Preis einziehen, steigern die Partei aber gleich im nächsten Vierteljahr und treiben dieses böse Spiel so fort, bis es der armen Partei unmöglich wird, den höheren Zins zu bestreiten, und sie sich zum Ausziehen genötigt sieht.« Diese Familien vermehrten dann das Heer der Obdachlosen.

Nicht minder schlecht als die Wohnbedingungen waren die Arbeitsverhältnisse. Die Arbeitszeit war nicht geregelt, die Entlohnung niedrig. Die Siebzigstundenwoche war die Regel. In vielen Arbeitsstätten waren neben den Männern und Frauen auch Kinder beschäftigt, die zum Lebensunterhalt der Familie beitragen mußten. Trotzdem regierte in vielen Familien der Hunger. In einem Arbeiterhaushalt ernährte man sich von einem Teller Suppe, Gemüse und trockenem Brot. Für einen Bissen Fleisch oder ein Stück Fisch reichte es nur an hohen Feiertagen oder bei festlichen Gelegenheiten.

Die medizinische Versorgung der Bevölkerung ließ auch zu wünschen übrig. Einen Arzt konnte sich ein Normalsterblicher überhaupt nicht leisten. Die Zeit der Pestseuchen war zwar vorüber, aber dafür raffte die immer wiederkehrende Cholera Zehntausende Menschen hinweg. Die Kindersterblichkeit war außerordentlich hoch. Viele Kinder starben unmittelbar nach der Geburt oder erkrankten infolge der unzulänglichen Ernährung an Rachitis. Der Bildungsstand der Bevölkerung war niedrig. Zahlreiche Menschen konnten weder lesen noch schreiben.

Auch sonst darf man sich das Leben in der Kaiserresidenz nicht zu romantisch vorstellen. Über das holprige Granitpflaster der engen Gassen polterten Mietfiaker, auf den ungepflasterten Straßen der Vorstädte sorgten Pferde-Omnibusse für Staub und Lärm. Das Kanalnetz war ganze 200 km lang, die Kaiser-Ferdinands-Wasserleitung schaffte gerade so viel Wasser heran, daß die Haushalte damit notdürftig versorgt werden konnten, vorausgesetzt natürlich, daß es überhaupt eine Hauswasserleitung gab. Im Normalfall entnahm die Bevölkerung das Wasser einem mehr oder weniger ergiebigen Brunnen. Die Stadtbeleuchtung war dürftig. Gaslicht, mit dem man die Straßen beleuchtete, galt in den Wohnungen als Zeichen des Wohlstandes. In den Behausungen der armen Leute spendete die Petroleumlampe ein dürftiges Licht.

Da der Zuzug in die Stadt, vor allem aus den von den Slawen bewohnten Teilen der Monarchie, unvermindert anhielt und die Raumnot immer größer wurde, entschloß sich der Kaiser schließlich dazu, die Stadtbefestigung schleifen zu lassen. Das kaiserliche Handschreiben war gewissermaßen ein Weihnachtsgeschenk an die Wiener. Es wurde am 25. Dezember 1857 in der »Wiener Zeitung« veröffentlicht. »Es ist Mein Wille«, hieß es darin, »daß die Erweiterung der inneren Stadt Wien mit Rücksicht auf eine entsprechende Verbindung derselben mit den Vorstädten ehebaldigst in Angriff genommen und hiebei auch auf die Regulierung und Verschönerung Meiner Residenz- und Reichshauptstadt Bedacht genommen werde. Zu diesem Ende bewillige Ich die Auflassung der Umwallung und Fortifikationen (Befestigungen) der inneren Stadt sowie der Gräben um dieselbe.«

Der Entschluß Franz Josephs löste in Wien eine regelrechte Bauleidenschaft aus. Die Stadt bekam ein neues Gesicht. In den folgenden Jahren und Jahrzehnten entstanden an der Ringstraße, die am 1. Mai 1865 eröffnet wurde, jene prachtvollen öffentlichen und privaten Gebäude, die der schönen Stadt an der Donau noch heute das Gepräge geben.

Im Verlaufe des Jahres 1858 kamen aus Italien immer bedrohlichere Nachrichten. In Turin, der Hauptstadt des Königreiches Piemont-Sardinien, braute sich ein politisches Gewitter zusammen. Die italienische Nationalbewegung, die dort ihren Mittelpunkt hatte, forderte stürmisch die Befreiung Oberitaliens von der habsburgischen Herrschaft. Sie wurde von Na-

Feierliche Eröffnung der Ringstraße

poleon III., dem Kaiser der Franzosen, tatkräftig unterstützt. Man bereitete in Turin ganz offen einen Krieg gegen die Donaumonarchie vor.

In Wien beobachtete man die Vorgänge in Italien mit wachsender Besorgnis. Schließlich entschied sich der Kaiser, der von seinen Ministern und Generälen schlecht beraten wurde, für ein Ultimatum: Piemont-Sardinien sollte innerhalb von drei Tagen die Kriegsvorbereitungen einstellen und die Armee entwaffnen. Kaiser Napoleon III. und Camillo Cavour, der Ministerpräsident von Piemont, hatten darauf nur gewartet. Sie lehnten das Ultimatum ab. Der Krieg war da. Am 4. Juni 1859 kam es zur ersten großen Schlacht. 58 000 österreichische Soldaten wurden von 46 000 Franzosen bei Magenta besiegt.

Franz Joseph maß die Schuld an der Niederlage richtigerweise dem kommandierenden General zu und übernahm selbst den Oberbefehl über die Armee. Das war zweifellos eine falsche Entscheidung. Denn der Kaiser war weder ein Feldherr, noch hatte er die nötige militärische Erfahrung für die Führung eines Heeres. Und so kam es, wie es kommen mußte: Die tapfer kämpfende österreichische Armee wurde am 24. Juni bei Solferino entscheidend geschlagen. Die Zahl der Toten, Verwundeten und Gefangenen war hoch. Die Österreicher verloren 22 350, die Franzosen 12 000 und die Piemontesen 5 500 Mann. Henri Dunant, ein 27jähriger Geschäftsmann aus Genf, wurde Augenzeuge des Gemetzels bei Solferino: Er war so erschüttert vom Schicksal der Verwundeten, die auf den Straßen, in Kirchen und Ställen einen furchtbaren Tod starben, daß über seine

Die Schlacht bei Solferino

Initiative 1864 das »Rote Kreuz« gegründet wurde.

Der Kaiser schrieb an seine Gemahlin: »Das ist die traurige Geschichte eines entsetzlichen Tages, an dem viel geleistet worden ist, aber das Glück uns nicht gelächelt hat. Ich bin um viele Erfahrungen reicher geworden und habe das Gefühl eines geschlagenen Generals kennengelernt. Die schweren Folgen unseres Unglücks werden noch kommen, aber ich vertraue auf Gott.«

Der Krieg war verloren. Franz Joseph mußte die Lombardei an Napoleon III. abtreten, der die Provinz an das neuentstandene Königreich Italien weitergab. Die Folgen, von denen Franz Joseph sprach, waren politischer Natur. Der Kaiser konnte nicht mehr unumschränkt weiterregieren. Die Zeit seiner Alleinherrschaft war vorüber, er mußte Zugeständnisse an das Volk machen. Er machte sie nur widerwillig. Er blieb bis zu seinem Lebensende ein Herrscher von Gottes, nicht von des Volkes Gnaden.

3. Juli 1866:

Die Niederlage der österreichischen Armee bei Königgrätz und ihre vielfältigen Folgen

Im Frühjahr 1866 zeichnete es sich immer deutlicher ab, daß ein Krieg zwischen Österreich und Preußen unvermeidlich war. Otto von Bismarck, der preußische Ministerpräsident, verfolgte seit längerem das Ziel, Deutschland unter Preußens Führung zu einigen. Da Österreich nach der Niederschlagung der Revolution im Jahre 1848 seine Vormachtstellung im deutschen Raum wiedererlangt hatte, mußte diese Zielsetzung früher oder später zu einem Konflikt mit dem Nachbarland führen.

Bismarck war ein vorzüglicher Diplomat. Er verband die preußischen Machtinteressen geschickt mit den Interessen der italienischen Nationalbewegung. Am 8. April 1866 schloß er mit Italien ein geheimes Angriffsbündnis gegen die Donaumonarchie. Sobald Preußen den beabsichtigten Krieg begann, wollte auch Italien angreifen. Für Österreich bedeutete das einen Zweifrontenkrieg, eine Halbierung seiner militärischen Kraft. Unter diesen Voraussetzungen waren die Chancen für einen Sieg Preußens günstig.

In Wien blieben die preußischen Absichten natürlich nicht unbemerkt. »Was die politischen Verhältnisse anbelangt«, schrieb der Kaiser am 3. Mai an seine liebe Mama, »so geht es immer mehr dem Krieg entgegen, und ich kann mir nicht denken, wie er noch mit der Ehre zu vermeiden sein könnte. Man tut in Berlin zwar jetzt sehr freundlich, um Zeit zu gewinnen und uns mürbe zu machen, allein es wird mir täglich klarer, daß jeder Schritt in Berlin und Italien ein berechneter und das Glied einer Kette von Maßregeln ist, die von lange her verabredet ist.«

Zum Zeitpunkt, zu dem Franz Joseph diesen Brief schrieb, waren die Kriegsvorbereitungen in beiden Staaten bereits voll im Gang.

Was die Stärke und die Ausrüstung der Armee betraf, war das kleine Preußen dem flächen- und bevölkerungsmäßig wesentlich größeren Österreich um einiges voraus. Preußen brachte mit seinen 19 Millionen Einwohnern mehr Truppen (355 000 Mann) auf die Beine als Österreich (320 000 Mann), das fast doppelt so viel, nämlich 34 Millionen Einwohner zählte. In Berlin gab man freilich seit langem wesentlich mehr Geldmittel für die Armee aus als in Wien, wo das Heeresbudget immer wieder gekürzt wurde. Preußen war eben ein ausgesprochener Militärstaat, wo der Offizier alles galt und der Zivilist wenig oder nichts. In Preußen hatte man daher naturgemäß auch für technische Neuerungen auf dem Gebiet der Ausrüstung und Bewaffnung der Armee mehr übrig als im bürokratisch-

schwerfälligen und rückständigen österreichischen Kaiserstaat.

Jahrzehnte vor 1866 hatte ein kleiner Schlossermeister namens Nikolaus Dreyse eine bahnbrechende Idee: Er konstruierte eine Einheitspatrone. Bis dahin hatte jeder Fußsoldat sein Gewehr von vorne laden müssen. Das war umständlich und kostete Zeit. Nun erübrigte sich das. Die Dreyse-Patrone enthielt Geschoß, Ladung und Zündkapsel in einem Stück. Sie wurde von hinten in den Gewehrlauf geschoben und durch den Bolzenschlag der Zündnadel abgefeuert. Das moderne Zündnadelgewehr hatte gegenüber dem alten Vorderlader einen entscheidenden Vorteil: Es konnte in der Minute drei- bis fünfmal so oft abgeschossen werden.

Der Schlossermeister Dreyse bot seine Erfindung der preußischen Regierung an, die ihm Geld für den Bau einer Gewehrfabrik vorstreckte. Dreyse versorgte bis 1863 die preußische Armee mit nicht weniger als 300 000 Stück Hinterladern. Sie war nun besser bewaffnet als alle anderen Armeen in Europa.

Auch in Österreich interessierte man sich für die neue Waffe. Die Preußen stellten 1851 den Österreichern zwanzig Hinterlader für Versuchszwecke zur Verfügung. Aber diese Versuche verliefen negativ. Ein hoher Offizier riet dem Kaiser in einem langen, ausführlichen Gutachten davon ab, das neue Gewehr für die Armee anzuschaffen. Es war eine folgenschwere Fehlentscheidung, die sich bitter rächen und Tausenden Soldaten das Leben kosten sollte.

Für das Oberkommando der Nordarmee, die gegen die Preußen ins Feld zog, kamen nur zwei Männer in Frage: Erzherzog Albrecht und Feldzeugmeister Ludwig Benedek. Der Kaiser entschied sich für letzteren.

Benedek hatte sich in der kaiserlichen Armee Stufe für Stufe hochgedient. Er war verläßlich, persönlich tapfer, volkstümlich, bei den Soldaten beliebt. Ein großer Stratege, ein umsichtiger Feldherr war er nicht. Das wußten nicht nur seine Kameraden im Generalstab, das wußte auch er selbst. Dazu kam, daß er sich mit seinen 62 Jahren einer so verantwortungsvollen Aufgabe körperlich und nervlich nicht mehr gewachsen fühlte. Er hatte schon 1863 um seine Versetzung in den Ruhestand angesucht, die ihm aber nicht gewährt worden war. Was aber schließlich am schwersten wog: Benedek kannte in Oberitalien, wo er mehrmals im Einsatz gewesen war, wie er selbst sagte, »jeden Baum«. Die Geographie Böhmens war ihm keineswegs so geläufig. Daß sich aber in einem Krieg gegen Preußen die Kriegs-

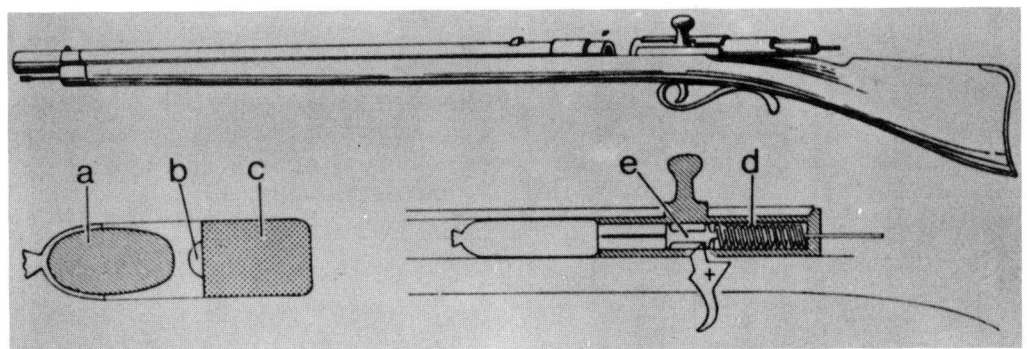

Das Zündnadelgewehr

handlungen höchstwahrscheinlich in Böhmen abspielen würden, das pfiffen die Spatzen von den Dächern. Aus all diesen Gründen lehnte Benedek das Angebot des Kaisers zur Übernahme des Kommandos der Nordarmee ab. »Ich bin für den deutschen Kriegsschauplatz ein Esel, während ich in Italien vielleicht von Nutzen sein könnte«, sagte er frei heraus. Franz Joseph blieb unbeeindruckt. Er bestand auf seiner Entscheidung. Benedek fügte sich. Er gehorchte widerwillig. Und so befehligte ein Mann die österreichische Armee gegen Preußen, der das Gelände nicht genau genug kannte und an seinen eigenen Fähigkeiten zweifelte. Es kam aber noch schlimmer. Benedek holte sich zwei Offiziere als Generalstabschefs, von denen der eine so unfähig war wie der andere: Generalmajor Gideon Ritter von Krismanič und Feldmarschalleutnant Baron Alfred Henikstein.

Zum Oberbefehlshaber der Italienarmee ernannte der Kaiser den beim Volk unbeliebten erzkonservativen Erzherzog Albrecht, der aber zweifellos höhere Feldherrnqualitäten besaß als der bedauernswerte Benedek.

Eine Kriegserklärung im alten Stil gab es nicht. Die Preußen überschritten ganz einfach die Grenze. Benedek stand mit seiner Hauptmacht bei Olmütz in Mähren. Er konnte von dort aus entweder nach Schlesien vorstoßen oder den Feind vor der Festung Olmütz erwarten. Seine Armee war noch nicht voll einsatzbereit, als die Preußen zum Angriff bliesen. Es fehlte an Schuhwerk, viele Fahrzeuge waren verrostet, die Regimenter nicht vollzählig.

Der Hauptstoß der Preußen zielte auf Böhmen, doch Benedek wollte zunächst die Armee nicht von Mähren nach Böhmen umdirigieren. Das schien ihm zu gefährlich. Erst als ihn der Kaiser drängte, entschloß er sich dazu. Die preußische Armee marschierte in drei Heeresgruppen, aus Sachsen, der Lausitz und Schlesien kommend, in Böhmen ein. »Getrennt marschieren, vereint schlagen«, war das Motto des tüchtigen preußischen Feldmarschalls Helmut Graf Moltke. Ein wagemutiger Feldherr hätte versucht, die Preußen einzeln anzugreifen und zu schlagen, ehe sie sich vereinigen konnten. Benedek war zu alt, um wagemutig zu sein. Er zog mit seiner Armee langsam in Böhmen ein und nahm bei Josephstadt Aufstellung. Er hielt die Armee krampfhaft beisammen, während die Preußen ununterbrochen in Bewegung waren.

Schon bei den ersten Einzelgefechten zeigte sich die Überlegenheit des preußischen Heeres. Zwar gelang es einem österreichischen Korps am 27. Juni 1866, auf dem rechten Flügel bei Trautenau einen Sieg zu erringen, aber dieser Erfolg sollte der einzige des ganzen Feldzuges bleiben. In den anderen Gefechten erlitten die Österreicher schwere Niederlagen. Ihre Verluste waren dabei drei- bis viermal so hoch wie jene der Preußen. Das Zündnadelgewehr tat seine verheerende Wirkung. Benedek entschloß sich zum Rückzug nach Königgrätz. Völlig niedergeschlagen telegrafierte er am 1. Juli 1866 nach Wien: »Bitte Eure Majestät dringend, um jeden Preis den Frieden zu schließen. Katastrophe für Armee unvermeidlich.«

Der Kaiser, der die Vorgänge im fernen Böhmen gespannt verfolgte, hielt Kriegsrat. Er konnte unmöglich seine Armee zurückrufen, ehe eine militärische Entscheidung gefallen war. Er ließ zurücktelegra-

fieren: »Einen Frieden zu schließen, unmöglich. Ich befehle, wenn unausweichlich, den Rückzug in größter Ordnung anzutreten. Hat eine Schlacht stattgefunden?« Das war eine verschlüsselte Aufforderung an Benedek, sich dem Feind zu stellen. Benedek verstand. Er war Soldat und gewohnt zu gehorchen. Aleae iactae erant – die Würfel waren gefallen.

Die Schlacht, die am 3. Juli 1866 geschlagen wurde, war die größte des 19. Jahrhunderts. An diesem regnerischen, nebeligen Tag entschieden 436 000 Soldaten auf engstem Raum in blutigen Kämpfen die Zukunft Preußens und der Donaumonarchie, ja die Zukunft Mitteleuropas.

Ludwig Benedek hat die kaiserliche Armee zwischen den Flüssen Bistritz und Elbe postiert. Östlich der Bistritz steigt das Land in welligen Hängen zu einer Hügelkette an, von der aus das Gelände weithin zu überblicken ist. Den höchsten dieser Gipfel, die Anhöhe von Lipa und

Die Schlacht bei Königgrätz

Chlum, ungefähr 12 km nordwestlich von Königgrätz, hat der österreichische Feldherr zum Zentrum seiner Schlachtordnung auserkoren. Er hat Schützengräben, Verschanzungen und dichte Verhaue anlegen lassen und 44 000 Mann mit 134 Geschützen zusammengezogen. Hier erwartet Benedek den Hauptangriff des Gegners. Der linke Flügel ist mit 40 000 Mann und 140 Geschützen fast genauso stark wie das Zentrum. Die Schwachstelle ist der rechte Flügel, der die Aufgabe hat, die Flankendeckung gegen einen Angriff der Zweiten preußischen Armee zu übernehmen. Aber diese Armee ist noch weit entfernt, und Benedek rechnet damit, daß sie nicht zeitgerecht auf dem Schlachtfeld eintreffen wird.

Der Oberbefehlshaber der kaiserlichen Armee ist zuversichtlich. Am Morgen des Entscheidungstages schreibt er an seine Frau: »Nun gewärtige ich heute und längstens morgen eine entscheidende große Schlacht. Wenn mein altes Glück mich nicht ganz verläßt, kann's zum guten Ende führen, kommt es jedoch anders, dann sage ich in Demut: Wie Gott will. Bin ruhig und gefaßt, und wenn erst die Kanonen in rechter Nähe donnern werden, wird mir wohl werden.«

Die Kanonen beginnen an diesem schicksalsschweren Tag um halb acht Uhr früh zu donnern. Zunächst beschränkt sich der Feuerwechsel auf einzelne Schüsse. Erst langsam kommt der preußische Angriff in Schwung. Die Preußen überschreiten auf breiter Front die Bistritz und bewegen sich auf die befestigten Höhenstellungen der Österreicher zu. Doch jetzt geraten sie verstärkt in den Granatenhagel der österreichischen Artillerie und kommen keinen Schritt voran. Ein preußischer Soldat berichtete später: »Wir suchten Schutz, aber wo war Schutz zu finden gegen ein solches Feuer! Wir zogen unsere Uhren und zählten. Ich stand neben der Fahne. In zehn Sekunden krepierten vier Granaten und ein Schrapnell dicht vor uns. Wenn ein Schrapnell krepiert, so prasselt es wie Hagel auf die Erde nieder. Ich sah das alles. Jeder fühlte, er stehe in Gottes Hand.«

Um die Mittagszeit sieht es aus, als neige sich das Kriegsglück den Österreichern zu. Die Stimmung im Hauptquartier der Preußen ist angespannt und gedrückt. Der König ist am Rande der Verzweiflung. Er erwägt den Rückzug. Aber Moltke behält ruhig Blut. Er rechnet fest damit, daß die Zweite preußische Armee unter dem Kommando des Kronprinzen Friedrich Wilhelm zeitgerecht eintreffen und die Schlacht entscheiden wird. Zwei Armeekorps, die Benedek dazu ausersehen hat, sich der von Norden anrückenden Kronprinzenarmee entgegenzustellen, schwenken eigenmächtig nach links ab und entblößen die rechte Flanke der österreichischen Schlachtordnung. Und genau in diese offene Flanke stoßen die Preußen. Benedek begeht nun einen entscheidenden Fehler. Anstatt seine Reserve an den rechten Flügel zu verlegen, befiehlt er den beiden Korps, in ihre Ausgangsstellungen zurückzugehen. Der Befehl kommt zu spät und wird nur zögernd durchgeführt. Um ein Uhr nachmittags überrennt die Zweite preußische Armee die vordersten Linien des Gegners, zwei Stunden später fällt die Stellung der Kaiserlichen bei Chlum.

Benedek kann es nicht glauben, als er davon unterrichtet wird. »Plauschen S' nicht«, fährt er den Offizier an, der ihm die Meldung überbringt. Dann wirft er jäh sein Pferd herum und sprengt davon. Sein ganzer Stab folgt ihm. Er setzt sich an die Spitze einiger Bataillone und führt sie, unbeeindruckt vom Geschoßhagel der Preußen, bis an den Dorfrand von Chlum heran. Aber es gelingt ihm nicht, den Gegner zurückzuwerfen. Die Preußen halten die Höhenstellung.

Noch ist nichts entschieden. Verzweifelt reitet Benedek zu den umkämpftesten Punkten dieser erbarmungslosen Schlacht, spricht den Truppen Mut zu, beschwört sie standzuhalten. Aber dem Druck des vereinigten preußischen Heeres sind die Österreicher auf die Dauer nicht gewachsen. Sie weichen zurück, der Raum, in dem sie operieren, verengt sich. Die österreichische Armee ist in Gefahr, eingeschlossen zu werden. Die Schlacht ist endgültig verloren. Aber jetzt, im Unglück, zeigt sich die Tatkraft Benedeks. Es gelingt ihm, durch den klugen Einsatz der Kavallerie und von der aufopfernd kämpfenden Artillerie gedeckt, den Rückweg freizuhalten und somit eine Katastrophe zu verhindern. Der Großteil der Truppen kann die Elbe überqueren und sich in Sicherheit bringen. Die preußische Armee ist zu ermattet, um nachzustoßen.

Das Schlachtfeld von acht bis zehn Kilometer Breite und drei bis fünf Kilometer Tiefe ist zu einem Massengrab geworden. Auf österreichischer Seite sind 330 Offiziere und 5 328 Soldaten gefallen, 1 313 Offiziere und 41 499 Mann sind vermißt, verwundet oder in Gefangenschaft geraten. Die Gesamtverluste der Preußen sind wesentlich niedriger.

Die Sieger entzünden Lagerfeuer, die Musikkapellen schmettern Märsche. Der besiegte Feldherr kabelt einen Kurzbericht über den Verlauf der Schlacht an den Kaiser in Wien und übergibt den Oberbefehl über seine geschlagene Armee an Erzherzog Albrecht, der bei Custoza über die italienische Armee siegreich geblieben ist. Am 28. Juli 1866 muß er sich in Wiener Neustadt vor einer militärischen Kommission verantworten, die die Ursachen der Niederlage untersucht. Das Kriegsgerichtsverfahren wird einige Monate später auf Befehl des Kaisers eingestellt.

Benedek nahm seinen Abschied von der Armee und zog sich verbittert nach Graz zurück, wo der glücklose General 1881 starb. Alle Schriftstücke, die den Feldzug betrafen, hatte er verbrannt. Dazu hatte er sich verpflichtet, und er hielt Wort. Von der Armee wollte er freilich nichts mehr wissen. Seinem Wunsch gemäß wurde er wie ein Zivilist begraben.

Nach der Schlacht bei Königgrätz geht der Krieg weiter. Ein Ansuchen Österreichs um Waffenstillstand wird von den Preußen abgelehnt. Die preußische Armee besetzt ganz Mähren. Die Hauptstadt des Kaisers ist in Reichweite des Gegners. Um Wien notfalls verteidigen zu können, befiehlt Franz Joseph, die Italienarmee zurückzuführen und mit den Truppen Benedeks zu vereinigen. Unterdessen werden in der Hofburg die Koffer gepackt. Kaiserin Elisabeth begibt sich mit den Kindern per Eisenbahn nach Budapest in Sicherheit. Die wertvollsten Kleinodien der Schatzkammer und die kostbarsten Handschriften der Hofbibliothek werden in Kisten verladen und per Schiff nach Ungarn gebracht. Zahlreiche Wiener verlassen die bedrohte Stadt. Bürgermeister Andreas Zelinka bittet den Kaiser, Österreich eine

Die Verladung des Schatzes der Hofbibliothek

freiheitliche Verfassung zu gewähren. Die Bevölkerung äußert offenes Mißfallen. Das Ansehen des Kaisers ist an einem Tiefpunkt angelangt. Schließlich gelingt es doch, die Preußen an den Verhandlungstisch zu bringen. Im mährischen Städtchen Nikolsburg beginnen die Waffenstillstandsverhandlungen. Dabei kommt es zwischen König Wilhelm I. und seinem Ministerpräsidenten Otto von Bismarck zu einem schweren Zerwürfnis. Der preußische König will den Sieg ausnützen und Österreich drückende Friedensbedingungen auferlegen. Der diplomatisch denkende Bismarck ist dagegen. Er sieht im besiegten habsburgischen Kaiserstaat einen künftigen Bündnispartner und will ihn daher milde behandelt wissen. Um seine Meinung durchzusetzen, greift der Ministerpräsident zu ungewöhnlichen Mitteln: Er bietet seinen Rücktritt an, bricht in Weinkrämpfe aus und droht, sich aus dem Fenster zu stürzen. Das wirkt.

Der König gibt nach. Österreich muß im Frieden von Prag, der am 23. August 1866 unterzeichnet wird, keinen Quadratmeter Boden an Preußen abtreten. Aber die Friedensbedingungen sind trotzdem noch hart genug: Das Kaiserreich verliert trotz des Sieges bei Custoza und der unter der Führung Wilhelm von Tegetthoffs gewonnenen Seeschlacht bei Lissa Venetien an das Königreich Italien. Die Kriegsentschädigung wird mit 20 Millionen Talern festgesetzt. Vor allem aber muß Österreich seine Vormachtstellung in Deutschland aufgeben. Der Deutsche Bund wird aufgelöst. Die diesbezügliche Bestimmung im Friedensvertrag lautet: »Seine Majestät der Kaiser von Österreich erkennt die Auflösung des bisherigen Deutschen Bundes an und gibt seine Zustimmung zu einer neuen Gestaltung Deutschlands ohne Beteiligung des österreichischen Kaiserstaates.« Es ist ein Wendepunkt der mitteleuropäischen Geschichte, auch wenn Franz Joseph das nicht wahrhaben will.

Was die Niederlage bei Königgrätz für sein Haus, für die eigene Herrschaft be-

Die Seeschlacht von Lissa

deutete, bekam der Kaiser bald zu spüren. Die Ungarn drängten auf Selbständigkeit. Verhandlungen darüber waren schon vor 1866 geführt worden. Jetzt traten sie in das Endstadium. Die Magyaren, die in Kaiserin Elisabeth eine eifrige Fürsprecherin fanden, setzten ihre Wünsche im wesentlichen durch. Der Habsburgerstaat wurde in eine österreichische und eine ungarische Reichshälfte geteilt und hieß fortan »Österreich-Ungarn«. In jeder der beiden Reichshälften gab es ab nun eine eigene Regierung, ein eigenes Parlament und eigene Behörden. Gemeinsam blieb den beiden Staaten das Heerwesen, die Finanzverwaltung und die Außenpolitik. Auch durch die Person des Herrschers waren die beiden Reichshälften miteinander verbunden. Franz Joseph, der sich nun Kaiser von Österreich und Apostolischer

König von Ungarn nannte, wurde am 8. Juni 1867 in der Budapester Königskirche vom ungarischen Fürstprimas (Erzbischof) die Stephanskrone aufs Haupt gesetzt. Nach der Krönungszeremonie wurde das Kaiserpaar von den Ungarn stürmisch umjubelt. Besonders der Kaiserin, die in der stilisierten Nationaltracht, die sie trug (ein weißes, mit Edelsteinen übersätes Brokatkleid mit schwarzer Samttaille), eine geradezu überirdische Schönheit ausstrahlte, flogen die Herzen zu. Der Krönungstag war ein Höhepunkt in ihrem ansonsten eher freud- und lustlosen Leben.

Der »Ausgleich«, wie der Vertrag von 1867 zwischen Österreich und Ungarn genannt wurde, stellte den Vielvölkerstaat auf eine neue Grundlage. Er räumte den Deutschen in der österreichischen und

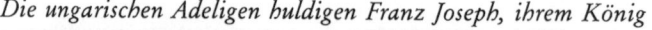

Die ungarischen Adeligen huldigen Franz Joseph, ihrem König

den Magyaren in der ungarischen Reichshälfte eine Vorrangstellung ein. Die übrigen Nationalitäten – Tschechen, Slowaken, Serben, Kroaten, Slowenen, Italiener
und so weiter – wurden zu Völkern zweiter Klasse gestempelt. Sie fühlten sich mit
Recht zurückgesetzt und verlangten größere Eigenständigkeit. Ihre Forderungen
führten zu einem heftigen Streit (»Natio-
nalitätenstreit«), der die Donaumonarchie
in den letzten Jahrzehnten ihres Bestehens
schwer erschütterte.
Nach den Zugeständnissen an die Ungarn
mußte Franz Joseph auch den Bürgern in
der westlichen Hälfte des Reiches größere
Freiheiten einräumen. In der sogenannten
Dezemberverfassung von 1867 wurden
ihnen Gleichheit vor dem Gesetz, Glau-
bens-, Gewissens- und Versammlungsfreiheit, die freie Wahl des Aufenthaltes im
gesamten Staatsgebiet und zahlreiche andere Rechte garantiert. Der Kaiser mußte
seine Macht mit der Volksvertretung teilen. Aber das Wohl und Wehe des Staates
hing weiterhin von seinen persönlichen
Entscheidungen ab.

Mit der Wirtschaft ging es nach 1866
bergauf. In Wien wurde an allen Ecken
und Enden gebaut. An der Ringstraße
entstand ein Palast nach dem anderen, in
den Vorstädten schossen drei- bis vier-
stöckige Mietzinskasernen wie Pilze aus
dem Boden – mit Klosett und Fließwasser
auf dem Gang zur gemeinsamen Benüt-
zung. Die rege Bautätigkeit trieb die
Grundstückspreise in die Höhe. Der Zie-
gelfabrikant Heinrich Drasche machte
Millionengeschäfte und wurde vom Kaiser geadelt. Die Spekulation trieb üppige
Blüten. Allein im Jahre 1872 wurden 530
neue Aktiengesellschaften gegründet. An

Die Rotunde

der Wiener Börse herrschte ein fieberhaf-
ter Betrieb. Tausende Makler riefen sich
die Kehlen heiser. Das Spekulationsfieber
griff um sich und erfaßte selbst die ärmsten Bevölkerungskreise. Kleingewerbe-
treibende legten die paar Gulden, die sie
sich mühsam erspart hatten, in Aktien an.
Arme Teufel, die sich zuvor nur für den
Brotpreis interessiert hatten, lasen jetzt eif-
rig die Börsenzeitung und hofften auf raschen Reichtum.
Äußeres Zeichen des Wirtschaftsauf-
schwunges und der wirtschaftlichen Blüte,
die freilich nur eine Scheinblüte war, war
die Wiener Weltausstellung im Jahre
1873. 42 000 Aussteller zeigten auf dem
Ausstellungsgelände im Prater ihre Pro-
dukte. Das Hauptgebäude, die vom Ar-
chitekten Carl Hasenauer erbaute »Rotunde«, ein Rundbau mit einem Durch-
messer von 105 Metern und einer Höhe
von 84 Metern, war, wie die ganze Wirt-
schaftsblüte, nur äußerlich beeindruckend.
Bei der Eröffnung tropfte noch das Wasser von den Wänden, und die Aufzüge
funktionierten nicht störungsfrei. Die Eröffnung, die am 1. Mai stattfand, wurde

dennoch zum gesellschaftlichen Ereignis des Jahres. Die Auffahrt mit dem Kaiserpaar an der Spitze, dem die Kaleschen zahlreicher europäischer Herrscher folgten, wurde von den schaulustigen Wienern gebührend bestaunt. Sie stand allerdings unter keinem günstigen Stern. Das Wetter spielte nicht mit. Bei der Festversammlung ging ein Platzregen nieder. Die hohen Herren in den ordenbehängten Fräcken und Uniformen, die Damen in ihren teuren Kleidern wurden triefnaß, ehe sie sich unter das Dach der Rotunde retten konnten.

Es war ein böses Vorzeichen: Etwas mehr als eine Woche nach dem Eröffnungstag, am 9. Mai 1873, sanken die Börsenkurse von 339 auf 196 Punkte. Die reichen Spekulanten, die nicht ihr ganzes Geld in Aktien angelegt hatten, konnten die Verluste verschmerzen, aber unzählige weniger Wohlhabende verloren über Nacht ihr gesamtes Vermögen. Für viele von ihnen war der Selbstmord der letzte Ausweg. Über den Zusammenbruch der Börse, den Börsenkrach, schrieb ein Wiener Schriftsteller: »Gestern, Freitag, den 9. Mai, mittags um ein Uhr, wurde die Wiener Börse polizeilich geschlossen. Und da sage man noch, daß der Freitag ein Unglückstag ist! Die Börse brach unter der Überlast ihrer Verbrechen zusammen. Seit gestern können ehrliche Leute wieder über die Straße gehen, und Menschen, welche arbeiten, werden nicht mehr Dummköpfe genannt. Seit gestern heißt ein Dieb wieder Dieb und nicht mehr Baron. Nie hat ein schöneres Gewitter eine verpestetere Luft gereinigt.«

Zur wirtschaftlichen Katastrophe gesellte sich 1873 eine schwere, heimtückische Seuche: die Cholera. Sie raffte allein in Wien nicht weniger als 2 855 Menschen hinweg. 1 410 Menschen wurden Opfer einer Blatternepidemie. Andererseits bescherte dieses Schreckensjahr den Wienern auch etwas Köstliches: Wasser vom Schneeberg. Am 24. Oktober wurde von Bürgermeister Cajetan Felder die Erste Hochquellenwasserleitung feierlich in Betrieb genommen. Eine Woche später schloß der Kaiser die Weltausstellung. Sieben Millionen Menschen hatten die Schau gesehen. Trotzdem war sie ein Verlustgeschäft. Die Ausgaben waren um 15 Millionen Gulden höher als die Einnahmen.

Die Bevölkerungszahl wuchs. Lebten im Jahre 1857 im Gesamtgebiet der Monarchie 37,8 Millionen Menschen, so waren es 1910 bereits 49,6 Millionen. Besonders kräftig fiel der Bevölkerungszuwachs in der Reichshauptstadt Wien aus. Nach der Eingemeindung der Vororte im Jahre 1890 zählte die Stadt, in der 1857 eine halbe Million Menschen gewohnt hatten, 1,9 Millionen Seelen.

Dieser rasche Bevölkerungsanstieg schuf große, beinahe unlösbare Probleme. Die Wohnungsnot und das damit verbundene Elend waren riesig. Über die Arbeiterbaracken auf dem Werksgelände der Wienerberger Ziegelfabrik schrieb eine Zeitung: »Holzpritschen, elendes altes Stroh, darauf liegen sie Körper an Körper hingeschichtet. In einem dieser Schlafsäle, wo fünfzig Menschen schlafen, liegt in einer Ecke ein Ehepaar. Die Frau hat vor zwei Wochen in demselben Raum, in Gegenwart der fünfzig halbnackten, schmutzigen Männer, in diesem stinkenden Dunst entbunden.«

Die hygienischen Verhältnisse ließen nicht

nur in diesen Arbeiterbaracken alles zu wünschen übrig. Von 1 000 Kindern starben in Wien nicht weniger als 340 im ersten Lebensjahr.

Die Arbeiter wurden ausgebeutet. Im Ziegelwerk des Ziegelbarons Heinrich Drasche wurde der niedrige Lohn nicht bar, sondern in »Blech« ausbezahlt, in Wertmarken, die nur in den Werkskantinen eingelöst werden konnten. Dort aber war das Essen nicht nur schlechter, sondern auch teurer als in den umliegenden Gasthäusern. So kostete ein Laib Brot in den Lebensmittelgeschäften vier Kreuzer, die Kantinenwirte verlangten fünf. Die Unterstützung der Armen und Notleidenden durch die kirchliche Caritas und durch Wohltätigkeitsvereine aller Art war nicht mehr als der berühmte Tropfen auf dem heißen Stein.

Die Arbeiter wurden nicht nur ausgebeutet, sie waren auch politisch rechtlos. Das Wahlrecht war an eine jährliche Steuerleistung gebunden, die sie infolge ihrer niedrigen Löhne nicht erbringen konnten. Sie waren daher im Parlament nicht vertreten. Gegen alle diese Benachteiligungen begannen sich die Arbeiter zur Wehr zu setzen. Sie gründeten Bildungsvereine, Unterstützungskassen für Kranke und Notleidende und organisierten Demonstrationen. Im Jahre 1869 marschierten 15 000 Wiener Arbeiter über die Ringstraße zur Hofburg. Die kaiserliche Regierung ließ die Drahtzieher der Aktion verhaften. Die Arbeitervereine wurden aufgelöst. Aber mit Polizeimaßnahmen ist eine politische Massenbewegung auf die Dauer nicht zu bremsen. 1874 wurde in Neudörfl bei Wiener Neustadt die Sozialdemokratische Partei gegründet, in der sich zwei Richtungen heftig bekämpften: die »Gemäßig-

ten«, die die Gesellschaft langsam verändern wollten, und die »Radikalen«, die diese Veränderung durch einen Umsturz herbeizuführen versuchten. Der Zwist wurde 1888/89 auf dem Einigungsparteitag von Hainfeld beigelegt. Der Mann, der die Einigung zustande brachte, war der jüdische Armenarzt Dr. Victor Adler. Victor Adler blieb bis zu seinem Tod im Jahre 1918 der unumstrittene Führer der österreichischen Sozialdemokratie.

Neben den Sozialdemokraten entstand in den achtziger Jahren des vorigen Jahrhunderts eine zweite Massenpartei: die Christlichsozialen. Sie wurden von einem Mann zusammengehalten und geführt, der es verstand, die Massen anzusprechen und zu begeistern: Dr. Karl Lueger. Lueger kam aus der sozialen Unterschicht. Sein Vater war Saaldiener an der Wiener Technischen Hochschule, seine Mutter Tabaktrafikantin. Lueger wurde Rechts-

Bürgermeister Dr. Karl Lueger

anwalt und Politiker. Seine Wähler waren die Kleinbürger und Kleingewerbetreibenden: Bäcker, Fleischhauer, Fuhrwerker, Greißler, Schlossermeister, Schneider, Spengler und Glaser, die durch die Fabrikserzeugung immer stärker unter wirtschaftlichen Druck gerieten und um ihre Existenz bangten. Lueger sprach ihre Existenzangst geschickt an und schürte ihre antisemitischen Gefühle. In der Reichshauptstadt gab es damals eine zahlenmäßig große jüdische Gemeinde. Zahlreiche Juden spielten im wirtschaftlichen, gesellschaftlichen und kulturellen Leben Wiens als Bankdirektoren, Rechtsanwälte, Chefredakteure, Ärzte, Schriftsteller und Künstler eine große Rolle. Ihre Leistungen, ihre Religion und ihre Andersartigkeit erregten den Unmut weiter Bevölkerungskreise. Lueger hat die Judenfeindlichkeit für seine politischen Ziele genutzt. Der »schöne Karl«, wie der große, elegante Mann genannt wurde, errang mit seinen Christlichsozialen bald durchschlagende Erfolge. 1895 erhielt die Partei bei den Wiener Gemeinderatswahlen die Zweidrittelmehrheit. Lueger wurde zum Bürgermeister gewählt. Aber der Kaiser verweigerte ihm die Bestätigung. Franz Joseph, der Adel, das Großbürgertum und die hohe Geistlichkeit sahen in ihm einen »Umstürzler«. Erst 1897 bestätigte der Kaiser Dr. Karl Lueger in seinem Amt.

Als Wiener Bürgermeister hat Lueger Großes geleistet. Wien wurde in seiner Amtszeit eine Weltstadt. Lueger übernahm die Gas- und Elektrizitätswerke, die in privaten Händen waren, in die Verwaltung der Stadt. Er ließ Schulen, Spitäler, öffentliche Parkanlagen, Waisenhäuser und Volksbäder errichten. Die Straßenbahn wurde elektrifiziert. Wien erhielt die Zweite Hochquellenwasserleitung, ein Wald- und Wiesengürtel verhinderte die Ausdehnung der Stadt ins Unermeßliche.

Das Zeitalter Luegers ging 1910 mit dem Tod des populären Bürgermeisters zu Ende.

Noch eine dritte politische Gruppierung spielte in den Jahrzehnten des anbrechenden Massenzeitalters eine Rolle: die Deutschnationalen, deren Leitfigur Georg Ritter von Schönerer war. Schönerer, Sohn eines geadelten Eisenbahningenieurs und Gutsbesitzer in Rosenau bei Zwettl im Waldviertel, war zunächst liberal gesinnt, streifte seine liberale Haut aber bald ab und wurde ein radikaler Judenhasser. Doch nicht nur die Juden waren ihm ein Dorn im Auge: Er wetterte gegen das Haus Habsburg, gegen Kirche und Klerus und gegen das Großkapital; Schönerer war antisemitisch, antihabsburgisch, antiklerikal und antikapitalistisch gesinnt. Sein politisches Ziel war der Anschluß Österreichs an das Deutsche Reich, sein großes Vorbild Otto von Bismarck, neben dem er sich 1921 nach seinem Tod begraben ließ. Schönerers geistige Saat, sein unheilvoller Antisemitismus und sein aufdringliches Großdeutschtum, ging Jahrzehnte später in einem Mann auf, der Deutschland und Europa in den Abgrund stürzte: Der Mann hieß Adolf Hitler.

Die Vorherrschaft der Deutschen in der westlichen Hälfte des Habsburgerreiches stieß vor allem bei den Tschechen auf heftigen Widerstand. Die Bevölkerung Böhmens war zu drei Fünfteln tschechisch, zu zwei Fünfteln deutsch. Trotzdem besaßen die Deutschen im böhmischen Landtag die Mehrheit und hatten die wichtigsten

Ämter inne. Gegen diese Benachteiligung setzten sich die Tschechen zur Wehr. Sie verlangten Gleichberechtigung. Der Kaiser war dafür nur sehr zögernd zu haben. Er schickte die böhmische Königskrone, die in der Schatzkammer der Wiener Hofburg aufbewahrt war, nach Prag zurück. Zum König wie in Ungarn wollte er sich in Böhmen jedoch nicht krönen lassen. Eine leere Geste war den Tschechen freilich zu wenig. Es kam zu Demonstrationen und Ausschreitungen. Über Prag wurde der Ausnahmezustand verhängt. Der Kaiser ernannte eine neue Regierung, die den Tschechen Zugeständnisse machen sollte. Als diese bekanntgemacht wurden, sprachen sich die Deutschen dagegen mit Heftigkeit aus. Franz Joseph ließ seinen Ausgleichsplan mit den Tschechen fallen.

Die Auseinandersetzungen zwischen den Tschechen und den Deutschen Böhmens wurden schärfer und arteten schließlich in Gewalttätigkeiten mit bürgerkriegsähnlichem Charakter aus. Im Sommer 1893 wurden in Prag die Häuser von Deutschen in Brand gesteckt, die kaiserlichen Adler auf öffentlichen Gebäuden und auf den Briefkästen beschmiert und mit Farbe überpinselt. Der Kaiser setzte zur Niederschlagung der Unruhen die Armee ein. Wieder wurde der Ausnahmezustand verhängt, zahlreiche Tschechen wurden verhaftet, als Hochverräter vor Gericht gestellt. Im Parlament in Wien kam es zu wüsten Szenen. Es gab Schreiduelle, die Abgeordneten gingen mit Fäusten aufeinander los. Um Beschlüsse zu verhindern, hielten einzelne Volksvertreter Dauerreden. Angelpunkt der Auseinandersetzun-

Soldaten zerstreuen eine Demonstration vor dem Wiener Parlament

gen war die Sprachenfrage. Die Staatssprache in Böhmen war das Deutsche. Sprach ein Tscheche in einem Amt vor oder wurde er vor Gericht geladen, mußte er sich im Umgang mit den Beamten einer Fremdsprache, eben des Deutschen, bedienen. Ein Amtsweg war daher für ihn nicht selten ein Bittgang, bei dem er sich einer demütigenden Behandlung durch die Obrigkeit ausgesetzt sah. Die Tschechen verlangten, im ganzen Land vor Ämtern und bei Gericht ihre Muttersprache sprechen zu dürfen. Das war gewiß keine unberechtigte Forderung. Aber die meisten deutschen Beamten konnten nicht Tschechisch und zeigten auch wenig Bereitschaft, es zu erlernen. Es war ein schier unlösbares Problem, an dem sich einige kaiserliche Regierungen die Zähne ausbissen. Zuletzt versuchte Ministerpräsident Kasimir Graf Badeni, ein Pole, sein Glück. Er erließ 1897 eine Sprachenverordnung, die die Doppelsprachigkeit in den Ämtern vorsah. Allen Beamten wurde

drei Jahre Zeit eingeräumt, um die Sprache, die sie nicht beherrschten, zu erlernen. In der Praxis bedeutete das, daß nur die deutschen Beamten eine Fremdsprache lernen mußten; die tschechischen Beamten konnten ohnehin fast alle Deutsch. Der Unmut der deutschen Bevölkerung über diese Zumutung war ungeheuer. Nicht nur in Böhmen, sondern auch in Wien, Graz und in anderen Städten brach ein deutschnationaler Sturm los. Schönerer und seine Gefolgsleute benahmen sich im Parlament wie Tobsüchtige. Der Kaiser reagierte darauf in gewohnter Weise: Er entließ seinen Ministerpräsidenten und vertagte den Reichsrat. Der Sprachenstreit blieb ungelöst. Ungelöst und unerfüllt blieben auch die Wünsche der anderen Völker, der Kroaten, Polen und Italiener, nach größerer Selbständigkeit. Der Nationalitätenkampf ging weiter. Er war ein unheilbares, tödliches Krebsgeschwür im Staatskörper der österreichisch-ungarischen Monarchie.

28. Juni 1914:

Die Schüsse von Sarajevo lösen den Ersten Weltkrieg aus

Am 28. Juni 1914 herrscht im Hotel »Bosna« schon am frühen Morgen ein reges, geschäftiges Treiben. Die ganze Aufmerksamkeit des Personals gilt dem österreichischen Thronfolger Franz Ferdinand und seiner Gemahlin Sophie von Hohenberg, die sich seit einigen Tagen in dem kleinen bosnischen Badeort Ilidže (im heutigen Jugoslawien) aufhalten. Der Thronfolger ist nach Bosnien gekommen, um die Manöver zu inspizieren, die zwei kaiserliche Armeekorps in der Umgebung abhalten. Als Abschluß seiner Reise ist ein Besuch in der Hauptstadt Bosniens, dem etwa zehn Kilometer entfernten Sarajevo vorgesehen.

Der Tag ist denkbar schlecht gewählt. Der 28. Juni wird von den Serben in Bosnien als »Vidovdan«, als Tag des heiligen Veit, gefeiert, an dem sie vor einigen Jahrhunderten in einer blutigen Schlacht gegen die Türken ihre staatliche Unabhängigkeit verloren hatten. Das hat man bei der Festlegung der Reiseroute in Wien nicht bedacht oder ganz einfach nicht berücksichtigt.

Franz Ferdinand steigt aus dem Bett und wirft einen Blick aus dem Fenster. Das Regenwetter der Vortage ist einem strahlend blauen Himmel gewichen. Ein schöner Sommertag kündigt sich an. Es sollte der letzte Tag im Leben des Thronfolgers

sein. In Sarajevo wartet bereits ein Mordkommando auf seine Ankunft.

Franz Ferdinand stand im 51. Lebensjahr und war von Beruf Offizier. Wie für ein Mitglied des Kaiserhauses üblich, hatte er rasch Karriere gemacht: Im Alter von 15 Jahren ernannte ihn Kaiser Franz Joseph zum Leutnant eines Infanterieregimentes, mit 26 wurde er zum Oberstleutnant befördert, mit 36 war er General. Der Armee, deren oberster Chef er seit kurzem war, gehörte Franz Ferdinands ganzes Herz. Immer wieder machte er Vorschläge für ihren Um- und Ausbau, für die bessere Ausbildung von Offizieren und Mannschaft, für die Erhöhung ihrer militärischen Schlagkraft. Diese Pläne stießen beim alten Kaiser, der trotz seiner 82 Jahre noch immer Tag für Tag von frühmorgens bis spätabends in Schloß Schönbrunn oder in der Wiener Hofburg über den Akten gebeugt saß, auf ein offenes Ohr. Auf militärischem Gebiet waren der Kaiser und sein Thronfolger zumeist einer Meinung. Ansonsten vertrugen sich die beiden nur schlecht und recht miteinander. Franz Joseph nahm es dem Neffen übel, daß er gegen seinen entschiedenen Widerstand eine ihm unebenbürtige Gräfin aus altem tschechischem Adel geheiratet hatte. Der Thronfolger wiederum konnte es dem Kaiser nicht verzeihen, daß er ihn wegen dieser Heirat gezwungen hatte, für seine Kinder auf das Recht der Nachfolge zu verzichten.

Franz Ferdinand schätzte den Kaiser und bewunderte seinen Pflichteifer. Zuneigung empfand er für ihn keine. Er fühlte sich zurückgesetzt, übergangen, zur Seite gedrängt. In der Tat zog der alte Herr seinen Neffen kaum zu Rate. Er fällte alle seine Entscheidungen, wenn er überhaupt welche fällte, ohne ihn. Franz Ferdinand wurde von den Staatsgeschäften ferngehalten. Der ungestüme, tatendurstige Thronfolger konnte und wollte jedoch nicht untätig zusehen, wie die österreichisch-ungarische Monarchie, dieses große, völkerumspannende Reich im Herzen Europas, langsam, aber sicher dem Untergang zutrieb. Franz Ferdinand wollte dem Rad der Geschichte in die Speichen greifen, den Vielvölkerstaat retten. Er umgab sich mit einem Stab von Mitarbeitern, Beamten, Ministern, Politikern, die ihn über alle Vorgänge auf dem laufenden hielten, politische Denkschriften verfaßten, Pläne für die Übernahme der Regierung nach dem Tod des Kaisers schmiedeten. So entstand allmählich im Schloß Belvedere, dem Wiener Wohnsitz des Erzherzogs, eine Art Nebenregierung. Die kaiserlichen Minister, an Kummer gewöhnt, mußten mit einem Auge nach Schönbrunn schauen, mit dem anderen zum Belvedere. Sie waren wohl auf Franz Joseph eingeschworen, aber mit dem zukünftigen Kaiser wollten sie es sich natürlich auch nicht verderben.

In der alten Kaiserstadt an der Donau, wo seine Frau von den Hofkreisen geschnitten wurde, hatte sich Franz Ferdinand nie sonderlich wohl gefühlt. Er hielt sich lieber auf seinen böhmischen Besitzungen auf, auf Schloß Konopischt oder in dem

Franz Ferdinand im Kreise seiner Familie

kleineren Chlumetz, wo er auf keine Etikette zu achten brauchte, sondern tun und lassen konnte, was er wollte. Auf diesen Schlössern, inmitten seiner zahlreichen Sammlungen, seiner kostbaren Waffen und Münzen, seiner Gemälde und Jagdtrophäen, fühlte sich der Ruhelose zu Hause. Hier machte er tagtäglich Ausfahrten in Kutschen, die er selbst lenkte, hier ging er vor allem der Jagd nach. Die Jagd war Franz Ferdinands große Leidenschaft. Der österreichische Thronfolger hat im Laufe seines Lebens Hunderttausende Tiere aller Art erlegt. Er schoß nieder, was ihm vor die Flinte kam. Seine Treffsicherheit und seine Schießwut waren gleichermaßen berühmt wie berüchtigt.

Auf seinen böhmischen Schlössern, wie übrigens auch im ungeliebten Wien, nahm sich Franz Ferdinand auch viel Zeit für seine Familie. Der argwöhnische, unwirsche Thronfolger war nämlich, was viele seiner Zeitgenossen nicht wußten oder nicht zur Kenntnis nahmen, ein ausgesprochener Familienmensch. Er führte eine ungemein harmonische, glückliche Ehe, er war seinen drei Kindern – seiner Tochter Sophie und seinen beiden Söhnen Maximilian und Ernst – ein fürsorglicher, liebender Vater. Im Kreis seiner Familie entfaltete der unnahbare, als Menschenverächter geltende Franz Ferdinand die zweite, die liebenswürdige Seite seiner Persönlichkeit. Hier war er heiter, charmant, zuvorkommend, von ungezwungener Herzlichkeit.

Franz Ferdinands Augen leuchten auf, als nun seine Gemahlin ins Zimmer tritt. Die Herzogin hat es sich nicht nehmen lassen, ihn auf dieser Reise zu begleiten. Sophie

Jagdgesellschaft Franz Ferdinands

ist wohl mit zunehmendem Alter etwas fülliger geworden, aber sie ist mit ihren 46 Jahren noch immer eine hübsche, attraktive Frau.

Nach einem kurzen, belanglosen Gespräch begibt sich das Thronfolgerpaar in den Speisesaal, um das Frühstück einzunehmen. Die Stimmung ist gut. Bis jetzt ist alles programmgemäß abgelaufen, der Besuch der Gäste aus Österreich in der jungen Balkanprovinz ist reibungslos über die Bühne gegangen.

Nach dem Frühstück diktiert Franz Ferdinand ein Telegramm an seine Tochter Sophie, die wie die beiden Söhne auf Schloß Chlumetz zurückgeblieben ist. »Befinden von mir und Mami sehr gut«, teilt er ihr mit. »Wetter warm und schön. Wir hatten gestern großes Diner und heute vormittags den großen Empfang in Sarajevo. Nachmittags wieder großes Diner und dann Abreise auf der Viribus Unitis. Umarme euch innigst, Dienstag, Papi.«

Anschließend wohnen der Thronfolger und seine Gemahlin einer stillen Messe bei. Dann treten sie mit dem Hofsonderzug die kurze Fahrt nach Sarajevo an, wo sie um 10.07 Uhr eintreffen.

Die bosnische Hauptstadt Sarajevo blickt dem Besuch des österreichischen Thronfolgerpaares erwartungsvoll entgegen. Die Straßen prangen im Fahnen- und Blumenschmuck, in vielen Fenstern ist das Bild des Erzherzogs zur Schau gestellt. Das hohe Paar wird mit Salutschüssen empfangen. Ein dichtes Menschenspalier säumt die Straßen, durch die Franz Ferdinand mit seinem Gefolge kommen wird. Die Verschwörer sind darunter. Es sind durchwegs junge Männer. Sie sind Mitglieder eines Geheimbundes namens »Junges Bosnien«, einer Organisation, die sich den Kampf gegen die Donaumonarchie und die Schaffung eines großserbischen Staates zum Ziel gesetzt hat. Franz Ferdinand halten sie für einen Kriegstreiber und einen persönlichen Feind der Südslawen. Also muß er aus dem Weg geräumt werden.

Zum harten Kern der weitmaschigen Verschwörerorganisation gehören der zwanzigjährige Gymnasiast Gavrilo Princip, Nedeljko Čabrinović, ein neunzehnjähriger Angestellter der serbischen Staatsdruck-

Drei der Verschwörer von Sarajevo

kerei, und Trifko Grabež, ein achtzehnjähriger Gymnasiast, Sohn eines griechisch-orthodoxen Priesters. Sie haben in einem Park in Belgrad Schießunterricht erhalten und sind, mit sechs Bomben, vier Browning-Pistolen, Geld und Zyankalipäckchen ausgerüstet, auf Schleichwegen und unter Mithilfe von serbischen Offizieren, Zollbeamten und anderen Kontaktpersonen über die bosnische Grenze gekommen. Sie befinden sich seit dem 4. Juni in Sarajevo. Hier sind der vierundzwanzig Jahre alte Lehrer Danilo Ilić, der sechzehnjährige Schüler Vaso Čubrilović, Cvetko Popović und der Tischler Mehmed Mehmedbasić, der einzige Mohammedaner in ihren Reihen, zu ihnen gestoßen.

Über das Programm des Thronfolgers in der bosnischen Hauptstadt sind sie genau informiert. Das Lokalblatt »Bosnische Post« hat es für seine Leser veröffentlicht.

Die Verschwörer haben schon sehr früh ihre Posten bezogen. Sie haben auf beiden Seiten des Appel-Kais, der den Miljačka-Fluß entlangführt, auf einer etwa fünfhundert Meter langen Strecke Aufstellung genommen. Der Erzherzog und sein Gefolge sollen auf der Fahrt zum Rathaus hier vorbeikommen.

Die Sicherheitsvorkehrungen sind vollkommen unzulänglich. Nur etwa hundertfünfzig Polizisten, überwiegend serbischer Nationalität, halten die Fahrbahn frei. Bessere Vorbedingungen für die Durchführung ihrer Pläne hätten sich die Attentäter nicht wünschen können. Ein Augenzeuge bemerkte später: »Als Kaiser Franz Joseph 1910 nach Bosnien reiste, hat man die ganze Stadt abgesperrt, viele Hunderte Personen in den Wohnungen zurückgehalten, hinter jedem Baum stand ein Soldat mit dem Rücken zur Straße. Jetzt stand bei jedem Baum ein Mörder mit einer Bombe.«

Nach der Besichtigung einer Kaserne am Westrand der Stadt besteigen der Thronfolger und sein Gefolge eine bereitstehende Autokolonne, um den Appel-Kai entlang zum Rathaus zu fahren. Den Leitwagen stellt die Polizei, im zweiten Auto fahren der Bürgermeister von Sarajevo und ein Regierungskommissär namens Dr. Gerde. Im dritten sitzen das Thronfolgerpaar und der bosnische Landeschef, Feldzeugmeister Oskar Potiorek. Neben dem Chauffeur hat der Besitzer des Wagens, Franz Graf Harrach, Platz-genommen. Es ist ein offenes Personenauto der Marke Gräf & Stift (4 Zylinder, 140 mm Hubraum, 28/32 PS) mit der Wiener Zulassungsnummer A III-118. Franz Ferdinand trägt Generaluniform, hellblauen Rock, schwarze Hose mit roten Streifen und einen grünen Federhut, die Herzogin ein weißes Seidenkleid, eine Pelzstola aus Hermelin und einen weißen, breitkrempigen Hut mit Reiherfedern. Es folgen drei Autos mit dem Gefolge der hohen Gäste. Der siebente und letzte Wagen, in dem sich keine Fahrgäste befinden, ist als Reserveauto gedacht.

Die Fahrt geht zunächst ohne Zwischenfälle vor sich. Die Kolonne rollt an den beiden erstpostierten Attentätern vorbei, ohne daß diese irgend etwas unternehmen. Nun ist Čabrinović an der Reihe. Als der Schriftsetzer die Autos herankommen sieht, löst er sich aus dem Spalier und wirft einen büchsenförmigen Gegenstand gegen den Wagen des Thronfolgers. Wie sich nachher herausstellte, war es eine serbische Handgranate mit Zeitzündung. Ein Splitter der Sprengkapsel ritzt den Hals der Herzogin. Der Sprengkörper selbst wird von Franz Ferdinand mit einer Armbewegung weggeschleudert und kollert auf die Fahrbahn, wo er vor dem nächsten Auto explodiert. Čabrinović gab später über die Tat folgendes zu Protokoll: »Ich griff mit der rechten Hand unter die linke Achsel, wo meine Bombe verborgen war. Als sich das Thronfolgerauto näherte, zündete ich die Bombe, indem ich sie mit der Kapsel gegen einen Tramwaymast schlug. Ich warf sie und sah noch, wie sie abprallte. Ob es Verletzte gab, weiß ich nicht, denn ich sprang über die hohe Ufermauer in die Miljačka. Ich wollte mich vergiften, das mißlang, da ich in der Aufregung das weiße Pulver verstreute. Detektive jagten mir nach und schleppten mich zur Polizei.«

Der Thronfolger läßt nach dem Attentat seinen Wagen kurz anhalten und befiehlt seinem Flügeladjutanten nachzusehen, welchen Schaden die Bombe angerichtet hat. Dieser berichtet, daß Oberstleutnant Merizzi am Hinterkopf schwer und der Besitzer des Wagens leicht verletzt worden seien. Der Oberstleutnant wird in das Garnisonsspital gebracht. Dann setzt der Thronfolger seine Fahrt zum Rathaus fort.

Čabrinović wird festgenommen

Im Rathaus werden Franz Ferdinand und seine Gemahlin vom Bürgermeister, der von dem ganzen Zwischenfall nichts gemerkt hat und daher weitergefahren ist, feierlich begrüßt. »Ich schätze mich glücklich«, sagt er salbungsvoll, »daß Eure Hoheiten von unseren Antlitzen die Gefühle unserer Liebe und Ergebenheit, der tiefen Anhänglichkeit und unerschütterlichen Untertanentreue sowie unseres Gehorsams zu Seiner Majestät unserem Kaiser und König und dem allerhöchsten Herrscherhaus Habsburg-Lothringen ablesen können ...«

Der Thronfolger fällt ihm unwirsch ins Wort. »Was hab ich von Ihren Reden«, faucht er den verdatterten Mann an. »Da kommt man zu Besuch in diese Stadt und wird mit Bomben empfangen. Das ist empörend! – So, jetzt können Sie weiterreden.«

Der Bürgermeister muß sich erst sammeln, ehe er mit seiner Begrüßungsansprache fortfährt. Seine Worte von der tiefen Dankbarkeit der Bevölkerung für die väterliche Fürsorge der Krone gegenüber Bosnien und der Herzegowina klingen nach dem Vorfall auf dem Appel-Kai wie ein Hohn. Der Erzherzog und seine Gemahlin machen gute Miene zum bösen Spiel. Was bleibt ihnen auch anderes übrig? Den Bürgermeister können sie für ihre persönliche Sicherheit nicht verantwortlich machen. Dafür sind andere zuständig, und die haben erbärmlich versagt. Das ist offenkundig. Aber in dieser verfahrenen Situation hat es keinen Sinn, mit dem Schicksal zu hadern. Franz Ferdinand entbietet am Schluß seiner Antwortrede den Bewohnern von Sarajevo seinen Gruß und versichert, ihnen in unwandelbarer Huld gewogen zu sein. Seine Erregung ebbt ab, seine Stimmung bessert sich. Inzwischen halten die Militärs Kriegsrat. Im Menschenspalier entlang der allseits bekannten Fahrtroute warten wahrscheinlich noch weitere Attentäter. Wie soll man unter diesen Umständen den Thronfolger heil und wohlbehalten aus Sarajevo hinausbringen? In der allgemeinen Ratlosigkeit macht einer der Offiziere den vernünftigsten Vorschlag. Man solle die Straßen durch das Militär räumen lassen, meint er. Aber der Großteil der Soldaten befindet sich noch auf dem Manöverfeld. Sie zurückzuordnen würde Stunden dauern. Feldzeugmeister Potiorek weigert sich, den Befehl dazu zu erteilen, und auch Franz Ferdinand hat nicht die Geduld, im Rathaus von Sarajevo stundenlang auf den Abschluß einer solchen Aktion zu warten. Er gibt Befehl, vor dem Mittagessen im Konak, dem Wohnsitz des Landeschefs, das Landesmuseum und den verletzten Merizzi im Spital zu besuchen. Die Autokolonne mit dem Bürgermeister an der Spitze soll den Weg dorthin jedoch nicht, wie vorgesehen, über die Franz-Joseph-Straße, sondern über den Appel-Kai nehmen. Um den Erzherzog mit seinem Körper zu schützen, stellt sich

Am Appel-Kai kurz vor dem Attentat

Graf Harrach auf das linke Trittbrett des Autos. Die rechte Autoseite bleibt vollkommen ungesichert. Der österreichische Thronfolger hat keinen Leibwächter bei sich. Was heute bei jedem Staatsbesuch eine Selbstverständlichkeit ist, war 1914 nicht einmal einen Gedanken wert.

Die Autokolonne setzt sich in der gleichen Reihenfolge wie bei der Fahrt zum Rathaus in Bewegung. Bei der Lateinerbrücke biegen die beiden ersten Autos nach rechts in die Franz-Joseph-Straße zum Stadtzentrum ein. Ob mit Absicht, aus Versehen oder weil die neue Fahrtroute nicht an die Chauffeure weitergegeben worden war, konnte bis heute nicht eindeutig geklärt werden. Der Wagen mit dem Thronfolgerpaar fährt hinterdrein. Als Feldzeugmeister Potiorek den Fehler bemerkt, weist er den Chauffeur an, über den Appel-Kai weiterzufahren. Der Chauffeur bremst das Auto ab und schickt sich an zu reversieren. In diesem Augenblick feuert Gavrilo Princip, der mittlerweile auf der anderen Seite des Appel-Kais Stellung bezogen hat, zwei Schüsse ab. Ein verhängnisvoller Irrtum hat ihm den österreichischen Thronfolger direkt vor die Pistolenmündung geliefert. Er braucht nicht einmal zu zielen, sondern nur abzudrücken. Die Uhren in Sarajevo zeigen auf zehn Minuten vor elf. Graf Harrach, einer der Kronzeugen, berichtet: »Wir fuhren bis zur Lateinerbrücke und bogen gegen die Franz-Joseph-Straße ein. In dem Augenblick erteilte Landeschef Potiorek dem Chauffeur den Auftrag zu reversieren, um geradeaus den Appel-Kai weiterzufahren. Naturgemäß blieb das Auto während der Prozedur des Schaltens cirka 2–3 Sekunden stehen, da ertönte von rechts aus dem Menschenspalier ein

Schuß und einen Augenblick später ein zweiter aus unmittelbarer Nähe. Während das Auto zurückstieß, spritzte ein dünner Blutstrahl aus dem Munde Seiner kaiserlichen Hoheit auf meine rechte Backe. Ich zog das Taschentuch heraus, um das Blut vom Munde des Erzherzogs zu wischen, da sagte die Herzogin: ›Um Gottes willen, was ist dir geschehen?‹ Ihr Körper rutschte vom Sitz, und sie legte ihr Gesicht auf die Knie ihres Gatten. Ich ahnte nicht, daß sie getroffen war, und glaubte, sie sei vor Schreck ohnmächtig geworden. Den Erzherzog hörte ich dann sagen: ›Sopherl, Sopherl, stirb mir nicht, bleibe für meine Kinder.‹ Um das Vorsinken des Kopfes zu verhindern, packte ich den Erzherzog beim Rockkragen und richtete an ihn die Frage: ›Leiden Eure kaiserliche Hoheit sehr?‹ Deutlich antwortete er: ›Es ist nichts.‹ Er verzog ein wenig sein Gesicht und wiederholte sechs- oder siebenmal, das Bewußtsein verlierend, immer leiser die Worte: ›Es ist nichts.‹ Darauf begann er zu röcheln, zuerst schwach, dann heftiger. Als das Auto vor dem Konak hielt, hatte das Röcheln aufgehört. Wir trugen die beiden leblosen Körper über die Treppe ins Gebäude, wo die Ärzte den Tod konstatierten. Das geschah um elf Uhr.«

Dem Erzherzog durchschlug der Schuß des Mörders die Halsschlagader und die Luftröhre, die Herzogin starb an inneren Blutungen durch ein 9-mm-Geschoß, das in den Unterleib eingedrungen war.

Die beiden Attentäter wurden festgenommen und vor Gericht gestellt. Da sie noch minderjährig waren, erhielten sie eine Gefängnisstrafe von zwanzig Jahren. Sie starben während des Ersten Weltkrieges an Tuberkulose.

Franz Ferdinand und Sophie von Hohenberg auf dem Totenbett in Sarajevo

Der österreichische Thronfolger und seine Gemahlin wurden im Konak provisorisch aufgebahrt. In Sarajevo läuteten die Kirchenglocken. Wenige Stunden später zogen kaisertreue Kroaten und Mohammedaner durch die Straßen der bosnischen Hauptstadt. Sie trugen Bilder des Kaisers und des Thronfolgers mit sich. Die Demonstranten drangen in die Häuser und Geschäftslokale von Serben ein, plünderten oder zerstörten die Einrichtung. Die Armee stellte jedoch rasch wieder die Ordnung her.

Die Nachricht über den Doppelmord in Sarajevo wurde in alle Welt gekabelt. Der Kaiser erhielt sie am frühen Nachmittag in Bad Ischl. »Entsetzlich! Die armen Kinder! – Wir fahren morgen nach Wien«, rief er bestürzt aus. Die Kinder wurden nicht sofort vom Tod der Eltern in Kenntnis gesetzt. Der dreizehnjährigen Sophie blieb dieser furchtbare Tag in dauernder

Erinnerung. »Wir saßen gerade beim Essen«, erzählte sie später, »als um 14.30 Uhr das Telefon läutete. Der Erzieher meiner Brüder wurde weggeholt und kam nach wenigen Minuten ganz blaß im Gesicht zurück. Er sagte uns, die Eltern seien verwundet worden. Wir waren alle sehr bedrückt und gingen sofort in die Kirche, um zu beten. Erst am nächsten Morgen erfuhren meine Brüder die ganze Wahrheit. Mir wurde sie im Laufe des Nachmittags mitgeteilt.«

Über die Stimmung in Wien berichtet ein Zeitgenosse: »Soviel ich sehe, nimmt die Stadt das Ereignis ruhig auf. Es herrscht keine Trauer. Im Prater und hier draußen bei uns in Grinzing überall Musik.«

In der österreichisch-ungarischen Presse löste die Tat einhellige Empörung und Abscheu aus. Zum drittenmal im Laufe von fünfundzwanzig Jahren erschienen die Extrablätter mit Trauerrand. Nach dem Sohn und der Frau hatte der Kaiser nun auch den Neffen verloren. Selbst die sozialdemokratische Arbeiter-Zeitung geißelte den Mord mit scharfen Worten. Auch das befreundete Ausland reagierte scharf ablehnend. Zahlreiche europäische Herrscherhäuser und Regierungschefs drückten dem alten Kaiser in Wien ihr Beileid aus. Lediglich in Serbien gab die Bevölkerung offen ihrer Freude über das Gelingen des Attentats Ausdruck. Die serbische Presse sprach von gerechter Rache. Franz Ferdinand habe für seine politischen Ansichten und für die Gewaltherrschaft Österreich-Ungarns auf dem Balkan büßen müssen.

Unterdessen begannen in Wien die Vorbereitungen für das Begräbnis des Thronfolgerpaares. Der Kaiser beauftragte damit seinen Obersthofmeister Alfred Fürst Montenuovo. Eine Beisetzung Franz Ferdinands und seiner Gemahlin in der Kapuzinergruft, der Begräbnisstätte der Habsburger, kam von allem Anfang an nicht in Frage. Daran ließ Franz Joseph keinen Zweifel. Der Thronfolger hatte eine ihm nicht ebenbürtige Frau geheiratet, die nicht unter den Mitgliedern der kaiserlichen Familie begraben werden durfte. Die strengen Vorschriften am Wiener Hof galten über den Tod hinaus, und Franz Joseph hielt sich unerbittlich daran. Franz Ferdinand hatte das gewußt. Er wollte aber unter allen Umständen an der Seite seiner Gemahlin begraben werden. Daher hatte er sich noch zu Lebzeiten in seinem Schloß Artstetten bei Melk in Niederösterreich eine Gruft errichten lassen, wo er mit Sophie beigesetzt werden wollte.

Der österreichische Thronfolger Franz Ferdinand und seine Gemahlin erhielten ein »Begräbnis III. Klasse«, wie manche Zeitgenossen bitter und spöttisch bemerkten. Die Anordnungen des Hofes waren tatsächlich kleinlich und beschämend.

Die würdevollste Trauerfeier lief in Sarajevo ab. Die beiden Toten wurden am 29. Juni abends mit militärischen Ehren zur Bahn gebracht. Die Spitze des Trauerzuges bildeten mehrere Bataillone Infanterie und ein Zug Ulanen, auf dem Weg zum Bahnhof standen Armee-Einheiten Spalier. Hinter dem Leichenwagen schritten die engsten Mitarbeiter des Erzherzogs, hohe Offiziere und Beamte der Landesregierung. Vor Abfahrt des Zuges schossen die Festungsgeschütze einen Trauersalut ab.

Die Särge mit den Leichen der Ermordeten wurden auf derselben Strecke nach Triest gebracht, auf der der Thronfolger einige Tage zuvor zu den Manövern nach Bosnien gereist war. Die »Viribus Unitis«, ein Schlachtschiff der österreichischen Kriegsmarine, ging am 1. Juli abends im Hafen von Triest vor Anker. Die Särge blieben die Nacht über an Bord und wurden am nächsten Morgen mit einem Sonderzug weiterbefördert, der weisungsgemäß erst am 2. Juli um zehn Uhr abends auf dem Wiener Südbahnhof eintraf. Die Regie klappte vorzüglich. Die Abfahrtshalle war zu einem riesigen Trauersaal umgewandelt worden. Die Wände waren schwarz ausgeschlagen, das Treppenhaus mit schwarz-weißen Teppichen belegt. Nach der Einsegnung wurden die beiden Särge zu den mit sechs Rappen bespannten Leichenwagen gebracht. Dann setzte sich der Leichenzug durch die nächtlichen Straßen Wiens in Bewegung. Es war ein gespenstischer Anblick. Dem Zug voran

Leichenzug durch die nächtlichen Straßen Wiens

ritten zwei Hofreitknechte mit Laternen. Ihnen folgten die beiden Leichenwagen, die zu beiden Seiten von Leibgarden mit Hellebarden und Gardereitern mit gezogenen Säbeln begleitet wurden. Das hohe Militär schloß sich zu Fuß an. Der Zug führte durch die Prinz-Eugen-Straße über den Schwarzenbergplatz und das äußere Burgtor in die Hofburg.

Das nächtliche Schauspiel sollte ohne großes Aufsehen über die Bühne gehen. Dem war jedoch nicht so. Zehntausende neugierige Wiener säumten die Straßen. Die Menschenmassen, die dem Zug folgten, wurden beim Schwarzenbergplatz und bei der Oper durch berittene Polizei daran gehindert nachzudrängen, wobei es zu unerfreulichen Auseinandersetzungen kam. Inzwischen war es elf Uhr nachts geworden. Im Schweizerhof würden die Särge von den Leichenwagen gehoben und durch die Halle der Botschafterstiege in die schwarz drapierte Burgkapelle getra-

gen, wo sie abermals eingesegnet und auf hohe Leichengerüste gestellt wurden. Das Gerüst für den Sarg der Herzogin war 35 cm tiefer als jenes für den des Thronfolgers. Das Oberstenhofmeisteramt wollte auf diese Weise selbst noch bei dieser Gelegenheit den verschiedenen sozialen Rang der beiden Toten zum Ausdruck bringen.

Am nächsten Tag, dem 3. Juli 1914, war die Hofburgkapelle von acht Uhr früh bis zwölf Uhr mittags für das Publikum zugänglich. Obwohl es nicht möglich war, die aufgebahrten Leichen zu sehen, war der Andrang riesengroß. Die Schlange der Schaulustigen reichte vom Schweizerhof bis zur Ringstraße. Da nur jeweils zwei Personen den Schweizerhof betreten durften, mußten sich die Menschen zwei bis drei Stunden lang anstellen. Tausende wurden nicht mehr eingelassen. Sie machten sich verärgert und ungehalten auf den Heimweg.

Die offizielle Trauerfeier war für 16 Uhr anberaumt. An ihr nahmen der Kaiser, die Mitglieder der kaiserlichen Familie, das diplomatische Korps sowie die Minister und die Generalität teil. Ausländische Herrscher waren zu der Feier nicht eingeladen worden. Die Überführung der Särge zum Westbahnhof erfolgte wieder um zehn Uhr nachts. Eine Zeitung berichtete darüber am nächsten Tag: »Düster war der Leichenzug und bar des höfischen Pompes, den die Zuschauer zu erwarten schienen. Ein pomphaftes Bild bot nur das glänzende Trauergefolge von hohen in- und ausländischen Offizieren, Malteserrittern und Hofwürdenträgern, die, zu Fuß einherschreitend, barhaupt der Majestät des Todes ihre Ehrenbezeigung erwiesen.«

Das Geleit der Erzherzoge und des Hochadels mit dem jungen Thronfolger Karl Franz Joseph an der Spitze war allerdings nicht vorgesehen gewesen. Sie beteiligten sich aus eigenem Entschluß an dem Trauerzug. Der Kaiser war darüber verstimmt.

Auf dem Westbahnhof wurden die Särge abermals eingesegnet und in den Waggon des Sonderzuges gestellt, der sie nach Pöchlarn in Niederösterreich brachte. Als der Zug dort um ein Uhr nachts eintraf, brach ein furchtbares Gewitter los. Bei strömendem Regen wurden die Särge mit den zahlreichen Kränzen in die Bahnhofshalle getragen. Da die Absperrmaßnahmen nicht beachtet wurden, spielten sich in dem kleinen Bahnhofsgebäude peinliche Szenen ab. Schaulustige vergnügten sich in der Nähe der Särge bei Würstel und Bier, der Bahnsteig glich einem Jahrmarkt. Schließlich wurde der vierspännige Leichenwagen auf eine Fähre gebracht, mit der die Donau überquert werden mußte. Noch immer tobten die Naturgewalten. Es blitzte und donnerte, der Sturm peitschte den Regen gegen die Fähre. Da scheuten mitten auf dem Strom die Pferde. Es hätte nicht viel gefehlt, und die beiden Särge wären samt der Begleitmannschaft in der Donau versunken.

Als man das Nordufer der Donau erreichte, besserte sich das Wetter. In Artstetten wurden die beiden Särge zunächst in die Pfarrkirche gebracht, wo Offiziere des 4. Dragoner- und des 7. Ulanenregimentes die Trauerwache hielten. Am Vormittag trafen dann jene Mitglieder des Kaiserhauses ein, die es sich nicht nehmen ließen, dem letzten Akt der Trauerfeierlichkeiten beizuwohnen: Erzherzog Karl Franz Joseph und seine Gemahlin Zita, die Stiefmutter Franz Ferdinands mit ihren Töchtern, die zu Vollwaisen gewordenen Kinder des Thronfolgerpaares, Mitglieder des Hochadels sowie der jüngste Bruder des Thronfolgers, Ferdinand Karl, der wegen seiner Heirat mit einer Bürgerlichen aus dem Kaiserhaus ausgestoßen und des Landes verwiesen worden war. Der Kaiser hatte ihm ausnahmsweise die Erlaubnis erteilt, nach Österreich zu kommen.

Die Trauerfeier war einfach und würdig. Der Abt von Maria Taferl nahm die Einsegnung vor. Dann wurden die Toten in der Gruft des Schlosses Artstetten beigesetzt, wo sie noch heute ruhen.

Während das Thronfolgerpaar zur letzten Ruhe bestattet wurde, herrschte in den europäischen Staatskanzleien aufgeregte Betriebsamkeit. In Wien und Berlin, in Paris, London und St. Petersburg war der Doppelmord von Sarajevo Gegenstand

Die Gruft in Artstetten

zahlreicher diplomatischer Unterredungen und politischer Gespräche. In Österreich war man allgemein der Meinung, daß die Tat kein Verzweiflungsakt von Einzelgängern war, sondern daß hinter den Attentätern serbische Geheimorganisationen standen. Man vermutete, daß sogar die serbische Regierung ihre Hand dabei im Spiel hatte. Ein Beweis für diese Vermu-

tung war jedoch nicht zu erbringen. Nach langen und langwierigen Beratungen entschloß sich die kaiserliche Regierung schließlich dazu, Serbien Forderungen zu stellen, die innerhalb einer bestimmten Frist zu erfüllen waren. Das Schriftstück mit den entsprechenden Bedingungen wurde am 23. Juli 1914, also erst mehr als drei Wochen nach dem Attentat, vom österreichischen Gesandten der Regierung in Belgrad überreicht. Einige Punkte dieses Ultimatums waren sehr scharf formuliert. Sie waren für einen Staat, der seine Unabhängigkeit bewahren wollte, unannehmbar. Die serbische Antwort war sehr klug abgefaßt. Aber die Regierung in Belgrad war nicht bereit, alle Forderungen zu erfüllen. Daraufhin erklärte Österreich-Ungarn am 28. Juli 1914 Serbien den Krieg. Der Erste Weltkrieg hatte begonnen.

12. November 1918:

Österreich wird Republik

Der 12. November 1918 war ein grauer, naßkalter, unfreundlicher Herbsttag. Trotz des schlechten, unwirtlichen Wetters streben im wolkenverhangenen Wien in den ersten Nachmittagsstunden zahlreiche Menschen, einzeln, in Gruppen und Formationen, der Innenstadt zu. Auf der Ringstraße vereinen sie sich zu einem Menschenstrom, der sich langsam auf das Parlamentsgebäude zubewegt. Einzelne Gruppen tragen rote Fahnen und Spruchbänder mit sich, der Ruf: »Hoch die sozialistische Republik! Hoch! Hoch! Hoch!« erfüllt die rauhe Herbstluft. Der lange, blutige Weltkrieg ist zu Ende gegangen. Karl I., der letzte habsburgische Kaiser, hat am Vortag auf die Ausübung der Regierungsgeschäfte verzichtet. Und heute, an diesem regnerischen 12. November 1918, soll nach der jahrhundertelangen Herrschaft von Königen und Kaisern ein neuer Staat aus der Taufe gehoben werden: die erste österreichische Republik! Wer möchte da nicht dabeisein? Wer möchte nicht Zeuge sein eines solchen historischen Augenblickes?
Die Sozialdemokraten haben die Arbeiter aufgerufen, sich vor dem Parlament einzufinden, und sie sind aus allen Bezirken in Massen gekommen. Aber die unübersehbare, nach Hunderttausenden zäh-

lende Menschenmenge, die sich vor dem Parlamentsgebäude bis hin zum Rathaus, zum Burgtheater und zum Burgtor nach und nach versammelt hat, setzt sich nicht nur aus Arbeitern zusammen. Frauen sind darunter, Kinder, Soldaten in Uniform. Um das Geschehen besser überblicken zu können, haben viele den Gitterzaun des Volksgartens erklommen, sind auf Bäume geklettert, stehen auf Bänken. Für die Aufrechterhaltung der Ordnung sind sozialdemokratische Ordnergruppen und die Volkswehr, das Heer des neuen Staa-

Am 12. November 1918 vor dem Parlament

129

tes, vorgesehen. Entlang der Parlamentsrampe haben sechs Züge der linksradikalen Roten Garde Aufstellung genommen und versehen dort den Ordnungsdienst. Sie sind gegen ausdrückliche Weisung bewaffnet. Die Menschenmenge sieht den kommenden Ereignissen mit spürbarer Spannung entgegen.

Unterdessen hat um 15.00 Uhr im Parlamentsgebäude die Sitzung der Provisorischen Nationalversammlung begonnen, in der der Gesetzesentwurf über die Errichtung der Republik bestätigt werden soll. Das Gesetz wird von den Vertretern aller politischen Parteien (Sozialdemokraten, Christlichsoziale, Deutschnationale) gutgeheißen und einstimmig angenommen. Kurz und bündig heißt es da:

»Artikel 1: Deutsch-Österreich ist eine demokratische Republik. Alle öffentlichen Gewalten werden vom Volk eingesetzt.

Artikel 2: Deutsch-Österreich ist ein Bestandteil der deutschen Republik.«

Um 15.55 Uhr wird die Sitzung der Volksvertreter unterbrochen. Die Abgeordneten begeben sich unter der Führung ihrer drei Präsidenten durch die Säulenhalle des Parlamentes und die weit geöffneten Flügeltüren hinaus auf die Parlamentsrampe. Hochrufe erschallen. Dann hält die Menge den Atem an. In diese atemlose Stille hinein verkündet der deutschnationale Präsident der Nationalversammlung, Dr. Franz Dinghofer, mit weithin vernehmbarer Stimme den Gesetzesbeschluß. Als er das Zeichen zum Hissen der neuen Staatsflagge, der rot-weißroten Fahne, gibt, kommt es zu einem Zwischenfall. Rotgardisten, die in der Nähe der Masten postiert sind, reißen den Parlamentsdienern die Fahnen aus den Händen, schneiden mit Säbeln und Bajo-

Auf der Ringstraße drängten sich die Massen

netten den weißen Streifen heraus und ziehen die aneinandergeknüpften Reste des roten Tuches an den Fahnenmasten hoch.

Ein Teil der Menge jubelt, ein anderer protestiert gegen diese Störung der Massenkundgebung mit Pfuirufen. In dem allgemeinen Tumult, der losgebrochen ist, können sich die nächsten beiden Redner, Staatskanzler Dr. Karl Renner und der sozialdemokratische Parlamentspräsident Karl Seitz, kaum Gehör verschaffen. Ein Kommunist besteigt den Brunnen vor dem Parlament und verliest einen Aufruf zur Errichtung einer Arbeiter- und Bauernregierung nach sowjetischem Vorbild, Lieder werden gesungen, ein Teil der Menschenmenge beginnt abzufluten.

Es ist 16.35 Uhr geworden. Die Abgeordneten schicken sich an, in das Parlament zurückzukehren. Da ereignet sich der nächste Zwischenfall. Einige Soldaten der Roten Garde stürmen mit gezücktem Säbel, einer mit dem Revolver in der hoch erhobenen Hand, die Parlamentsrampe hinauf und verlangen, in das Gebäude eingelassen zu werden. Der Unterstaatssekre-

tär für das Heerwesen, Dr. Julius Deutsch, und einige Abgeordnete stellen sich ihnen entgegen, versuchen vergeblich, die Soldaten zu beruhigen. Nur mit Mühe gelingt es, die Flügeltüren zu schließen und zu versperren. Da fällt plötzlich ein Schuß, dem kurz darauf weitere folgen. Sie lösen unter den Massen vor dem Parlament Panik aus. Die Menschen flüchten von der Rampe, einige werden über die Brüstung hinuntergestoßen und bleiben mit gebrochenen Gliedern liegen. Im Parlament werden die Rolläden der Kanzleiräume heruntergelassen. Das klingt wie das Rattern eines Maschinengewehres und verstärkt die Panik der Menge. In wilder Flucht stiebt sie nach allen Seiten auseinander. Jeder rennt um sein Leben, versucht in Hauseingängen, hinter Bäumen und Hecken Schutz zu finden. Frauen schreien, Kinder weinen, Menschen werden niedergestoßen, Bänke umgeworfen. Ein Augenzeuge berichtet: »Das Abdrängen der Menge wird zur Flucht. ›Stehenbleiben! Stehenbleiben!‹ Vergeblich! Gegen die Bellaria hin sinken sie reihenweise hin, wie hingemäht. ›Ketten bilden!‹ Ich strecke die Arme aus, fasse rechts eine Hand, links eine Hand. Die Kette reißt, jetzt heißt es laufen, um nicht getreten zu werden, laufen, rennen. Gegen die Bellaria hin rettet eine Kette Beherzter die Hingefallenen vorm Zertretenwerden, lenkt die Flüchtenden zum Schmerlingplatz ab. Rennen durch die Gartenanlagen. Vor mir rennt eine alte, krumm gebeugte Frau ... Die Schießerei hält noch immer an und der Maschinengewehrlärm der Rolläden. Da schießt einer aus dem Gebüsch heraus, ein zweites Mal mir an der Nase vorüber.«
Nach etwa einer Viertelstunde ist der ganze Spuk zu Ende. Das Ergebnis sind zwei Tote, ein zwölfjähriger Knabe und ein vierzigjähriger Mann, die am Abend in der Krankenanstalt »Rudolfstiftung« ihren Verletzungen erliegen, und zahlreiche Verwundete.

Zur selben Zeit, als sich der Tumult vor dem Parlament abspielt, besetzt eine Abteilung der Roten Garde in der Stärke von etwa 150 Mann das Redaktionsgebäude der »Neuen Freien Presse« in der Fichtegasse. Die Rotgardisten veranlassen den Druck einer Extraausgabe, in der es unter anderem heißt:

»Vor dem Parlamentsgebäude wurde heute nachmittag die sozialistische Republik ausgerufen.

Die rot-weiß-rote Fahne, die vorher vom Staatsrat gehißt worden war, wurde von Roten Garden mit Zustimmung der Arbeiterschaft heruntergerissen und die rote Fahne aufgezogen.

In Ausführung eines Beschlusses der kommunistischen Partei wurde heute nachmittag das Redaktionsgebäude der ›Neuen Freien Presse‹ durch Volkswehr und Rote Garden besetzt.

Die ›Neue Freie Presse‹ wird bis auf weiteres unter der Kontrolle kommunistischer Redakteure erscheinen.«

Um neun Uhr abends ist es auch damit vorbei. Eine starke Polizeieinheit zwingt die Besetzer, das Gebäude der »Neuen Freien Presse« zu räumen.

Die Zwischenfälle vor dem Parlament und die Besetzung des Redaktionsgebäudes der angesehenen Wiener bürgerlichen Zeitung waren keine zufälligen Aktionen. Es handelte sich dabei um einen gezielten kommunistischen Putschversuch. Der Großteil der Teilnehmer an der Massenkundgebung vor dem Parlament am

12. November 1918 hatte davon keine Ahnung. Den Hellhörigen unter ihnen muß ein kommunistisches Flugblatt die Augen geöffnet haben, das am nächsten Tag erschien. Es hieß darin unter anderem: »Wir erklären feierlich: Die Sozialdemokratie hat durch ihr gestriges Verhalten einen untilgbaren Verrat an dem gesamten arbeitenden und ausgebeuteten Volk begangen. Der gewaltige Aufmarsch des gesamten arbeitenden Volkes war vergeblich. Die Volkswehr hatte sich offen für die Sache des Proletariats erklärt. So hätte die Sozialdemokratie, ohne daß ein Blutstropfen geflossen wäre, ohne daß sich ein Widerstand erhoben hätte, an diesem Tag die Übergabe der politischen und wirtschaftlichen Macht an die neu zu wählenden Arbeiter-, Soldaten- und Bauernräte verkünden können.«
Der kommunistische Putschversuch war mißglückt. Der neue Staat, die junge Republik Deutsch-Österreich, hatte im buchstäblichen Sinn des Wortes seine Feuertaufe bestanden.

Die neue republikanische Regierung, Staatsrat genannt, stand vor ungeheuer schwierigen Aufgaben. Nach dem langen, unheilvollen Krieg war das Land ausgeblutet. Es fehlte an Lebensmitteln, an Heizmaterial, an Kleidung. Die Menschen hungerten und froren. Besonders groß war die Not in den Städten. Brot, Mehl, Fleisch, Zucker und alle anderen Lebensmittel waren längst rationiert, das heißt, jeder Person wurde amtlicherseits pro Woche eine bestimmte Menge zugewiesen, die man mittels einer Lebensmittelkarte in den Geschäften einlösen konnte. Zumeist waren die vorgesehenen wöchentlichen Rationen aber gar nicht zu

Menschenschlangen vor den Geschäften

haben. Nicht selten kam es vor, daß Hausfrauen, die sich stundenlang vor einem Geschäft angestellt hatten, vor leeren Regalen standen, wenn sie an die Reihe kamen.
Einige Staaten, allen voran die Schweiz, halfen, die Not der österreichischen Bevölkerung durch Lebensmittellieferungen zu lindern. Diese Hilfsaktionen bewahrten zahlreiche Menschen vor dem Hungertod. Aber die »Speisezettel« unzähliger Haushalte waren dennoch unvorstellbar trist. Im März 1919 berichtete eine Tageszeitung: »Namentlich Rüben aller Art – Kohlrüben, Goldrüben, Halmrüben, saure Rüben, so geht es in holder Abwechslung die halbe Woche. Womit das Gemüse eingebrannt wird? Die Frauen lächeln, wenn man sie danach fragt. Das Gemüse wird schon lange nicht mehr eingebrannt, das ist die neueste Mode. Hat man zufällig noch etwas Mehl, so ›staubt‹ man die Rüben; wenn nicht, so ißt man sie einfach gesotten und ist noch froh, wenn man den Brennstoff zusammenbringt, sie weich zu

kochen. Diese Kost bekommen Kinder und Erwachsene, Kranke und Gesunde, Wöchnerinnen und Greise. Der Haferreis und die sonstigen ›Zubußen‹ reichen mit knapper Not für die Sonntagsmahlzeit. Sonst ißt man Kümmelsuppe oder Zwiebelsuppe, zu der die hungrigen Buben immer gleich die halbe Brotration vertilgen. Wer von Kranken, Greisen, Kindern diese Kost nicht verträgt, der erbricht eben ein paarmal des Tages, wird noch kränker und schwächer und geht schließlich zugrunde.«

Das Brot, von dem in diesem Bericht die Rede ist, wurde aus Maismehl gebacken, den Brennstoff holte man sich aus dem Wienerwald. Kohle war Mangelware. Im eigenen Land gab es zuwenig davon, und die tschechische Kohle, auf die man angewiesen war, blieb fast zur Gänze aus.

Zum Elend und zur Not der Menschen gesellten sich seuchenartige Krankheiten.

Die Öfen in den Wohnungen blieben kalt

Der »spanischen Grippe«, einer Grippeerkrankung mit Lungenentzündung, fielen in Wien 1918/19 15 000 Menschen zum Opfer, die Tuberkulose griff in der Hauptstadt so stark und so rasch um sich, daß man sie bald als »Wiener Krankheit« bezeichnete. Die Ruhr raffte zahlreiche Menschen dahin, infolge des Mangels an kalkhältigen Nahrungsstoffen und der schlechten Wohnbedingungen erkrankten viele Kinder an Rachitis, einer Störung des Knochenwachstums. Sie blieben zeitlebens verkrüppelt.

In dieser entsetzlichen Situation bemühte sich die Regierung immer wieder um ausländische Hilfe. Dr. Renner richtete im November 1919 einen dramatischen Appell an die Welt. »Wir hören«, sagte er, »daß in den Städten und Industrieorten Steiermarks schon seit Tagen kein Brot ausgegeben werden kann, wir hören, daß Tirol und Salzburg ohne genügend Brotfrucht sind, wir wissen, daß in allen Ländern unseres Staates die Kohlenversorgung vollständig versagt. Wir sehen, wie die Wälder gleichsam dahinschwinden, abgenagt von den einzelnen Holzsammlern, die sich wenigstens das bißchen Beheizung für ein dürftiges Essen sichern wollen, wir sehen die sich mehrende Zahl der Kindergräber, wie sich das entsetzensvolle Sterben eines ganzen Gemeinwesens ankündigt. In dieser Situation appellieren wir an das Gewissen der ganzen Welt. Der ganzen Welt rufen wir das Wort zu, das im Angesicht des Gekreuzigten gesprochen wurde: Ecce homo.«

Der Hilferuf blieb nicht ungehört. Aber Hunger und Kälte, Not und Elend waren auch in den nächsten Jahren die Wegbegleiter vieler Menschen in Österreich.

Im Jahr 1919 mußte der neue Staat eine

Reihe harter Bewährungsproben bestehen. Nach den Wahlen für eine neue Volksvertretung am 16. Februar, bei der zum erstenmal auch die Frauen ihre Stimme abgeben durften (Ergebnis: 72 Mandate für die Sozialdemokraten, 69 für die Christlichsozialen und 26 für Abgeordnete nationaler Gruppen), kam es am 17. April auf der Wiener Ringstraße abermals zu einer Massendemonstration. Die Demonstranten, in der Hauptsache Arbeitslose und aus dem Krieg heimgekehrte Soldaten, protestierten gegen die niedrigen Lebensmittelrationen und die hohe Arbeitslosigkeit. Sie wurden von kommunistischen Aufwieglern, die von Ungarn aus und über die ungarische Botschaft in Wien mit Geld und Propagandamaterial versorgt wurden – in Ungarn und in Bayern gab es Rätediktaturen nach sowjetischem Vorbild –, für ihre Zwecke mißbraucht. Kommunistische Stoßtrupps schlugen die Fenster des Parlamentes ein und setzten das Gebäude in Brand. Nur mit Mühe gelang es der Polizei mit Hilfe regierungstreuer Teile der Volkswehr, die Demonstration aufzulösen.

Die Frauen dürfen zum erstenmal wählen

Toter kommunistischer Putschist

Die Kommunisten gaben ihre Pläne zur Errichtung einer Rätediktatur nicht auf. Sie bereiteten für den 15. Juni einen neuen Putsch vor. Diesmal handelte die Polizei überfallsartig. Dr. Johannes Schober, der Polizeipräsident von Wien, ließ am Vorabend mehr als einhundert kommunistische Spitzenfunktionäre verhaften. Die führerlose Menschenmenge, die sich am nächsten Tag auf dem Rathausplatz versammelte, lieferte der Exekutive beim Marsch durch die angrenzenden Straßen des ersten und neunten Bezirkes ein Schießduell, bei dem es Tote und Verwundete gab.

Zur Bedrohung des neuen Staates von innen kam die Gefahr von außen. Ende April stießen jugoslawische Truppenverbände nach Kärnten vor, mit dem Ziel, Klagenfurt zu besetzen. Die Eindringlinge wurden jedoch von Einheiten der Volkswehr und der Kärntner Bevölkerung aus dem Lande getrieben.

Der neue Staat hatte noch keine fest umrissenen Grenzen. Das habsburgische

Das in St. Germain zerstückelte Österreich in der Karikatur

Vielvölkerreich war am Ende des Weltkrieges in seine Einzelteile zerfallen. Jede der einzelnen Nationen ging nun ihren eigenen Weg.

Tschechen und Slowaken gründeten einen eigenen Staat. Das gleiche taten die Polen. Die Ungarn sagten sich von der anderen Reichshälfte los. Rumänen und Italiener schlossen sich an die schon bestehenden Bruderländer an. Kroaten, Serben und Slowenen einigten sich darauf, in einem gemeinsamen Staat zu leben: dem Königreich Jugoslawien.

Der Rest, der vom großen Vielvölkerreich übrigblieb, war Österreich. Ungewiß war zunächst nur das Schicksal der von Deutschen bewohnten Teile der Monarchie. Dr. Karl Renner und seine Regierung beanspruchten diese Gebiete für den jungen Staat. Es war nicht mehr als eine fromme Wunschvorstellung. Tschechisches Militär zog in die deutschsprachigen Gebiete Böhmens und Mährens ein, italienische Truppen besetzten Südtirol, slowenische Verbände drangen in der Südsteiermark und in Südkärnten vor.

Die endgültige Entscheidung über den Umfang und die Grenzen des neuen Staates trafen die Siegermächte. Ihre Vertreter nahmen am 19. Jänner 1919 in Paris die Beratungen darüber auf, wie Europa nach dem großen Krieg staatlich neu geordnet werden sollte. Die Verhandlungen zogen sich in die Länge. Anfang Mai erhielt die österreichische Regierung endlich die lang ersehnte Einladung, eine Friedensdelegation in die französische Hauptstadt zu entsenden. Die österreichische Delegation traf, wie vorgesehen, unter der Führung von Staatskanzler Dr. Renner am 14. Mai im Pariser Vorort St-Germain ein. Sie erlebte eine böse Überraschung. Die Friedensbedingungen waren noch nicht endgültig ausgearbeitet. In einem Gebäude untergebracht, das streng bewacht wurde und ringsum von einem hohen Gitterzaun umgeben war, begann für sie ein wochenlanges, zermürbendes Warten. Dr. Renner ertrug dieses Schicksal offenbar mit einer Mischung aus Humor, Zerknirschung und Spott. Am 21. Mai 1919 schrieb er an seine Frau Luise:

»Liebe Luise!
Besten Dank für Deine lieben Zeilen. Mein Befinden ist geradezu ausgezeichnet. Ich lebe in der Villa eines der reich-

Dr. Karl Renner in St. Germain

sten Pariser Geldmenschen, von Paris etwa so weit entfernt wie Klosterneuburg, habe einen eigenen französischen Diener, übe mich im Französischen, halte mit meinen Delegationsmitgliedern Besprechungen ab, studiere Akten und gehe im Park spazieren. Das ist alles! . . . Wir sind vollständig eingesperrt. Mir hat man ein Auto und die Freiheit zu Ausfahrten gelassen, aber ich mache bis jetzt absichtlich keinen Gebrauch davon. Bettlerstolz! Nächste Woche Montag, wenn Du diesen Brief in die Hände bekommst, haben die Verhandlungen wahrscheinlich schon begonnen. Was wir so hören, zeigt, daß nichts Gutes zu erwarten ist und daß die Wiener sich in Hoffnungen wiegen, die enttäuscht werden. Die Sieger schreiten einfach über solche Zwergstaaten, wie wir es sind, hinweg, ohne viel zu fragen. Sie glauben genug zu tun, wenn sie uns füttern, und am Ende muß man ihnen auch noch dafür danken . . .«

Dr. Renner sollte recht behalten. Von den Friedensbedingungen, die man dem kleinen Österreich auferlegte, wurde trotz aller Proteste und Einwendungen nicht abgegangen:

● Der Name »Deutsch-Österreich«, den sich die Republik selbst gegeben hatte, mußte durch »Republik Österreich« ersetzt werden.

● Ein Anschluß Österreichs an Deutschland wurde verboten.

● Österreich mußte die deutschsprachigen Gebiete Böhmens und Mährens an die Tschechoslowakei, die Südsteiermark an Jugoslawien, Südtirol an Italien abtreten. In den umstrittenen Gebieten Kärntens sollte eine Volksabstimmung abgehalten werden. Die deutschsprachigen Gebiete Westungarns, das heutige Burgenland,

wurden hingegen Österreich zugesprochen.

● Die Stärke des österreichischen Berufsheeres wurde mit 30 000 Mann begrenzt.

● Die Republik wurde für die Kriegsschäden verantwortlich gemacht und zur Wiedergutmachung verpflichtet.

»Unannehmbar«, lautete die Schlagzeile der »Neuen Freien Presse«, als der Inhalt des Friedensvertrages bekannt wurde. Aber dem kleinen Österreich blieb nichts anderes übrig, als sich diesem Friedensdiktat zu beugen.

Die Volksabstimmung in Kärnten brachte ein erfreuliches Ergebnis. Am 10. Oktober 1920 entschieden sich 59% der Wahlberechtigten für den Verbleib bei Österreich. Hingegen stieß die Angliederung Westungarns auf heftigen Widerstand seitens der Ungarn. Reguläre ungarische Truppen und Freischärler versuchten, die Übergabe des Landes mit Waffengewalt zu verhindern. Schließlich kam es durch die Vermittlung Italiens zwischen der österreichischen und der ungarischen Regierung zu einem Vergleich: Die Ungarn übergaben das Burgenland kampflos. Im Gegenzug erklärte sich Österreich zu einer Volksabstimmung in der Stadt Ödenburg und den

Ungarische Freischärler kämpften gegen die Angliederung Westungarns an Österreich

benachbarten Landgemeinden bereit. Die Abstimmung ergab unter fragwürdigen Umständen eine Mehrheit von 65% für Ungarn. Ödenburg, die natürliche Hauptstadt des Landes, ging verloren. Zur neuen Hauptstadt des Burgenlandes, das 1922 an Österreich angegliedert wurde, wurde Eisenstadt erkoren.

Viele Österreicher, darunter auch zahlreiche führende Politiker, waren damals davon überzeugt, daß der neue Kleinstaat wirtschaftlich nicht lebensfähig war. Sie sahen das Heil des Landes in einem Anschluß an Deutschland. Noch 1921, als die Siegermächte längst ihr Anschlußverbot ausgesprochen hatten, kam es in Tirol und in Salzburg zu Volksabstimmungen, bei denen sich eine überwältigende Wählermehrheit für den Anschluß an die deutsche Republik aussprach. Irgendwelche Verpflichtungen für die Bundesregierung ergaben sich daraus nicht. Die Abstimmungen verschlechterten allerdings das Klima zwischen Österreich und den Siegermächten.

Nach der Februarwahl im Jahre 1919 regierten Sozialdemokraten und Christlichsoziale bis zum Juni 1920 gemeinsam. Sie bildeten eine Koalitionsregierung. Ab diesem Zeitpunkt gab es dann nur noch Koalitionsregierungen zwischen den Christlichsozialen und Vertretern der kleinen Parteien (Großdeutsche, Landbund, Heimatblock). Die Sozialdemokraten gingen in die Opposition und waren in der Regierung nicht mehr vertreten.

In den ersten beiden Jahren des jungen Staates wurde eine Reihe wichtiger Gesetze beschlossen:
● Das Haus Habsburg wurde des Landes verwiesen, der Adel verboten.
● Die Todesstrafe wurde abgeschafft.

● Der Achtstundentag und die Arbeitslosenversicherung wurden eingeführt.
● Den Arbeitnehmern wurde ein Mindesturlaub garantiert.
● Die Frauen- und Nachtarbeit wurde geregelt.
● Die Invaliden erhielten eine staatliche Unterstützung.

Der Anstoß zu diesen Sozialgesetzen kam vom damaligen Sozialminister, dem Sozialdemokraten Ferdinand Hanusch, dessen Werk später vom Christlichsozialen Dr. Josef Resch fortgesetzt wurde.

Von größter Bedeutung war es natürlich auch, genau festzulegen, wer in der jungen Republik das Recht haben sollte, Gesetze zu beschließen, wer sie durchzuführen hat, wer für ihre Einhaltung sorgt, welche Rechte dem einzelnen Staatsbürger zukommen, wie das Staatsoberhaupt und die Volksvertreter gewählt werden sollen. Über diese und viele andere Fragen wurden zwischen den Vertretern der einzelnen Parteien lange Verhandlungen geführt. Das Ergebnis wurde in einem Dokument, der Bundesverfassung, festgehalten, die am 10. November 1920 in Kraft trat.

Dem Bundesverfassungsgesetz wurden Gesetze angeschlossen, in denen die Grundrechte der Bürger enthalten sind. Sie sind heute zur Selbstverständlichkeit geworden, man muß sie aber dennoch immer wieder in Erinnerung rufen. Die wichtigsten Grundrechte, die der demokratische Staat seinen Bürgern garantiert, sind:
● Vor dem Gesetz sind alle Staatsbürger gleich.
● Jeder Staatsbürger kann an jedem Ort des Staatsgebietes seinen Aufenthalt und Wohnsitz nehmen.

- Die Freiheit der Person ist gewährleistet.
- Das Hausrecht ist unverletzlich.
- Das Briefgeheimnis darf nicht verletzt werden.
- Jedermann hat das Recht, durch Wort, Schrift, Druck oder bildliche Darstellung seine Meinung innerhalb der gesetzlichen Schranken frei zu äußern.
- Die volle Glaubens- und Gewissensfreiheit ist für jedermann gewährleistet.

Der kaiserliche Doppeladler wurde als Staatswappen durch den einköpfigen Adler ersetzt. Er trägt eine Mauerkrone (Bürgerstand) und hält eine Sichel (Bauernstand) und einen Hammer (Arbeiterstand) in seinen Fängen.

Die Not der ersten Nachkriegsjahre hing eng zusammen mit der tristen Wirtschaftssituation des Landes. Die österreichischen Bauern konnten den Bedarf der Bevölkerung an Lebensmitteln nicht decken. Es gab zuwenig Rohstoffe für die Industrie. Wegen des akuten Kohlemangels stand in vielen Fabriken die Arbeit still. Im Jänner 1919 mußte der letzte Hochofen in Donawitz gelöscht werden. Am steirischen Erzberg wurde nur ein Neuntel der Erzmenge abgebaut, die vor dem Krieg geför-

Elendsquartiere in der Nachkriegszeit

dert worden war. Die Produktion von Magnesit ging auf ein Fünftel des Vorkriegsstandes zurück. In anderen Wirtschaftszweigen lagen die Dinge nicht anders. Die Transportverhältnisse waren katastrophal. Im Sommer 1919 verkehrte zwischen Wien und Salzburg täglich nur ein Personenzug. Die Wiener Stadtbahn war stillgelegt. Die Straßenbahn verkehrte nur bis 21 Uhr. Gas konnte nur zu bestimmten Tageszeiten abgegeben werden. Um die Lebensmittel- und Rohstoffeinfuhren bezahlen zu können, um neue Maschinen für die Fabriken anschaffen und die heimischen Rohstoffe besser verwerten zu können, hätte der Staat große Geldsummen benötigt. Aber der Krieg hatte die Staatskasse geleert. Den ständig wachsenden Ausgaben begegnete die Regierung mit dem Druck von immer mehr Banknoten. Dies führte zu einem Verfall der Währung. Je mehr Banknoten gedruckt wurden, desto weniger waren sie wert. Diese Geldentwertung (Inflation) ging zuerst langsam vor sich und nahm zwischen Juli 1921 und Dezember 1922 ungeheure Ausmaße an, wie die folgende Tabelle zeigt:

Geldwert der Krone

31. 12. 1919	31 Kronen = 1 Dollar
31. 12. 1920	134 Kronen = 1 Dollar
30. 6. 1921	146 Kronen = 1 Dollar
31. 12. 1921	1 069 Kronen = 1 Dollar
30. 6. 1922	3 830 Kronen = 1 Dollar
31. 12. 1922	14 189 Kronen = 1 Dollar

Der sinkende Geldwert zog eine Preislawine nach sich. Für ein Kilogramm Weizenmehl, das vor 1914 40 Heller gekostet hatte, zahlte man Ende 1922 das 2 800fache, das Rindfleisch wurde um das 875fache des Vorkriegspreises verkauft. Bei den anderen Agrarprodukten war es nicht viel anders. Die Löhne konnten mit dieser Entwicklung nicht Schritt halten. Der Monatslohn eines Maurers erhöhte sich im Vergleichszeitraum nur um das 500- bis 600fache. Die Lebenshaltungskosten stiegen ins uferlose, der Schwarzhandel blühte. Hunderttausende Familien lebten von der Hand in den Mund. Ein ausländischer Beobachter berichtet: »An Tagen, an denen ein scharfer Preisanstieg zu beobachten war, wurden die Läden gestürmt. Die Preise stiegen von Stunde zu Stunde, und das Publikum stürzte sich auf alles, auf das es seine Hände legen konnte.«

Die meisten Menschen waren verzweifelt. Es kam des öfteren zu Streiks, Demonstrationen und Ausschreitungen. In den Abendstunden des 1. Dezember 1921 zertrümmerten Demonstranten in der Wiener Innenstadt Kaffeehäuser, Banken und Hotels. »Der Zug schob sich in der Finsternis auf den Schwarzenbergplatz«, schrieb eine Tageszeitung am nächsten Tag, »auf dem aus dem Dunkel des Abends das ehemalige Militärkasino, das jetzt eines der berüchtigsten Nachtlokale beherbergt, mit hell erleuchteten Scheiben hervorstach. In einem kurzen Augenblick waren Demonstranten in den großen Saal im ersten Stock gelangt ... Nachdem die Fensterscheiben vernichtet waren, flogen aus den Fenstern des Kasinos Stühle, Tischbeine, Weinflaschen, große Spiegel und vieles mehr ... Das gleiche Bild der Verwüstung zeigte auch der Parkring.«

Die Volkswut richtete sich vor allem gegen Schieber, Schwarzhändler und Spekulanten, die durch unsaubere Geschäfte hohe Gewinne erzielten und in Saus und Braus lebten.

Barleben im Nachkriegswien

Um die triste Wirtschaftslage ein wenig zu verbessern und die Staatsfinanzen zu entlasten, bemühte sich die österreichische Regierung, vom Ausland Kredithilfe zu bekommen. Diese Bemühungen waren lange Zeit vergeblich. Österreich war nicht kreditwürdig. Erst Bundeskanzler Schober erwirkte im Dezember 1921 von der Tschechoslowakei einen Kredit von 500 Millionen Tschechenkronen. Es war nicht mehr als ein Tropfen auf den heißen Stein. Schließlich bildete Ende Mai 1922 – auf dem Höhepunkt der Inflation – der christlichsoziale Politiker Prälat Dr. Ignaz Seipel eine neue Regierung. Seipel sah es als seine Hauptaufgabe an, die Finanzkrise des Staates zu beenden und die Inflation zu stoppen. Auf mehreren Reisen nach Italien, Deutschland und in die Tschechoslowakei führte er den Regierungen dieser Länder die Not der Österreicher und die entsetzliche wirtschaftliche Situation des Landes vor Augen. In einer Rede vor dem Völkerbund in Genf sagte er: »Ich gestehe offen: Ehe das Volk Österreichs in seiner Absperrung zugrunde geht, wird es alles tun, um die Schranken und Ketten, die es beengen und drücken, zu sprengen. Daß dies ohne Erschütterung des Friedens und ohne die Beziehungen der Nachbarn Österreichs untereinander zu trüben geschehe, dafür möge der Völkerbund sorgen!«

Seipels Ausführungen zeigten Wirkung. Das Ausland war nun bereit, für Österreich etwas zu tun. Nach wochenlangen Verhandlungen unterzeichneten am 4. Oktober 1922 französische, britische, italienische und tschechoslowakische Vertreter mit Seipel die sogenannten »Genfer Protokolle«.

Die Republik Österreich erhielt eine Anleihe von 650 Millionen Goldkronen. Mit diesem Betrag sollte das Land innerhalb von zwei Jahren seinen Staatshaushalt (Budget) in Ordnung bringen und die Wirtschaft sanieren.

Der Preis dafür war hoch:
- Um das Gleichgewicht zwischen den Einnahmen und Ausgaben im Budget herzustellen, mußte die Regierung ein hartes Sparprogramm durchführen. Mehr als 84 000 Beamte wurden in den Ruhestand versetzt.
- Als Sicherstellung für die Anleihe verzichtete Österreich auf die Einnahmen aus den Zöllen und dem Tabakmonopol.
- Zur Erhöhung der Staatseinnahmen wurde eine neue Steuer, die Warenumsatzsteuer, eingeführt.
- Die Verzinsung der Anleihe war hoch. Sie betrug ungefähr 10% pro Jahr.
- Ein Generalkommissar des Völkerbundes überwachte die Erfüllung der Vertragsverpflichtungen.

- Österreich verpflichtete sich, zwanzig Jahre lang seine Unabhängigkeit nicht aufzugeben.
- Das österreichische Parlament sollte für die Dauer des Sanierungsprogramms, also für zwei Jahre, auf sein Recht verzichten, den Staatshaushalt zu bewilligen.

Vor allem gegen die zuletzt genannte Bestimmung liefen die Sozialdemokraten Sturm. Schließlich gaben sie den »Genfer Protokollen« doch ihre Zustimmung.

Der Erfolg, der mit der Anleihe bezweckt werden sollte, stellte sich bald ein. Die Inflation ging rasch zurück, der Staatshaushalt kam ins Gleichgewicht.

Ende 1924 wurde eine neue Währung eingeführt: 10 000 Inflationskronen wurden gegen einen neuen Schilling umgetauscht.

Die Gesundung der österreichischen Wirtschaft war teuer erkauft. Die neue Warenumsatzsteuer war vor allem für die kleineren Leute und die kinderreichen Familien eine schwere Belastung, der Beamtenabbau traf das Bürgertum hart, das Arbeitslosenproblem konnte nicht gelöst werden. Eine dauerhafte Gesundung der österreichischen Volkswirtschaft wurde nicht erreicht. Der neue österreichische Schilling war zwar nun sehr wertbeständig. Er wurde deshalb als »Alpendollar« bezeichnet. Der Haken war nur, daß viele Österreicher zu wenig davon in ihren Geldbörsen und Brieftaschen hatten.

Nach dem Zerfall der Regierungskoalition im Jahre 1920 verschlechterte sich das politische Klima zwischen den beiden Großparteien, den Christlichsozialen und den Sozialdemokraten, zusehends. Beide Seiten begegneten einander mit immer größerem Mißtrauen. Im Parlament prallten die Meinungen immer härter aufeinander, die Rededuelle wurden immer heftiger und hitziger. Die Führer der beiden großen Parteien, der Christlichsoziale Dr. Ignaz Seipel und der Sozialdemokrat Dr. Otto Bauer, vertraten unversöhnliche gegensätzliche Standpunkte und kamen auch menschlich schlecht miteinander aus. Bei Aufmärschen und Parteiversammlungen kam es immer wieder zu Gewalttätigkeiten und bewaffneten Zusammenstößen, die zahlreiche Tote und Verwundete forderten. Attentate waren keine Seltenheit.

Der Haß, mit dem die politischen Rivalen einander begegneten, verhieß für die Zukunft nichts Gutes. Geradezu verhängnisvoll aber war es, daß sich die bewaffneten Wehr- und Selbstschutzverbände, die unmittelbar nach dem Ersten Weltkrieg entstanden waren – die Bauern- und Heimwehren auf seiten des Bürgertums, der Republikanische Schutzbund auf sozialdemokratischer Seite –, immer mehr in den Vordergrund drängten, das politische Leben immer stärker beeinflußten und vergifteten. Sie wurden vom Ausland finanziell unterstützt, besaßen geheime Waffenlager und demonstrierten bei jeder Gelegenheit in der Öffentlichkeit ihre Stärke. Bei einem dieser öffentlichen Auftritte

Die Heimwehr

Der republikanische Schutzbund

kam es am 30. Jänner 1927 in dem kleinen burgenländischen Ort Schattendorf zwischen Mitgliedern des Republikanischen Schutzbundes und ihren Gegnern, Angehörigen einer sogenannten Frontkämpfervereinigung, zu einem blutigen Zwischenfall, der auf sozialdemokratischer Seite zwei Opfer forderte. Ein Kriegsinvalide und ein achtjähriges Schulkind wurden durch Schüsse aus einem Gasthaus, in dem sich einige Frontkämpfer aufhielten, getötet.

Die Nachricht über den Vorfall in Schattendorf löste in der Arbeiterschaft große Erregung aus. Es kam zu Warnstreiks und Protestkundgebungen. Bei einer Debatte im Parlament gab Bundeskanzler Dr. Seipel namens der Regierung die Erklärung ab, »daß in diesem Fall von den zuständigen Behörden und den Gerichten alles geschehen wird, damit die Tat gesühnt wird, wie sie es verdient«.

Der Prozeß gegen die drei an der Schießerei beteiligt gewesenen Männer begann am 4. Juli im Wiener Landesgericht für Strafsachen. Er dauerte elf Tage und wurde in ganz Österreich mit großem Interesse und Anteilnahme verfolgt. Am 14. Juli erfolgte der Urteilsspruch. Die Geschworenen sprachen die Täter von allen Anklagepunkten frei. Sie beurteilten die Tat nicht einmal als Überschreitung der Notwehr. Es war ein offensichtliches Fehlurteil.

Die bürgerliche »Neue Freie Presse« schrieb nach dem Urteilsspruch: »Die Zuhörer blieben stumm. Niemand bewegt sich, nicht der leiseste Ausruf ist hörbar. Es herrscht eine drückende Stille. Gibt es hier niemanden, der von Entsetzen gepackt ist, daß zwei Menschen, ein armes Kind und ein Invalide, in Schattendorf ums Leben gebracht wurden und jenen, die die tödlichen Schüsse abfeuerten, nicht einmal eine leichte Strafe auferlegt wurde? Ist es wirklich so klar, daß die Angeklagten in blinder Angst handelten oder sogar in berechtigter Notwehr?«

In der sozialistischen »Arbeiter-Zeitung« wurde das Urteil mit aller Schärfe kritisiert. »Nichts wird den drei Angeklagten, die am 30. Jänner in Schattendorf in eine Menschenmenge hineingeschossen, mit vollem Vorsatz die todbringenden Schüsse auf Menschen abgefeuert haben, geschehen«, schrieb der Chefredakteur, »kein Haar wird ihnen gekrümmt werden: Die eidbrüchigen Gesellen auf der Geschworenenbank haben sie von allen Schuldfragen freigesprochen ... Eine Schurkerei ist diese Freisprechung, wie sie in den Annalen der Justiz wohl selten, vielleicht noch nie erlebt worden ist ... Nach Ansicht dieser Geschworenen bedeutet es also gar nichts, auf Menschen zu schießen; das ist, wenn die Schießenden Frontkämpfer sind, wohl ein erlaubtes Jagdvergnügen! Die aber den Eid, den sie geleistet haben, so schnöde mit Füßen treten, die sich über Recht und Gerechtigkeit so frech hinwegsetzen, die sind keine Geschworenen, sind ehrlose Gesetzesbre-

cher, denen für ihren schamlosen Freispruch Haß und Verachtung aller rechtlich denkenden Menschen gebührt. Diese Verdammung wird ihnen auch werden ... Die bürgerliche Welt warnt immerzu vor dem Bürgerkrieg; aber ist diese glatte, diese aufreizende Freisprechung von Menschen, die Arbeiter getötet haben, weil sie Arbeiter getötet haben, nicht schon selbst der Bürgerkrieg? Wir warnen sie alle! Denn aus einer Aussaat von Unrecht, wie es gestern geschehen ist, kann nur schweres Unheil entstehen!«

Das Unheil war schon unterwegs. Der Leitartikel in der »Arbeiter-Zeitung« entflammte die erregte Arbeiterschaft in zahlreichen Wiener Betrieben zur Tat. In der E-Werk-Zentrale im Haus Mariannengasse 4 im 9. Wiener Gemeindebezirk findet am Morgen des 15. Juli 1927 eine Protestversammlung statt, bei der ein Streik beschlossen wird. Um acht Uhr wird der Strom abgeschaltet. Dies wird von vielen anderen Betriebsbelegschaften als Signal verstanden. Die Straßenbahnen

Die Polizei feuert in die Menge

142

stehen still, das öffentliche Telefonnetz ist unterbrochen. Gegen neun Uhr früh sind aus allen Himmelsrichtungen Demonstrationszüge und Demonstranten zur Ringstraße unterwegs. Bei der Universität kommt es zum ersten Zusammenstoß mit der Polizei. Die Spitze des Demonstrationszuges durchbricht die schüttere Polizeikette und bewegt sich auf das Parlament zu. Sie wird dort von berittener Polizei empfangen. Der Kommandant der Abteilung gibt Befehl, mit gezogenem Säbel und im Galopp gegen die Menge vorzugehen. Die Demonstranten flüchten in den Rathauspark und bewaffnen sich mit Steinen von einigen in der Nähe befindlichen Straßenbaustellen, mit Holzlatten, Eisenstäben und Maurerklampfen von Baugerüsten. Hatten die Ordner bis dahin vermocht, »Hitzköpfe« im Zaum zu halten und die Wut der Menge einigermaßen zu zügeln, so gibt es ab diesem Zeitpunkt kein Halten mehr. Aus einer Protestkundgebung wird ein Aufruhr. Alle Versuche seitens der sozialdemokratischen Führung und des Republikanischen Schutzbundes, den Gang der Ereignisse aufzuhalten, schlagen fehl. Die Demonstranten versammeln sich zu einem Angriff gegen die Polizei, überschütten die Polizisten mit einem Steinhagel, werden von diesen mit dem blanken Säbel niedergehauen. Gegen halb zwölf Uhr stecken die Demonstranten, deren Zahl mittlerweile gewaltig angewachsen ist, ein Polizeiwachzimmer in Brand, wenig später dringen sie in den Justizpalast ein, der als Symbol der »Klassenjustiz« empfunden wird, und legen Feuer. Akten werden angezündet und aus dem Fenster geworfen, Möbelstücke zertrümmert und verbrannt. Die Feuerwehr, die mit einigen Löschzügen anrückt, wird

zur Umkehr gezwungen. Selbst Karl Seitz, dem beliebten Wiener Bürgermeister, gelingt es nicht, den Löschmannschaften freie Bahn zu verschaffen. Er wird beschimpft und tätlich angegriffen. Zwischen 13 und 14 Uhr scheint sich die gefährliche Situation in der Wiener Innenstadt ein wenig zu entspannen. Dann aber steuern die Ereignisse dieses Tages rasch dem tragischen Höhepunkt zu. Um 14.30 Uhr, gerade in dem Augenblick, als der erste Löschzug zum brennenden Justizpalast vorgedrungen ist, rücken die ersten, mit Gewehren bewaffneten Polizeieinheiten heran. Sie haben Schießbefehl. Polizeipräsident Dr. Johannes Schober hat ihn erteilt, vom Bundeskanzler und dem Innenminister dazu ermächtigt. Die ersten Gewehrsalven dröhnen über den Schmerlingplatz. Die »Neue Freie Presse« schrieb über die Aktion der Polizei in ihrer Ausgabe vom 18. Juli 1927: »Die Schüsse und deren Echo riefen Entsetzen hervor. Frauen und Kinder kreischten. Die Menge rannte wie besessen. Sie bahnte

Der Justizpalast brennt

sich drängend und stoßend ihren Weg in die Häuser und die wenigen offenen Geschäfte. Die Polizei fuhr fort zu schießen. Da die Schüsse hier, dort und drüben abgefeuert wurden, wurden die Menschen von furchtbarer Panik ergriffen. Niemand wußte, wohin er fliehen sollte. In den Pausen zwischen zwei Salven wurden die Opfer ins Parlament getragen – viele tot und sehr viele schwer verwundet, meistens Kopf-, Brust- und Unterleibsverletzungen. Unaufhörlich transportierten Ambulanzwagen die Schwerverwundeten in die Spitäler. Drei Stunden dauerte dieses Schießen an – zwischen zwei und fünf Uhr. Überall, wo sich Menschen angesammelt und Rufe gegen die Polizei ausgestoßen hatten, fielen sofort regellose Schüsse. Die Polizei fuhr fort, von Straße zu Straße zu schießen.«

Der bekannte Schriftsteller Manès Sperber, der Augenzeuge des Polizeieinsatzes war, erinnerte sich später so daran: »Wir – Alex, ich und viele unseresgleichen – standen dem Parlament gegenüber, an der Ecke, wo der Ring in der Richtung Bellariastraße umbiegt. Wir hatten den Blick bis zum Justizpalast frei. So konnten wir das Anrollen dieser Wagen und die Aktion der in wilde Krieger verwandelten Schutzleute beobachten, die, am Platz angekommen, aus den Wagen sprangen, zehn bis fünfzehn Meter vorwärts liefen und feuerten, ohne stehenzubleiben und ohne genau zu zielen. Man empfing den Eindruck, daß sie auf Beine von Menschen schossen, die wir nicht sahen. In der Tat schoß die Polizei nicht selten aufs Pflaster, so daß die aufprallenden Patronen ähnliche Verletzungen wie Dumdumgeschosse bewirkten. Noch ehe der Lärm des Schnellfeuers verhallte, drangen Rufe

der Empörung und Schmerzensschreie an unser Ohr.«

Die Bilanz dieses und des nächstfolgenden Tages war furchtbar: 85 Tote auf seiten der Demonstranten, davon zwei Drittel im Alter zwischen 18 und 31 Jahren. Die Polizei beklagte vier Todesopfer. Auf beiden Seiten gab es Hunderte von Schwer- und Leichtverletzten.

Um die Massen wieder unter Kontrolle zu bekommen und gegenüber der Regierung Härte zu demonstrieren, rief die sozialdemokratische Parteiführung einen eintägigen Generalstreik und einen unbefristeten Verkehrsstreik aus, der jedoch vorzeitig abgebrochen werden mußte. Die Heimwehren hatten einen nicht unbeträchtlichen Anteil daran. Sie fungierten vor allem in Tirol und in der Steiermark als Hilfspolizei der bürgerlichen Landesregierungen.

Die Ereignisse des 15. Juli 1927 hatten schwerwiegende Folgen:

● Die Gegensätzlichkeit der beiden Großparteien wurde zu bitterer Feindschaft. Die Sprache der politischen Auseinandersetzung wurde noch gehässiger.

● Die Sozialdemokraten hatten eine schwere Niederlage erlitten. Viele ihrer Parteigänger begannen an der Entscheidungsfähigkeit der Parteiführung zu (ver)zweifeln.

● Das Bürgertum gewann an politischem Einfluß und Gewicht. Die Christlichsozialen bauten ihre Machtpositionen im Staate aus.

● Die Heimwehren nahmen einen bedeutsamen Aufschwung. Sie traten als Hüter von Recht und Ordnung immer stärker in den Vordergrund und sprachen sich offen gegen Parlamentarismus und Demokratie aus.

Die Demokratiefeindlichkeit der Heimwehr in der Karikatur

Im Oktober 1929 purzelten an der New Yorker Börse die Aktienkurse. Innerhalb weniger Stunden verloren Tausende Menschen, die ihr Geld in Aktien angelegt und sich dabei verspekuliert hatten, ihr Vermögen.

Der Zusammenbruch der New Yorker Börse stürzte nicht nur die amerikanische Wirtschaft, er stürzte die gesamte Weltwirtschaft in eine schwere Krise. Selbstverständlich wurde auch Österreich, wenn auch mit einiger Verspätung, davon betroffen.

Im Mai 1931 wurde die österreichische Regierung davon informiert, daß die Creditanstalt, die größte Bank Österreichs, das letzte Geschäftsjahr mit einem hohen Verlust abgeschlossen hatte. Nicht weniger als 140 Millionen Schilling fehlten. Von der Creditanstalt waren die Sparkassen und zahlreiche österreichische Industriebetriebe abhängig. Die Regierung sprang daher mit Budgetmitteln in die Bresche. Aber die 100 Millionen Schilling, die der Staat der Bank zur Bezahlung ihrer Schulden zur Verfügung stellte, fehl-

145

ten in anderen Bereichen an allen Ecken und Enden, zumal die Staatseinnahmen als Folge der einsetzenden Wirtschaftskrise zurückgingen. Die Industrieproduktion sank, die Arbeitslosigkeit stieg von Jahr zu Jahr an und nahm zuletzt auf dem Höhepunkt der Krise riesige Ausmaße an, wie die folgende Übersicht zeigt:

Arbeitslosigkeit 1929–1933 (Jahresdurchschnitt)

	Gesamtzahl der Arbeitslosen	Arbeitslosenrate
1929	192 000	8,8%
1930	243 000	11,2%
1931	334 000	15,4%
1932	468 000	21,7%
1933	557 000	26,0%

Hinter diesen nackten Zahlen verbergen sich Hunger, Elend und namenloses Leid. Hunderttausende Menschen hatten überhaupt jeden Anspruch auf staatliche Unterstützung verloren. Sie waren »ausgesteuert«, auf Almosen mildtätiger Menschen und Organisationen angewiesen. Viele von ihnen verdienten sich als Straßenmusikanten und Hausierer ihren kümmerlichen Lebensunterhalt, andere gingen betteln oder auf die »Walz«.

Die Trostlosigkeit ihres Lebens machte viele Menschen für die Parolen und Versprechungen der antidemokratischen Kräfte und Parteien empfänglich. Die Heimwehren traten immer selbstgefälliger und dreister auf. Ihre Führer verstärkten den Kampf gegen die Einrichtungen der Demokratie und drängten auf eine Beteiligung an der Regierung. Die Nationalsozialisten erhielten immer größeren Zulauf. Bei Landtagswahlen im April 1932 in

Goebbels in Wien

Wien, Niederösterreich und Salzburg errangen sie 336 000 Stimmen. Auf ihrem »Gauparteitag« im Herbst dieses Jahres auf dem Wiener Heldenplatz wurde der deutsche Propagandaleiter der NSDAP (Nationalsozialistische Deutsche Arbeiterpartei), Dr. Joseph Goebbels, stürmisch umjubelt. Im Wiener Gemeinderat kam es zwischen Sozialdemokraten und Nationalsozialisten zu heftigen Wortgefechten und Schlägereien.

In dieser wirtschaftlich äußerst schwierigen und politisch aufgewühlten Zeit übernahm der bisherige Minister für Land- und Forstwirtschaft, der Christlichsoziale Dr. Engelbert Dollfuß, die Regierung. Die Regierung Dollfuß stand auf schwachen Beinen: Sie konnte sich im Nationalrat nur auf die hauchdünne Mehrheit von einer einzigen Stimme stützen (83 Abgeordnete unterstützten die Regierung, 82 bildeten die Opposition). Dabei hatte sie wichtige Probleme zu lösen. Die Creditanstalt mußte endgültig saniert, die Wirtschaftskrise energisch bekämpft werden. Dollfuß nahm wie Seipel eine Völkerbundanleihe auf, gegen die die Opposition Sturm lief. Im Parlament kam es zu uner-

quicklichen Szenen. Im Verlauf einer besonders stürmischen Sitzung nannte Dollfuß Otto Bauer einen Bolschewiken. Otto
Bauer revanchierte sich mit dem Satz:
»Ich habe vor jemandem, der ein ehrlicher
Bolschewik ist, Achtung. Für Leute, die
jede Woche eine andere Gesinnung haben, Verachtung, Herr Bundeskanzler!«
Dollfuß war nie Volksvertreter gewesen.
Für die zeitraubende parlamentarische Arbeit, für die Debatten in der Volksvertretung fehlte ihm jedes Verständnis. Als sich
die Schwierigkeiten türmten, reifte in ihm
die Überzeugung, daß es leichter sei,
»ohne endlose parlamentarische Kämpfe
sofort gewisse dringliche Maßnahmen in
die Tat umzusetzen«. Der Bundeskanzler
wartete nur auf eine günstige Gelegenheit,
die Volksvertretung auszuschalten. Diese
Gelegenheit sollte sich bald bieten.
Am 1. März 1933 führten die Eisenbahner
einen zweistündigen Warnstreik durch.
Der Streik richtete sich gegen geplante
Sparmaßnahmen und gegen die Entscheidung der Generaldirektion, die Märzge-
hälter und -pensionen in drei Raten aus-
zuzahlen. Die Regierung Dollfuß reagierte darauf mit ungewöhnlicher Heftigkeit. Sie ließ die Bahnhöfe durch Gendar-
merie und Bundesheer besetzen und die
Streikführer verhaften. Den am Streik Beteiligten sollten für die Dauer des Streiks
die Bezüge gestrichen werden. Daraufhin
beantragten die Sozialdemokraten für
Samstag, den 4. März 1933, eine dringliche Sitzung des Nationalrates. Die Stimmung im Parlament war an diesem Tag
besonders erregt. Als nach einer hitzigen
Debatte die Regierung bei einer Abstimmung unterlag, kam es zu schwerwiegenden Ereignissen und Entscheidungen.
Zwei sozialdemokratische Abgeordnete

hatten in der Aufregung ihre Stimmzettel
verwechselt. Die Christlichsozialen verlangten eine Wiederholung der Abstimmung. Dr. Renner, der sozialdemokratische Erste Präsident des Nationalrates,
wies diese Forderung als unbegründet zurück. Im allgemeinen Tumult, der nun
entstand, erklärte Renner seinen Rücktritt. Er wollte mit seiner Partei mitstim-
men, was er als Präsident nicht durfte. Es
war, wie sich später herausstellen sollte,
ein für die österreichische Demokratie
tödlicher Geschäftsordnungstrick. Der
Zweite und Dritte Präsident des Hauses,
ein Christlichsozialer und ein Großdeut-
scher, folgten nämlich Renners Beispiel.
Das Parlament hatte nun keinen Präsidenten mehr, der die Sitzung hätte weiterfüh-
ren oder schließen können. Ratlos gingen
die Abgeordneten am späten Abend auseinander. Was sollte geschehen? Wie
sollte es weitergehen?
Die Antwort auf diese Fragen ließ nicht
lange auf sich warten. Schon am nächsten
Tag beschlossen einige führende Männer

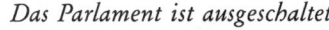

Das Parlament ist ausgeschaltet

der Christlichsozialen Partei, für einige Zeit autoritär, das heißt, ohne Parlament zu regieren. Auch Dollfuß hatte diesen Gedanken längst gefaßt. Und nun ging es Schlag auf Schlag. In den nächsten Tagen, Wochen und Monaten traf die Regierung eine Reihe von Maßnahmen, durch die Österreich in einen autoritären Staat mit faschistischen Elementen umgewandelt wurde:

● In einem öffentlichen Aufruf wurden aufgrund eines fragwürdigen Gesetzes aus dem Ersten Weltkrieg Aufmärsche und Versammlungen verboten und über Zeitungen eine Vorzensur verhängt.

● Die Wiederaufnahme der unterbrochenen Sitzung des Nationalrates wurde von der Kriminalpolizei verhindert.

● Der Republikanische Schutzbund wurde verboten, der traditionelle Maiaufmarsch der Sozialdemokraten durch Militär und Polizei unterbunden.

● Der Verfassungsgerichtshof wurde ausgeschaltet.

● Beamte wurden nicht mehr auf die Republik, sondern auf den Bundesstaat Österreich vereidigt.

● Streiks wurden verboten.

● Eine »Vaterländische Front« sollte alle vaterlandstreuen Österreicher überparteilich zusammenfassen.

Bundespräsident Wilhelm Miklas ließ die Regierung Dollfuß gewähren. Inzwischen hatte sich in Deutschland ein bedeutsamer Machtwechsel vollzogen. Am 30. Jänner 1933 wurde Adolf Hitler vom Reichspräsidenten Paul von Hindenburg zum Reichskanzler ernannt. Durch die Erfolge ihrer deutschen Gesinnungsgenossen ermutigt, verstärkten die österreichischen Nationalsozialisten ihren Kampf gegen die Regierung Dollfuß. Sie beschmierten Hauswände und Straßen mit ihren Parolen, hißten Hakenkreuzfahnen, organisierten Bombenanschläge gegen öffentliche Gebäude, sprengten Eisenbahnlinien und Brücken in die Luft, legten Brände und zertrümmerten die Auslagen jüdischer Geschäfte. Diese Terrorwelle wurde von Deutschland aus propagandistisch unterstützt. Und die Reichsregierung unter Adolf Hitler tat noch ein übriges: Sie verhängte die sogenannte Tausend-Mark-Sperre. Jeder deutsche Staatsbürger, der eine Reise nach Österreich unternehmen wollte, mußte vor Antritt der Reise eine Gebühr von 1 000 Reichsmark erlegen. Diese Maßnahme war ein schwerer Schlag gegen den österreichischen Fremdenverkehr, der vorwiegend von den deutschen Urlaubsgästen lebte. Im Juni 1933 wurde nach allen diesen Vorkommnissen und Zerwürfnissen die NSDAP in Österreich verboten.

Die Regierung Dollfuß fand im Kampf gegen den Nationalsozialismus bei Benito Mussolini, dem faschistischen Regierungschef Italiens, Verständnis und Unterstützung. Mussolini verlangte für seine Hilfe von Dollfuß eine Gegenleistung: die Ausschaltung der Sozialdemokratie aus dem politischen Leben und den Umbau des Staates nach italienischem Muster. Dollfuß ließ eine neue Verfassung ausarbeiten, Vizekanzler und Innenminister Emil Fey, der Landesführer der Wiener Heimwehr, verstärkte den Kampf gegen die Sozialdemokraten. Er ließ einige Führer des Republikanischen Schutzbundes, der zwar verboten war, aber heimlich weiterbestand, verhaften und sozialdemokratische Parteilokale nach Waffen durchsuchen. Eine letzte Kraftprobe zwischen der Regierung und den Sozialdemokraten stand bevor.

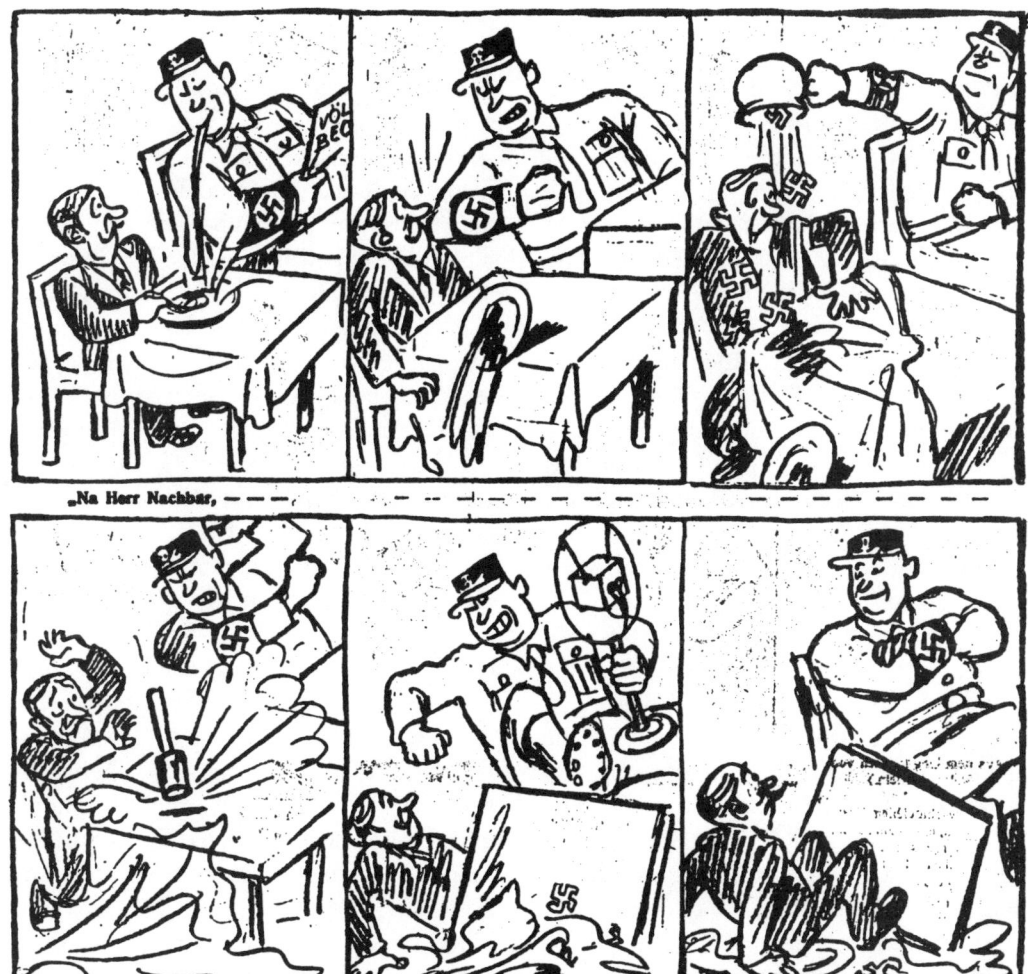

»Liebeswerben um Österreich«: Naziterror in der Karikatur

Am 12. Februar 1934 war es dann soweit. Als am Morgen dieses winterkalten Tages die Polizei das Linzer Arbeiterheim im Hotel Schiff umzingelt und sich mit Gewalt Zutritt verschafft, wird sie von Schutzbündlern mit Gewehrschüssen empfangen. Diese Schüsse sind das Signal für den Bürgerkrieg.

Der oberösterreichische Schutzbundführer, Richard Bernaschek, hat den Schießbefehl eigenmächtig gegeben. Die Parteileitung in Wien hat davon abgeraten. Aber nun gibt es kein Zurück mehr. Otto Bauer, der Entschlußlose, zögert freilich auch jetzt. Der seit langem vorbereitete Aktionsplan des Schutzbundes, der vorsah, durch eine rasche Offensive die Regierungsgebäude in der Wiener Innenstadt zu besetzen, wird nicht durchgeführt. Er wäre wahrscheinlich ohnehin gescheitert: Zahlreiche Schutzbundführer sind vor dem 12. Februar verhaftet worden, die Kampfkraft der Arbeiterschaft ist durch die Massenarbeitslosigkeit geschwächt, die Pläne sind dem Bundesheer und der Exekutive längst bekannt, Gegenmaßnahmen vorbereitet. Otto Bauer jedenfalls wartet. Erst um 11.30 Uhr wird von der Parteileitung der Generalstreik ausgerufen. Er wird nur zum Teil befolgt. Die Arbeiter in den Elektrizitätswerken schalten den Strom ab. Aber die Eisenbahner machen nicht mit. Auch in anderen Betrieben greift die Streikparole nicht voll oder überhaupt nicht. Ein Zeitgenosse berichtet: »Es war kein Streik. Während die Schutzbündler sich bewaffneten, fuhren die Eisenbahnzüge. Und nicht nur die Eisenbahner, auch die meisten Betriebsarbeiter gingen wie sonst zur Arbeit. Die Angst um den Arbeitsplatz war größer als die Angst vor dem Tod. Mancher Schutzbündler stand an seinem Arbeitsplatz und griff nach Arbeitsschluß zum Gewehr, um abends oder nachts am bewaffneten Widerstand teilzunehmen. Schon zu Mittag war es offenkundig: Das Leben ging seinen Gang wie sonst, mit halbgeschlossenen Augen, beunruhigt zwar, leicht verwirrt, doch unentwegt.«

Es klappt nichts oder zumindest nicht viel. Der Schutzbund ist führerlos, viele Schutzbundeinheiten finden die versteckten Waffen nicht. Die sozialdemokratische Kampfleitung im Ahornhof auf dem Wienerberg ist isoliert. Otto Bauer flüchtet im Morgengrauen des 13. Februar in die Tschechoslowakei, Julius Deutsch folgt ihm zwei Tage später nach. Und so kämpfen die Schutzbündler, die in den Wiener Vororten, in Simmering, Meidling, Favoriten und Floridsdorf, in Heiligenstadt und Kaisermühlen, aber auch in anderen Teilen des Landes, in Oberöster-

reich, im obersteirischen und niederösterreichischen Industriegebiet, den Kampf gegen das autoritäre Dollfußregime aufnehmen, von allem Anfang an einen aussichtslosen, verzweifelten Kampf.

Denn die Regierung handelt entschlossen. Sie verfügt nicht nur über die zahlenmäßig stärkeren Kampfverbände (Bundesheer, Polizei, Heimwehren), sondern auch über die besseren Waffen. Um den Widerstand in einzelnen Wiener Gemeindebauten rascher zu brechen, setzt sie auch Artillerie ein. Das »Neue Wiener Tagblatt« berichtete am 14. Februar: »Im Laufe der Nacht entspannen sich, insbesondere um den Karl-Marx-Hof, harte Kämpfe, bei denen auch Artillerie eingesetzt wurde, die das Gebäude von der Hohen Warte aus unter Feuer nahm. Vizekanzler Fey überzeugte sich in den frühen Morgenstunden in Begleitung des Staatssekretärs Karwinsky von der Lage und gab Anweisungen betreffs der Angriffsvorbereitungen. In den frühen Vormittagsstunden gingen nach neuerlicher Artillerievorbereitung Infanterie und Schutzkorps zum Angriff über und drangen in den Gebäudekomplex ein. Der Mittelbogen, dessen Pfeiler durch Artillerie zerstört worden

1934: Die Polizei setzt Panzer ein

Zerschossene Arbeiterwohnung

ist, ist teilweise eingestürzt... Auch bei den Kämpfen um das Ottakringer Arbeiterheim war der Einsatz von Artillerie notwendig. Das Heim wurde sodann erstürmt...«

Nach drei Tagen war der ungleiche Kampf zu Ende, die Regierung Herr der Lage. Nach offiziellen Angaben gab es auf seiten der Arbeiterschaft 196 Tote und 319 Verletzte, auf Regierungsseite 118 Tote und 486 Verwundete. Neun an den Kämpfen beteiligte Schutzbündler wurden nach einem Standgerichtsverfahren hingerichtet, darunter ein Schwerverletzter, einige Dutzend zum Tode Verurteilte wurden begnadigt.

Karl Renner und zahlreiche andere prominente Sozialdemokraten wurden verhaftet und in das Anhaltelager Wöllersdorf in Niederösterreich gebracht. Die Sozialdemokratische Partei wurde verboten, ihr Vermögen eingezogen. Die sozialdemokratischen Gewerkschaften wurden aufgelöst und eine Einheitsgewerkschaft errichtet. Den Wiener Bürgermeister Karl Seitz enthob man seines Amtes, die sozial-

demokratische Verwaltung der Bundeshauptstadt wurde beseitigt. Alle Sozialdemokraten in leitender Position im Staatsdienst, in den Ländern und Gemeinden verloren ihre Posten. Ein Teil der Schutzbündler, die sich von der Partei im Stich gelassen fühlten, wechselte zu den Kommunisten über. Einige Hundert flüchteten in die Sowjetunion, wo sie in den Straflagern Stalins umkamen, andere kämpften im Spanischen Bürgerkrieg (1936–1939) auf republikanischer Seite.

Die Regierung Dollfuß erließ am 1. Mai 1934 »im Namen Gottes des Allmächtigen, von dem alles Recht ausgeht«, eine neue Verfassung. Österreich war keine demokratische Republik mehr, sondern ein »christlicher, deutscher Bundesstaat auf ständischer Grundlage«. Staatswappen wurde der Doppeladler des einstigen Heiligen Römischen Reiches mit einem rotweiß-roten Brustschild. Dazu trat das Kruckenkreuz als Sinnbild der politischen Erneuerung.

Dem »Ständestaat« standen weite Kreise der Bevölkerung ablehnend gegenüber. Die politischen Spannungen blieben bestehen. Im Mai 1934 starteten die Nationalsozialisten eine neue Welle von Sprengstoffanschlägen. Sie hielten sich schließlich für stark genug, durch einen Putsch die Macht im Staat an sich zu reißen.

Am 25. Juli 1934, um die Mittagszeit, versammeln sich in einer Turnhalle in der Siebensterngasse im 7. Wiener Gemeindebezirk ungefähr 150 Männer. Sie sind, so unauffällig wie möglich, in kleineren und größeren Gruppen hierhergekommen, in Zivil gekleidet, ein Paket unter dem Arm. In der Turnhalle ziehen sie sich Bundesheeruniformen an und werden mit Waffen versorgt, die auf Lastwagen herangebracht worden sind. Die Männer, Nationalsozialisten, zum Großteil Mitglieder der SS-Standarte 89, haben Auftrag, das Bundeskanzleramt zu besetzen und die Regierung festzunehmen, die dort zu einer Ministerratssitzung zusammengekommen ist. Sie erhalten letzte Anweisungen für die Durchführung des Putsches. Um 12.45 Uhr, eine Viertelstunde später als geplant, besteigen sie Lastwagen und fahren durch die Breitegasse, die Lastenstraße, über den Schmerling- und den Rathausplatz zum Bundeskanzleramt. Zu dem Zeitpunkt, zu dem die Lastwagen auf ihr Ziel zurollen, befindet sich der Großteil der Minister nicht mehr im Bundeskanzleramt. Die Aktion, die ursprünglich für den Vortag geplant war, dann aber verschoben werden mußte, ist mehrfach verraten worden. Aber zu ihrer Verhinderung ist kaum etwas geschehen. Die Behörden haben die verschiedenen Hinweise nicht ernst genommen, haben Entscheidungen mit Absicht nicht getroffen oder verzögert. Immerhin hat Bundesminister Emil Fey, der an diesem Tag eine sehr zwielichtige, bis heute nicht völlig geklärte Rolle spielte, um zirka 12.10 Uhr Bundeskanzler Dollfuß über den bevorstehenden Putsch informiert. Der Kanzler hat daraufhin die Sitzung unterbrochen und auf 16 Uhr vertagt.

Die Lastkraftwagen mit den Putschisten kommen um etwa 12.55 Uhr vor dem Bundeskanzleramt an und fahren ungehindert in den Innenhof ein. Das wichtigste Regierungsgebäude Österreichs ist in diesem Augenblick unbewacht. Die alte und die neue Ehrenwache des Bundesheeres in der Stärke von je fünfzehn Mann sind soeben im Hof zur Ablöse angetreten. Ein grotesker Zufall, wie so manches andere, das an diesem Tag passiert. Die Putschisten entwaffnen die Wachmannschaft, stürmen in das Gebäude, nehmen die Beamten als Geiseln und treiben sie im Hof zusammen.

Unterdessen ist auch eine zweite Aktion angelaufen. Sie richtet sich gegen das Sendehaus der RAVAG (Österreichische Radio-Verkehrs-AG) in der Johannesgasse 4b im 1. Wiener Gemeindebezirk. Wenige Minuten nach 13 Uhr dringen zwei Gruppen von Putschisten in das Gebäude ein, stürmen in den Senderaum und erzwingen vom Sprecher die Durchgabe folgender Erklärung: »Die Regierung Dollfuß ist zurückgetreten. Dr. Rintelen hat die Regierungsgeschäfte übernommen.«

Dr. Anton Rintelen, ehemaliger Landeshauptmann der Steiermark und seit 1933 Gesandter in Rom, ist einer der Mitverschwörer. Er hält sich im Hotel Imperial für die Übernahme des Amtes bereit. Aber dazu wird es nicht kommen. Dem Generaldirektor der RAVAG gelingt es, die Polizei vom Überfall auf das Rundfunkgebäude zu verständigen. Zehn Minuten später erscheinen Polizeieinheiten am Tat-

Die Polizei stürmt das von den Nationalsozialisten besetzte RAVAG-Gebäude

ort und kämpfen die Putschisten nieder. Um 15.30 Uhr ist der Nazi-Putsch in der RAVAG zu Ende.

Im Bundeskanzleramt haben sich mittlerweile Ereignisse von grausamer Dramatik abgespielt. Bundeskanzler Dollfuß, Minister Fey und Staatssekretär Karl Karwinsky, die im Kanzleramt zurückgeblieben sind, haben die Lastwagen von einem Fenster des Kanzlerzimmers in den Hof einfahren gesehen. Sie sind der Meinung, es handle sich um eine alarmierte Bundesheerabteilung, und tun zunächst nichts zu ihrer eigenen Rettung. Als sie erfahren, daß es die Putschisten sind, führt Karwinsky den Kanzler in den angrenzenden Säulensaal. Er will ihn von dort aus in den dritten Stock in Sicherheit bringen. Am Ende des Saales werden die beiden von einem Amtsdiener eingeholt, der das ganze Gebäude wie seine Westentasche kennt. Er will den Bundeskanzler in der entgegengesetzten Richtung durch die Präsidentschaftskanzlei über eine eiserne Wendeltreppe in das Staatsarchiv und von dort auf den Minoritenplatz bringen. Die beiden kommen nicht weit. Sie laufen in einem Ecksalon des Bundeskanzleramtes den Putschisten direkt vor die Pistolenmündungen. Dollfuß wird niedergeschossen. Eine Kugel trifft den Kanzler in den Hals, dringt durch die Brusthöhle und tritt durch die Achselhöhle wieder aus. Die Verschwörer lassen Dollfuß, der wiederholte Male um ärztlichen und priesterlichen Beistand bittet, eine Dreiviertelstunde auf dem Boden liegen. Dann wird der Kanzler auf ein Sofa gebettet. Die Erste Hilfe, die man ihm angedeihen läßt, ist völlig unzulänglich. Um 15.45 Uhr erliegt Engelbert Dollfuß seinen schweren Verletzungen.

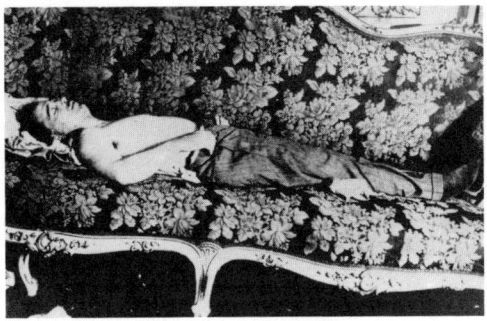

Der ermordete Engelbert Dollfuß

Um diese Zeit sind die Maßnahmen zur Niederschlagung des Putsches, die sehr zögernd angelaufen sind, in vollem Gang. Im Gebäude des Landesverteidigungsministeriums am Stubenring 1 tagt unter dem Vorsitz von Justizminister Dr. Kurt Schuschnigg ein Rumpf-Ministerrat. Schuschnigg hat von Bundespräsident Wilhelm Miklas, der früher als geplant seinen Urlaub angetreten hat und dadurch der Gefangennahme durch die Putschisten entgangen ist, den Auftrag, »mit allen Machtmitteln des Staates die gesetzliche Ordnung wiederherzustellen«. Die Regierung läßt das Bundeskanzleramt von bewaffneten Einheiten des Bundesheeres, der Polizei und des Heimatschutzes abriegeln, der Polizeipräsident von Wien verhängt das Standrecht. Nach stundenlangen Verhandlungen, bei denen Forderungen und Gegenforderungen gestellt, Drohungen ausgesprochen, aber dann doch nicht wahrgemacht werden, strecken die Putschisten nach 19 Uhr die Waffen. Sie werden, sofern es ihnen im allgemeinen Wirrwarr nicht gelungen ist zu flüchten, in Gewahrsam genommen und später abgeurteilt.

In den Straßen Wiens herrscht am Abend des 25. Juli 1934 wieder Ruhe. Aber die nationalsozialistische Erhebung ist noch nicht niedergeschlagen. Nun kommt es in Kärnten, in der Steiermark und in Oberösterreich zu tagelangen Kämpfen zwischen den Nationalsozialisten und der Exekutive. Erst Ende Juli ist die Regierung im ganzen Land wieder Herr der Lage. Wie im Februar haben auch diesmal auf beiden Seiten zahlreiche Menschen ihr Leben eingebüßt.

Der Putsch der Nationalsozialisten in Österreich wurde von Deutschland aus mitgeplant und unterstützt. Nach seinem Mißlingen wies die deutsche Reichsregierung jede Beteiligung daran strikt zurück. »Nach sofort vorgenommener Prüfung wurde festgestellt«, meldete das deutsche Nachrichtenbüro, »daß keine deutsche Stelle in irgendeinem Zusammenhang mit den Ereignissen in Österreich steht.« Hitler berief den deutschen Gesandten aus Wien ab und löste die Landesleitung der NSDAP in Österreich auf. Der italienische Diktator Benito Mussolini verlegte noch am Nachmittag des 25. Juli 1934, nachdem er die Nachricht von der Ermordung des Bundeskanzlers erhalten hatte, einige Divisionen an die Brennergrenze. Italien wäre bereit gewesen, die Unabhängigkeit Österreichs gegen einen Aggressor zu verteidigen. Vier Jahre später rührte dafür kein Staat in Europa auch nur einen Finger.

12. März 1938:

Österreichs Untergang

Zum neuen Bundeskanzler wurde am 29. Juli 1934 Dr. Kurt von Schuschnigg bestellt. Der zum Zeitpunkt seiner Ernennung 37jährige Schuschnigg war von Geburt Tiroler. Zum Unterschied von Dollfuß, der aus ärmlichen, kleinbäuerlichen Verhältnissen kam, entstammte Schuschnigg einer adeligen Offiziers- und Beamtenfamilie. Er war Rechtsanwalt, ein kühler Intellektueller, der nie populär wurde, nie den Weg zu den Herzen der Menschen fand. Selbst zu seinen Mitarbeitern hatte er kaum persönlichen Kontakt. »Seine Brille ist die Glaswand, die ihn von den Menschen trennt«, urteilte Otto von Habsburg über ihn.

Der monarchistisch gesinnte Schuschnigg trat ein schweres politisches Erbe an. Weite Kreise der Bevölkerung – Sozialdemokraten, Kommunisten, Nationalsozialisten, aber auch manche Christlichsoziale – standen dem autoritären Regierungskurs, den der neue Bundeskanzler fortsetzte, ablehnend gegenüber. Schuschnigg ist es nicht gelungen, sie mit dem Staat auszusöhnen. Im Fall der Sozialdemokraten hat er es auch nur sehr halbherzig und zu spät versucht. Wichtiger war es dem Kanzler, alte Traditionen wieder aufleben zu lassen: die Rangabzeichen und Uniformen des alten kaiserlichen Heeres wurden wie-

dereingeführt, die Adelstitel wiederbelebt. Die Mitglieder des ehemaligen Kaiserhauses, die im Jahre 1919 des Landes verwiesen worden waren, durften wieder einreisen, ein Teil ihres damals beschlagnahmten Vermögens wurde ihnen zurückgegeben. Diese Maßnahmen, vor allem aber die Einführung der allgemeinen Wehrpflicht am 1. April 1936 stießen im In- und Ausland auf wenig Verständnis.

Wesentlich wichtiger wäre es gewesen, der Wirtschaft entscheidende Impulse zu geben. Wohl fanden 1935 im Rahmen einer staatlichen Beschäftigungsaktion etwa 52 000 Menschen vorübergehend Arbeit, aber die Massenarbeitslosigkeit blieb bestehen. Seit 1933 waren im Jahresdurchschnitt mehr als 500 000 Menschen ohne Arbeit. Das entsprach einer Arbeitslosenrate von 25%. Nur ungefähr die Hälfte davon erhielt eine staatliche Unterstützung. Die Industrieproduktion ging zurück. Sie lag 1937 um 21% niedriger als 1929. Unter den gegebenen Umständen hätte die Regierung die Investitionstätigkeit ankurbeln und die öffentliche Nachfrage beleben müssen. Aber sie blieb bei ihrer alten und, wie wir heute wissen, verfehlten Wirtschaftspolitik. Ein ausgeglichener Staatshaushalt und ein starker Schilling waren ihr wichtiger als Hunderttausende Arbeitslose.

Die wirtschaftliche Notsituation, für die keine Besserung in Aussicht stand, erfüllte große Teile der österreichischen Bevölkerung mit Trostlosigkeit und Erbitterung. Das böse Wort von der »Lebensunfähigkeit Österreichs«, das nach der Ausrufung der Republik Anfang der zwanziger Jahre im Umlauf gewesen war, machte wieder die Runde. Millionen Menschen glaubten nicht oder nicht mehr an Österreich. Diese negative Einstellung, die aus historischer Sicht verständlich ist, hat entscheidend zum Untergang des Staates beigetragen.

Noch war es nicht soweit. Noch war die Unabhängigkeit Österreichs nicht ernsthaft bedroht. Noch gaben Frankreich und Großbritannien die feierliche Erklärung ab, für diese Unabhängigkeit einzutreten. Noch fühlte sich Benito Mussolini als Beschützer Österreichs. Und Adolf Hitler erklärte am 21. Mai 1935 in einer Reichstagsrede: »Deutschland hat weder die Absicht noch den Willen, sich in die innerösterreichischen Verhältnisse einzumischen, Österreich etwa zu annektieren oder anzuschließen.«

Aber das änderte sich bald. Am 3. Oktober 1935 überraschte Benito Mussolini, der sich im Stile eines römischen Imperators »Duce« titulieren ließ, die Weltöffentlichkeit mit der Mitteilung, italienische Truppen seien in das Kaiserreich Abessinien (heute: Äthiopien) eingefallen.

Das kriegerische Abenteuer führte zu Gewichtsverlagerungen im Kräftespiel der europäischen Politik und in deren Folge zu einer bedrohlichen Verschlechterung der außenpolitischen Lage Österreichs. Die Westmächte – Frankreich und Großbritannien – verurteilten das militärische Unternehmen Mussolinis, schreckten aber vor Gewaltanwendung gegen den Friedensstörer zurück. Eine Rohstoffsperre blieb wirkungslos, da das Deutsche Reich die Rohstoffverluste Italiens ausglich. Die deutsche Wirtschaftshilfe führte zu einer Annäherung zwischen den beiden Ländern, die schließlich in eine politische Freundschaft, in die »Achse Berlin–Rom« mündete.

Der Dank Benito Mussolinis für die deutsche Unterstützung im Abessinienkrieg war die Preisgabe Österreichs. Der »Duce« gab seine Beschützerrolle auf und drängte Schuschnigg zu einer Versöhnung mit dem nationalsozialistischen Deutschland. Damit begann der »deutsche Weg« der Ersten Republik, an dessen Ende der Untergang Österreichs stand.

Am 11. Juli 1936 wurde zwischen Österreich und Deutschland ein Vertrag geschlossen, der als »Juliabkommen« in die Geschichte eingegangen ist. Das Deutsche Reich anerkannte darin die Selbständigkeit Österreichs und versprach, sich in die inneren Angelegenheiten des Landes nicht einzumischen. Schuschniggs Gegenleistung bestand in der Verpflichtung, eine deutschlandfreundliche Außenpolitik zu führen. Ein Geheimabkommen sah die Aufhebung der Tausend-Mark-Sperre und die Normalisierung der Handelsbeziehungen vor. Für die österreichische Wirtschaft waren das wichtige Erleichterungen. Andererseits mußte sich der Bundeskanzler verpflichten, zwei Vertreter des »nationalen Lagers« in die Regierung aufzunehmen und Nationalsozialisten, die keine schweren Verbrechen begangen hatten, aus der Haft zu entlassen.

Nach außen hin sah das Abkommen wie ein Erfolg Schuschniggs aus. Aber es war, wie sich bald herausstellte, ein glatter

Mißerfolg. In der österreichischen Bundesregierung saßen jetzt Männer, die mit den Nationalsozialisten sympathisierten. Sie erfüllten gewissermaßen die Rolle eines »Trojanischen Pferdes«. Der Aushöhlung Österreichs von der Staatsspitze her stand nichts mehr im Wege. Vor allem aber: Adolf Hitler dachte gar nicht daran, seine Versprechungen zu halten.

Zu Beginn des Jahres 1937 verstärkte sich der deutsche Druck auf Österreich. Als im Februar der deutsche Außenminister, Konstantin Freiherr von Neurath, zu einem Staatsbesuch nach Wien kam, wurde er auf offener Straße von den illegalen Nationalsozialisten mit »Heil-Hitler«-Rufen jubelnd begrüßt. Neurath machte der österreichischen Bundesregierung unmißverständlich klar, daß das »Juliabkommen« für Deutschland nicht mehr wert war als ein Stück Papier. Er schlug eine Währungsunion mit dem Deutschen Reich und Wirtschaftsmaßnahmen vor, die den Anschluß Österreichs an Deutsch-

Schuschnigg und Neurath im Gespräch

land auf wirtschaftlichem Gebiet vorwegnahmen. Hermann Göring, einer der engsten Mitarbeiter Hitlers und von diesem mit der Durchführung des Vierjahresplanes beauftragt, der 1936 anlief, wurde noch ein Stück deutlicher. Bei einem Besuch in Italien erklärte er dem »Duce« klipp und klar, daß ein Anschluß Österreichs an das Deutsche Reich unvermeidlich sei. Er sei bereit, dafür das Deutschtum in Südtirol preiszugeben.

In Görings Anschlußplänen spielten wirtschaftliche Überlegungen die Hauptrolle. Sein Blick richtete sich begehrlich auf die Eisenerzlager in der Steiermark, die Ölfelder im Marchfeld, die anderen interessanten Bodenschätze, die ausbaufähigen österreichischen Wasserkräfte sowie auf die umfangreichen Gold- und Devisenvorräte. Über die »wehrwirtschaftliche Bedeutung der Eingliederung Österreichs in den deutschen Wirtschaftsraum« hatten die deutschen Behörden längst genaue Untersuchungen angestellt. Aus ihnen ging unter anderem hervor, daß die österreichischen Eisenerzlager 10% des deutschen Einfuhrbedarfes decken konnten, daß der Antimongewinnung eine große Bedeutung zukam, daß die Wälder Österreichs das chronische Holzdefizit des Deutschen Reiches weitgehend wettmachen konnten, daß die Goldvorräte der Oesterreichischen Nationalbank dazu beitragen konnten, die Devisennot des stark aufrüstenden Deutschen Reiches zu lindern. Vom Bevölkerungszuwachs und der räumlichen Vergrößerung des Deutschen Reiches gar nicht erst zu reden.

Für Hermann Göring war der Anschluß Österreichs nur eine Frage der Zeit. Auf seinem pompösen Landsitz Karinhall, wo der beleibte Reichsluftfahrtsminister teure

Gemälde sammelte und Löwenbabys großzog, hing eine kostbare Landkarte, auf der Österreich als eigener Staat gar nicht mehr eingezeichnet war. Ein österreichischer Gast, der ihn darauf ansprach, erhielt zur Antwort: »Ich möchte eine so schöne Karte nicht so oft ändern und habe sie deshalb gleich so angelegt, wie sie meinen Wünschen und auch der Auffassung, die ich über diese Entwicklung habe, entspricht.«

Im November 1937, als Göring diese Bemerkung machte, existierten bereits Einmarschpläne für die Besetzung Österreichs. Im Reichskriegsministerium in Berlin lag eine Weisung mit der Überschrift »Sonderfall Otto«. Sie sah vor, daß im Falle einer Wiedereinführung der Monarchie in Österreich deutsche Truppen die Grenze überschreiten und gegen jeden Widerstand das Land besetzen sollten.

Der Grund, der für die Inkraftsetzung dieser Maßnahme genannt wurde, war natürlich nur ein Vorwand. Der deutschen Reichsregierung ging es nicht darum, die Wiedereinführung der Monarchie in Österreich zu verhindern. Auch Hitler wollte Österreich nicht vordringlich deshalb in das Reich »heimholen«, weil es »deutsch« war. Dieses Argument stellte er wohl in allen seinen Reden immer in den Vordergrund. Doch in Wahrheit standen hinter der Anschlußidee, wir haben es schon festgestellt, sehr handfeste wirtschaftliche und militärische Überlegungen. Der »Führer und Reichskanzler« machte dies am 5. November 1937 deutlich, als er in der Reichskanzlei vor den Oberbefehlshabern der Wehrmacht sowie dem Außen- und Kriegsminister seine Pläne darlegte. Sein Adjutant, Oberst Friedrich Hoßbach, hat die Ausführungen

Hitlers in einer Niederschrift festgehalten. Der Führer sprach von der »Lösung der Raumnot«, für die es nur den Weg der Gewalt gebe. Erstes Ziel dabei sei die Niederwerfung der Tschechoslowakei und Österreichs. Er erhoffe sich von der Angliederung der beiden Staaten eine militärpolitische Entlastung durch kürzere Grenzen, den Gewinn von Nahrungsmitteln für 5–6 Millionen Menschen und die Erhöhung der Schlagkraft des Heeres durch die Neuaufstellung von zwölf Divisionen. Adolf Hitler betrachtete den Anschluß Österreichs vorwiegend unter machtpolitischen Erwägungen. Die Parole »Blut muß zu Blut«, die so oft von ihm zu hören war, war lediglich ein propagandistisches Schlagwort.

Gegen Ende des Jahres 1937 war die Lage Österreichs mehr oder minder hoffnungslos geworden. Die Anschlußtöne aus Hitlerdeutschland wurden immer ungeduldiger und drohender. Aus dem westlichen Ausland kamen entmutigende Nachrichten. Man solle sich doch über dieses kleine Österreich nicht den Kopf zerbrechen, meinte eine englische Zeitung, der Anschluß und das Verhältnis der beiden Staaten überhaupt sei eine rein deutsche Familienangelegenheit. Und der italienische Außenminister bemerkte anläßlich der Bestellung des neuen italienischen Gesandten in Wien zynisch: »Ich habe seine Aufgabe folgendermaßen umrissen: Er ist ein Arzt, der einem Sterbenden Sauerstoff zu verabreichen hat, ohne daß es der Erbe merkt. Im Zweifelsfall interessiert uns der Erbe mehr als der Sterbende.« Österreich war international völlig isoliert.

Die österreichischen Nationalsozialisten verstärkten ihre gegen die Regierung gerichteten Aktivitäten und bliesen zum

Endkampf. Ihr radikaler Flügel wollte durch verstärkte Terroraktionen Hitlers Eingreifen in Österreich beschleunigen. Unter diesen äußerst ungünstigen Umständen nahm Bundeskanzler Schuschnigg nach längerem Zögern eine Einladung zu einer Unterredung mit Adolf Hitler auf dessen Berghof auf dem Obersalzberg bei Berchtesgaden an. Es war ein österreichischer Canossagang.

In den ersten Morgenstunden des 12. Februar 1938 erreicht der fahrplanmäßige Nachtzug, der Stunden vorher vom Wiener Westbahnhof abgefahren ist, die Festspielstadt Salzburg. Das ist an sich etwas ganz Alltägliches. Das Ungewöhnliche an diesem trüben, feuchtkalten Wintertag ist der Sonderwaggon, der an die Zugsgarnitur angekoppelt ist. Wie viele der Fahrgäste werden den Waggon wohl bemerkt und Überlegungen daran geknüpft haben? Der Waggon wird auf einem Nebengleis abgestellt und von einigen Gendarmen bewacht. Die Öffentlichkeit darf vom bevor-

Der Berghof auf dem Obersalzberg mit dem Arbeitszimmer Hitlers

stehenden Treffen des österreichischen Bundeskanzlers mit dem deutschen Reichskanzler nichts erfahren. Nur wenige Persönlichkeiten des engsten Regierungskreises sind darüber informiert. Nicht einmal der Salzburger Landeshauptmann und die lokalen Behörden sind verständigt worden.

Dr. Schuschnigg und sein Staatssekretär Dr. Guido Schmidt nehmen im Waggon das Frühstück ein. Um zehn Uhr vormittag besteigen sie ein Dienstauto, das in der Nacht von Wien herangeholt worden ist, und fahren am Flughafen vorbei in Richtung deutsche Grenze los. Sie werden dort vom deutschen Botschafter in Österreich, Franz von Papen, der die Unterredung eingefädelt hat, abgeholt. Herr von Papen ist sehr aufgeräumt. Der Führer sei in bester Stimmung, meint er jovial. Ob es dem Kanzler etwas ausmache, daß sich auch einige Generäle auf dem Berghof befänden?

Am Fuß der vereisten Zufahrtsstraße zum Führerdomizil auf dem Obersalzberg steigen sie in einen bereitgestellten Raupenschlepper um, der sie hinaufbringt. Schuschnigg und seine Begleiter werden auf den Stufen vor der Eingangsterrasse zum Berghof von Adolf Hitler und drei Generälen freundlich begrüßt. Der »Führer« trägt einen braunen SA-Rock mit Hakenkreuzarmbinde und eine lange schwarze Hose. Er geleitet den Kanzler zu einem Vieraugengespräch in den ersten Stock, wo sich sein Arbeitszimmer befindet. Schuschnigg nimmt Platz.

»Dieser wundervoll gelegene Raum ist wohl schon der Schauplatz mancher entscheidender Besprechung gewesen, Herr Reichskanzler«, eröffnet er höflich das Gespräch.

»Ja – hier reifen meine Gedanken«, erwidert Hitler hoheitsvoll und setzt einen Satz hinzu, der nichts Gutes ahnen läßt. »Aber wir sind ja nicht zusammengekommen«, sagt er, »um von der schönen Aussicht und vom Wetter zu reden.« In den nächsten zwei Stunden überschüttet der »Führer und Reichskanzler« seinen Gast, der kaum zu Wort kommt, mit historischen Betrachtungen, Beschimpfungen und einem Trommelfeuer von schweren Vorwürfen. »Übrigens hat Österreich nie etwas getan, was dem deutschen Reich genützt hat«, poltert er. »Seine ganze Geschichte ist ein ununterbrochener Volksverrat. Das war früher nicht anders als heute. Aber dieser geschichtliche Widersinn muß endlich sein längst fälliges Ende finden. Und das sage ich Ihnen, Herr Schuschnigg: Ich bin fest entschlossen, mit dem allem ein Ende zu machen.« Und ein paar Atemzüge weiter: »Ich kann Ihnen nur nochmals sagen, daß es so nicht weitergeht. Ich habe einen geschichtlichen Auftrag, und den werde ich erfüllen, weil mich die Vorsehung dazu bestimmt hat. Ich bin davon durchdrungen und glaube daran... Mir war meine Aufgabe vorgezeichnet; ich bin den schwersten Weg gegangen, den je ein Deutscher gehen mußte, und ich habe in der deutschen Geschichte das Größte geleistet, was je einem Deutschen zu leisten bestimmt war... Ich sage Ihnen, ich werde die ganze sogenannte österreichische Frage lösen, und zwar so oder so!« Und dann folgt eine massive Drohung: »Ich brauche nur einen Befehl zu geben, und über Nacht ist der ganze lächerliche Spuk an der Grenze zerstoben«, dröhnt Hitler. »Sie werden doch nicht glauben, daß Sie mich auch nur eine halbe Stunde aufhalten können?

Wer weiß – vielleicht bin ich über Nacht auf einmal in Wien; wie der Frühlingssturm! Dann sollen Sie etwas erleben!«
»Ich weiß natürlich«, wendet Schuschnigg ein, »daß Sie in Österreich einmarschieren können; aber, Herr Reichskanzler, ob wir es wollen oder nicht – das wird ein Blutvergießen geben; wir sind nicht allein auf der Welt. Das bedeutet wahrscheinlich den Krieg.«
»Das sagt sich sehr leicht«, erwidert Hitler gelassen, »jetzt, wo wir beide in Klubsesseln sitzen.« Und dann trumpft er auf: »Glauben Sie nur nicht, daß mich irgend jemand in der Welt in meinen Entschlüssen hindern wird! Italien? Mit Mussolini bin ich im reinen; England? England wird keinen Finger für Österreich rühren...«
Ein paar Minuten darauf bricht er das Gespräch ab und geleitet seinen Gast in den Speisesaal. Auch bei Tisch schwadroniert der Reichskanzler munter weiter. Er wechselt sprunghaft die Themen, plaudert über dies und das. Gegen zwei Uhr nachmittags zieht er sich zurück. Erst jetzt kann der Kettenraucher Schuschnigg seine erste Zigarette rauchen und sich bei ein paar Cocktails ein wenig erholen.
Nach zwei Stunden quälenden Wartens werden der Bundeskanzler und sein Staatssekretär in ein kleines Zimmer gebeten, wo ihnen der frischgebackene Reichsaußenminister, Joachim von Ribbentrop, den zweiseitig maschingeschriebenen Entwurf eines neuen Abkommens aushändigt. Er enthält folgende Forderungen:
● Sämtliche Nationalsozialisten sind innerhalb von drei Tagen aus der Haft zu entlassen.
● Der Nationalsozialist Dr. Arthur Seyß-Inquart ist zum Innenminister mit voller Polizeigewalt zu bestellen.

● Alle wegen NS-Betätigung entlassenen Beamten und Offiziere können wieder auf ihre Posten zurückkehren.

● Das nationalsozialistische Bekenntnis soll frei, die NS-Betätigung innerhalb der Vaterländischen Front erlaubt sein.

● Die österreichische Unabhängigkeit wird anerkannt.

Schuschnigg und Schmidt sind bestürzt. Sie erheben Einwände und erreichen ein paar unwesentliche Änderungen des Entwurfes. Nach weiterem Warten werden sie in das Arbeitszimmer Hitlers beschieden, der trocken erklärt: »Ich habe mich entschlossen, einen allerletzten Versuch zu unternehmen, Herr Schuschnigg. Hier ist der Entwurf. Verhandelt wird nicht, ich ändere keinen Beistrich. Sie haben entweder zu unterschreiben, oder alles Weitere ist zwecklos, und wir sind zu keinem Ergebnis gekommen. Ich werde dann im Laufe der Nacht meine Entschlüsse zu fassen haben.«

Als Schuschnigg widerspricht, beginnt Hitler zu toben. Er komplimentiert den Bundeskanzler aus dem Raum und ruft

Schuschnigg kehrt vom Obersalzberg zurück

demonstrativ nach General Keitel, dem Oberkommandierenden der Deutschen Wehrmacht. Schuschnigg und Schmidt haben eine halbe Stunde Bedenkzeit, die Forderungen Hitlers zu akzeptieren. Aber was gibt es nach den massiven Drohungen eigentlich noch zu bedenken? Schuschnigg unterschreibt die von den Sekretärinnen inzwischen hergestellte Reinschrift des »Berchtesgadener Abkommens«. Hitler diktiert eine kurze, nichtssagende Presseveröffentlichung. Eine Einladung zum Abendessen lehnen die Österreicher mit Dank ab. Nach kurzer Verabschiedung besteigen sie den Raupenschlepper, der sie auf abenddunkler Straße zur Grenze bringt. Herr von Papen meint dünkelhaft: »Ja, so kann der Führer sein; nun haben Sie es selber erlebt. – Aber wenn Sie das nächste Mal kommen, werden Sie sich sehr viel leichter sprechen. Der Führer kann ausgesprochen charmant sein.«

Schuschnigg ist sich vollkommen im klaren darüber, was von einer solchen Bemerkung zu halten ist. Er und das österreichische Volk werden einige Wochen später den Charme Hitlers zu spüren bekommen.

Der übermüdete, von den Ereignissen auf dem Berghof gezeichnete Bundeskanzler tritt um zwei Uhr morgens mit einem Sonderzug die Rückreise nach Wien an. Der Tag von Berchtesgaden ist zu Ende.

Am 13. Februar berichtete Schuschnigg Bundespräsident Wilhelm Miklas über die mit Hitler getroffenen Vereinbarungen. Nach längeren Beratungen entschlossen sich Miklas und Schuschnigg zur Erfüllung der deutschen Forderungen. Arthur Seyß-Inquart wurde zum Innenminister bestellt. Die Exekutive (Polizei und Gen-

Antisemitische Hetzparolen bei einer Demonstration der Nazis auf der Wiener Ringstraße

darmerie) unterstand nun einem Nationalsozialisten. Die eingesperrten Nazis wurden aus den Gefängnissen entlassen. Für sie und die anderen Illegalen war das Berchtesgadener Abkommen der Startschuß zur Machtübernahme. Sie organisierten Umzüge und Massendemonstrationen. Hakenkreuzfahnen wurden gehißt, nationalsozialistische Parteiabzeichen offen zur Schau getragen, die Plakatwände mit Flugblättern und Propagandaschriften beklebt. In den Straßen begrüßten einander manche Leute statt mit »Guten Tag« oder »Grüß Gott« forsch mit »Heil Hitler«.

In dieser verzweifelten Situation erhielt Schuschnigg von Otto von Habsburg, dem ältesten Sohn des letzten Kaisers, ein langes Schreiben. Otto forderte darin den Kanzler zur Gegenwehr auf und bot sich selbst als Regierungschef an. Schuschnigg lehnte ab. Das war verständlich, denn eine Übernahme der Regierung durch ein Mitglied des Hauses Habsburg-Lothringen, gleichgültig in welcher Eigenschaft, hätte unverzüglich weitreichende außenpolitische Folgen nach sich gezogen. Unverständlich war es, daß sich der Bundeskanzler nicht dazu entschließen konnte, rasch und vorurteilslos die Hand der Arbeiterschaft zu ergreifen, die ihm durch ihre Vertreter für ein Mindestmaß an Zugeständnissen (gleiche Bewegungsfreiheit wie die Nationalsozialisten, freie Wahlen im Gewerkschaftsbund, die Bewilligung zur Herausgabe einer Tageszeitung, Zusagen für eine verbesserte Sozialgesetzgebung) ihre Unterstützung im Kampf gegen Hitler anbot. »Herr Bundeskanzler«, sagte ein Mitglied der Arbeiterdelegation, die Schuschnigg am 3. März empfing, »uns trennen die offenen Gräben des Februar 1934, aber Sie und wir wohnen im gleichen Haus, und dieses Haus Österreich brennt. Wenn wir heute den Brand gemeinsam löschen, werden wir uns morgen darüber unterhalten, wie es eingerichtet werden soll. Vor uns liegt eine ungeheure Gefahr.«

Eine gemeinsame Widerstandsfront gegen den Nationalsozialismus hätte im Ausland wahrscheinlich Eindruck gemacht. Aber es wurde nichts daraus. Schuschnigg versuchte, der Bedrängung durch den Nationalsozialismus von innen und außen auf seine Weise zu begegnen.

Er hielt am 24. Februar 1938 vor der Bundesversammlung im Parlament eine Rede, in der er den Widerstandswillen aller Patrioten für die Unabhängigkeit Österreichs zu mobilisieren versuchte. Seine

Ausführungen, die über den Rundfunk und mittels Lautsprechern auf den großen Plätzen der Landeshauptstädte übertragen wurden, gipfelten in dem Kampfruf: »Bis in den Tod: Rot-Weiß-Rot!«

Im ganzen Land machte sich eine Aufbruchsstimmung breit. Anhänger der Regierung demonstrierten für ein freies und unabhängiges Österreich. Die österreichischen Nationalsozialisten antworteten mit offenem Aufruhr, die deutsche Reichsregierung stellte neue politische Forderungen. Der Kampf um Österreich war in seine entscheidende Phase getreten.

Bundeskanzler Schuschnigg setzt nun alles auf eine Karte. Er gibt den Auftrag zur geheimen Vorbereitung einer Volksbefragung, die kurzfristig durchgeführt werden soll. Es ist eine überhastete und in letzter Konsequenz todbringende Aktion. Das Wahlalter wird auf 24 Jahre hinaufgesetzt, es soll nur Stimmzettel mit »Ja« geben, an die Anlegung von Wählerlisten ist nicht gedacht. Aber die Absicht ist klar:

Dr. Schuschnigg in Innsbruck

Schuschnigg will mit dieser Verzweiflungstat Hitler überrumpeln. Er ist überzeugt davon, daß sich eine große Mehrheit der Österreicher für die Unabhängigkeit des Landes aussprechen wird. Die Parole lautet: »Für ein freies und deutsches, unabhängiges und soziales, für ein christliches und einiges Österreich!«

Die Geheimhaltung des Planes gelingt nicht. Als Schuschnigg am 9. März 1938 in Innsbruck die Volksbefragung in einer Versammlung der Vaterländischen Front für den 13. März ankündigt, sind die maßgeblichen deutschen Stellen längst davon informiert. Sie hatten früher davon Kenntnis erhalten als das österreichische Volk. Unachtsamkeit und Verrat sind dabei im Spiel gewesen.

Adolf Hitler fühlt sich durch den österreichischen Bundeskanzler herausgefordert. Er will die Volksabstimmung unter allen Umständen verhindern, wenn nötig mit Gewalt. Er gibt Befehl, Pläne für einen sofortigen Einmarsch in Österreich auszuarbeiten. Damit sind Österreichs letzte Stunden eingeläutet. Am 11. März 1938 wird Bundeskanzler Schuschnigg um halb sechs Uhr morgens in seiner Wohnung in einem Seitentrakt des Belvedere durch einen Telefonanruf geweckt. Dr. Michael Skubl, der Staatssekretär für das Sicherheitswesen, meldet ihm, daß die deutsche Grenze bei Salzburg gesperrt und der Zugsverkehr eingestellt ist. Schuschnigg erhebt sich, verläßt eine dreiviertel Stunde später die Wohnung und begibt sich nach einem kurzen Gebet im Stephansdom zum Ballhausplatz. Der Dienstbetrieb ist noch nicht angelaufen. Die Menschen in den Straßen der Stadt sind wie jeden Tag auf dem Weg zur Arbeit. Sie wissen noch nichts, sie können nicht einmal ahnen, daß dieser schöne, kalte Freitag im März der Karfreitag der Ersten Republik werden wird. Hitler hat bereits um zwei Uhr morgens Weisung gegeben, »mit bewaffneten Kräften in Österreich einzurücken, wenn andere Mittel nicht zum Ziele führen«. Das ganze Unternehmen solle in Form eines von der ganzen Bevölkerung begrüßten friedlichen Einmarsches vor sich gehen. Sollte es aber zum Widerstand kommen, so sei dieser mit größter Rücksichtslosigkeit durch Waffengewalt zu brechen.

Um acht Uhr führt Schuschnigg ein Gespräch mit dem national gesinnten Staatsrat Hugo Jury, der sich in einem Zeitungsartikel mit Entschiedenheit gegen die Volksbefragung ausgesprochen hat. Eineinhalb Stunden später erscheint Seyß-Inquart in seinem Büro und übermittelt einen Befehl aus Berlin: Die Volksbefragung sei sofort abzusagen und zu vertagen. Schuschnigg ruft seine engsten Mitarbeiter in seinem Arbeitszimmer zu einer Beratung zusammen. Auch die Vertreter der nationalen Opposition halten eine Besprechung ab. Nach langen Überlegungen und anfänglichem Widerstand sagt der Bundeskanzler die Volksbefragung ab. Aber Berlin, wo an diesem Tag alle Entscheidungen fallen, will sich mit Teillösungen nicht mehr zufriedengeben. Hermann Göring, der in pausenlosen Telefongesprächen mit seinen willfährigen Gesinnungsgenossen und Beauftragten in Wien die Entwicklung vorantreibt, verlangt nun den Rücktritt Schuschniggs und die Bildung einer neuen Bundesregierung mit Seyß-Inquart an der Spitze. Hitler braucht eine österreichische Regierung, die alle seine Wünsche binnen kurzem erfüllt.

Bundespräsident Wilhelm Miklas

In Wien kommt es zwischen Schuschnigg und Bundespräsident Wilhelm Miklas zu einem dramatischen Gespräch. Miklas, der in den Krisenjahren 1933/34 offenkundig versagt hat, wird am 11. März zum Träger des letzten, hartnäckigen Widerstandes gegen den Nationalsozialismus. Vom Ausland ist keine Hilfe zu erwarten. Das steht nach Kontakten mit London, Paris und Rom fest. Jetzt ist man nur noch auf die eigene Standfestigkeit angewiesen, auf den eigenen Abwehrwillen. Der Bundespräsident verlangt, daß Schuschnigg im Amt bleibt. Der Bundeskanzler besteht auf seinem Rücktritt. Miklas gibt notgedrungenermaßen nach. Aber er ist nicht gewillt, Seyß-Inquart zum Regierungschef zu bestellen. Göring, der davon um 17.26 Uhr erfährt, platzt der Kragen: »Also so geht das unter keinen Umständen«, faucht er Seyß-Inquart am Telefon an. »Also bitte: es muß jetzt sofort dem Bundespräsidenten mitgeteilt werden, daß er *unverzüglich* Ihnen die Macht zu übergeben hat als Bundeskanzler … Wenn er nicht unverzüglich die Forderungen annimmt – Sie kennen sie –, dann erfolgt heute nacht der Einmarsch der bereits auf der Grenze aufmarschierten und anrollenden Truppen auf der gan-

164

zen Linie, und die Existenz Österreichs ist vorbei!... Bitte, geben Sie uns unverzüglich Nachricht, auf welchem Standpunkt Miklas bleibt. Sagen Sie ihm, es gibt keinen Spaß jetzt... Der Einmarsch wird nur dann aufgehalten, und die Truppen bleiben an der Grenze stehen, wenn wir bis 19.00 Uhr die Meldung haben, daß der Miklas die Bundeskanzlerschaft Ihnen übertragen hat... Also bis 19.00 Uhr Meldung!... Wenn der Miklas das nicht in vier Stunden kapiert hat, muß er es jetzt eben in vier Minuten kapieren.«

Wilhelm Miklas ist nicht bereit, nachzugeben. Verzweifelt bemüht er sich, einen Nachfolger für Schuschnigg zu finden. Er stößt bei den Persönlichkeiten, denen er das Amt anbietet, auf Ablehnung. In dieser Situation will sich niemand mehr mit der Bürde und Verantwortung dieser Position belasten. In den Abendstunden informiert Bundeskanzler Schuschnigg über den Rundfunk das österreichische Volk über die Ereignisse der letzten Stunden.

»Die deutsche Reichsregierung hat dem Herrn Bundespräsidenten ein befristetes Ultimatum gestellt«, sagt er, »nach welchem der Herr Bundespräsident einen ihm vorgeschlagenen Kandidaten zum Bundeskanzler zu ernennen und die Regierung nach den Vorschlägen der deutschen Reichsregierung zu bestellen hätte, widrigenfalls der Einmarsch deutscher Truppen für diese Stunde in Aussicht genommen würde. Ich stelle fest vor der Welt, daß die Nachrichten, die in Österreich verbreitet wurden, daß Arbeiterunruhen gewesen seien, daß Ströme von Blut geflossen seien, daß die Regierung nicht Herrin der Lage wäre und aus eigenem nicht hätte Ordnung machen können, von A bis Z erfunden sind. Der Herr Bundes-

präsident beauftragt mich, dem österreichischen Volk mitzuteilen, daß wir der Gewalt weichen. Wir haben, weil wir um keinen Preis, auch in dieser ernsten Stunde nicht, deutsches Blut zu vergießen gesonnen sind, unserer Wehrmacht den Auftrag gegeben, für den Fall, daß der Einmarsch durchgeführt wird, ohne wesentlichen Widerstand, ohne Widerstand sich zurückzuziehen und die Entscheidungen der nächsten Stunden abzuwarten... So verabschiede ich mich in dieser Stunde von dem österreichischen Volke mit einem deutschen Wort und einem Herzenswunsch: Gott schütze Österreich!«

Die Straßen der Innenstadt füllen sich mit Menschen. Die Menge formiert sich zu Umzügen. Die Demonstranten tragen Spruchbänder mit sich, auf denen zu lesen steht: »Wien erwartet das Kommen seiner Befreier!« Viele Polizisten, die vor den Ministerien Wachdienst versehen, tragen Hakenkreuzbinden, vom Rathaus und anderen wichtigen Gebäuden der Stadt wehen Hakenkreuzfahnen.

»An diesem Abend brach die Hölle los«, berichtet Carl Zuckmayer, ein bekannter Schriftsteller, der Augenzeuge dieser Szenen wurde. »Die Unterwelt hatte ihre Pforten aufgetan und ihre niedrigsten, scheußlichsten, unreinsten Geister losgelassen. Die Stadt verwandelte sich in ein Alptraumgemälde des Hieronymus Bosch: Lemuren und Halbdämonen schienen aus Schmutzeiern gekrochen und aus versumpften Erdlöchern gestiegen. Die Luft war von einem unablässig gellenden, wüsten Gekreische erfüllt... Und alle Menschen verloren ihr Gesicht, glichen verzerrten Fratzen... Ich hatte in meinem Leben einiges an menschlicher Entfesselung, Entsetzen oder Panik gesehen...

Jüdische Kinder wurden von den Nazis zum Beschmieren jüdischer Geschäfte gezwungen

Was hier entfesselt wurde, war der Aufstand des Neids, der Mißgunst, der Verbitterung, der blinden böswilligen Rachsucht – und alle anderen Stimmen waren zum Schweigen verurteilt.«

In Österreich bricht die Eiterbeule des Antisemitismus auf. Jüdische Mitbürger werden verspottet, mißhandelt, beraubt. Wohnungen werden geplündert, Autos beschlagnahmt. Der Wiener Korrespondent einer britischen Zeitung schildert den antisemitischen »Pöbelsport«, der mit stillschweigender Duldung der Polizei ablief: »Die erste Reibpartie sah ich auf dem Praterstern. Sie mußte das Bild Schuschniggs entfernen, das mit einer Schablone auf den Sockel eines Monuments gemalt worden war. SA-Leute schleppten einen bejahrten jüdischen Arbeiter und seine Frau

durch die beifallklatschende Menge. Tränen rollten der alten Frau über die Wangen, und während sie starr vor sich hinsah und förmlich durch ihre Peiniger hindurchblickte, konnte ich sehen, wie der alte Mann, dessen Arm sie hielt, versuchte, ihre Hand zu streicheln. ›Arbeit für die Juden, endlich Arbeit für die Juden!‹ heulte die Menge. ›Wir danken unserem Führer, er hat Arbeit für die Juden geschafft!‹« Und an einer anderen Stelle schreibt er: »Von meinem Büro am Petersplatz konnte ich auch Wochen hindurch den Lieblingssport des Nazimobs beobachten: jüdische Männer und Frauen wurden gezwungen, auf allen vieren kriechend, den Gehsteig mit einer scharfen Lauge zu reiben, die ihnen die Haut verbrannte, so daß sie sich sofort in Spitalsbehandlung begeben mußten.«

Zahlreiche Juden verließen in den nächsten Wochen und Monaten Österreich, begingen Selbstmord, wurden in Konzentrationslager verschleppt. Ihr Besitz wurde »arisiert«. Geschäfte, Warenhäuser, Fabriken wurden ihnen weggenommen, gingen in arische, also nichtjüdische Hände über oder erhielten einen »kommissarischen Verwalter«. Viele der neuen Besitzer waren Nationalsozialisten.

Die Juden wurden aus dem öffentlichen Dienst entfernt, jüdische Ärzte und Rechtsanwälte durften ihren Beruf nicht mehr ausüben, jüdische Studenten an den Hochschulen nicht mehr inskribieren. Im April 1938 mußten die jüdischen Schüler die öffentlichen Schulen verlassen. Allein in Wien waren von dieser Maßnahme 16 000 Jugendliche betroffen. Einer der Betroffenen berichtet: »In der Turnhalle warteten der neue Direktor und einige Lehrer auf uns, und als alle jüdischen

Schüler versammelt waren, wir waren etwa neunzig, sagte er: ›Ich habe Ihnen folgende Mitteilung zu machen: Auf Anordnung des Reichserziehungsministeriums werden Sie vom heutigen Tag an einem anderen Gymnasium zugeordnet. Sie werden jetzt in Ihre Klassen zurückgehen, Ihre Sachen holen und sich von Ihren Mitschülern verabschieden . . .‹ Wir packten unsere Sachen und verabschiedeten uns. Auf dem Flur – unser Klassenzimmer lag im zweiten Stock des Gebäudes – bot sich uns ein unerwartetes Bild: Vor der breiten Treppe und die ganze Treppe hinunter, in Abständen von jeweils zwei Stufen, warteten die Lehrer, um uns ein letztes Lebewohl zu sagen . . . Als Paul Ehrlich, hinter dem ich die Treppe hinunter an unseren Lehrern vorbeiging, zu unserem Mathematikprofessor kam, der schon

Monate vor dem deutschen Einmarsch das Parteiabzeichen getragen hatte, wurde dieser blaß und stotterte: ›Aber Ehrlich, Sie sind doch kein Jude?!‹ Er war sein bester Schüler gewesen. Paul drehte nur ein wenig den Körper und zeigte das Trauerband auf seinem Ärmel. Sein Vater, Dr. Jakob Ehrlich, Rechtsanwalt und Mitglied des Wiener Abgeordnetenhauses, war der erste Jude in Wien, den die Nazis ermordet hatten.

Die ›Judenschule‹, wie das neue Gymnasium bald genannt wurde, bestand keine sechs Wochen. Dann war es für die meisten von uns mit der Erziehung vorbei.«

Die nationalsozialistische Judenverfolgung erreichte in der Nacht vom 9. auf den 10. November 1938 ihren vorläufigen Höhepunkt. Nach der Ermordung eines in Paris tätigen deutschen Diplomaten

Verwüstete Synagoge in Wien

durch einen Juden gab Reichspropagandaminister Joseph Goebbels den zuständigen Parteistellen die Weisung, aus Protest gegen diesen Mord »spontane Demonstrationen« zu veranstalten. Der Wink wurde – wie überall im Deutschen Reich – auch in Österreich verstanden. Tausende Juden wurden aus den Betten gezerrt, in eigens dafür frei gemachte Turnsäle, Reitschulen und Magazine geschleppt und dort schwer mißhandelt. Jüdische Geschäfte wurden geplündert, die jüdischen Gotteshäuser angezündet. Allein in Wien fielen in dieser schrecklichen Nacht, die man später in Anspielung auf das viele zerschlagene Glas sarkastisch als »Reichskristallnacht« bezeichnete, 61 jüdische Bethäuser und 14 Synagogen dem Terror zum Opfer.

Zurück zum 11. März: Das deutsche Ultimatum läuft ab, ohne daß etwas geschieht. Bundespräsident Miklas gibt nicht nach, noch immer nicht. Nun unterzeichnet Hitler die Weisung Nr. 2 des »Unternehmens Otto«, wie der Deckname für die militärische Besetzung Österreichs lautet: »Um weiteres Blutvergießen in den österreichischen Städten zu vermeiden«, heißt es darin, »wird der Einmarsch der deutschen Truppen in Österreich bei Tagesanbruch am 12. März beginnen.«
In keiner österreichischen Stadt ist es zu Zusammenstößen zwischen den Nationalsozialisten und der Staatsgewalt gekommen. Von Blutvergießen kann überhaupt keine Rede sein. Aber in Berlin nimmt man es mit der Wahrheit nicht so genau. Göring geht sogar noch einen Schritt weiter. Er verlangt von Seyß-Inquart die Absendung eines Telegrammes, in dem die provisorische österreichische Regierung

die Reichsregierung zur Wiederherstellung von Ruhe und Ordnung um die Entsendung von Truppen ersuchen soll. Man braucht vor der Welt ein Alibi für den Einmarsch. Und Göring gibt dem Sonderbevollmächtigten Hitlers, Staatssekretär Wilhelm Keppler, telefonisch auch gleich den gewünschten Wortlaut durch:
»Die provisorische österreichische Regierung, die nach der Demission der Regierung Schuschnigg ihre Aufgabe darin sieht, die Ruhe und Ordnung in Österreich wiederherzustellen, richtet an die deutsche Reichsregierung die dringende Bitte, sie in ihrer Aufgabe zu unterstützen und ihr zu helfen, Blutvergießen zu verhindern. Zu diesem Zweck bittet sie die deutsche Regierung um baldmöglichste Entsendung deutscher Truppen. Seyß-Inquart.«
Seyß-Inquart weigert sich, ein derartiges Telegramm abzusenden. Keppler gibt eigenmächtig nach Berlin durch, daß der NS-Politiker damit einverstanden sei.
Die letzte Szene in der Tragoedia Austriaca spielt sich an diesem Tag beim Bundespräsidenten ab. Um Mitternacht ernennt Wilhelm Miklas Arthur Seyß-Inquart zum Bundeskanzler und unterschreibt die Liste der neuen Minister. Einige Zeit danach zeigt sich die nationalsozialistische Regierung auf dem Balkon des Bundeskanzleramtes. Unten jubeln die Massen. Dieser Jubel wird in den nächsten Tagen weitergehen und ganz Österreich durchfluten, sich fortpflanzen bis in das kleinste Dorf.

In den Morgenstunden des 12. März überschreiten die ersten deutschen Truppeneinheiten die österreichische Grenze. Sie treffen auf keinen Widerstand. Im Ge-

An der deutsch-österreichischen Grenze

genteil: Große Teile der Bevölkerung empfangen sie mit Jubel und Blumen. Der Vormarsch der motorisierten Kolonnen geht nicht ohne Pannen vor sich: Es gibt Staus, den Panzern geht der Treibstoff aus. Er wird vom Motorenlärm der zirka 200 Militärflugzeuge begleitet, die nach und nach auf dem Flugfeld Aspern bei Wien landen. An Bord der ersten Maschinen befindet sich der Reichsführer SS und Chef der deutschen Polizei, Heinrich Himmler, mit seinen Mitarbeitern. Himmler hat den Auftrag, Wien noch vor dem Eintreffen Hitlers von politischen Gegnern zu säubern. Er und seine Ordnungspolizei leisten gründliche Arbeit. In den nächsten Tagen und Wochen werden an Hand vorbereiteter Listen Zehntausende Österreicher, die als Gegner des neuen Regimes gelten, verhaftet und in das Gefängnis geworfen. Am 1. April geht der erste Transport von Häftlingen in das Konzentrationslager Dachau ab. »Als wir damals auf dem Westbahnhof von der Wiener Polizei der Dachauer SS übergeben wurden«, schreibt eines der Opfer, »hörten wir auf, Menschen zu sein. An die Gefangenschaft hatten wir uns seit zwei Wochen gewöhnt. Nun waren wir nur mehr Zuschub fürs Konzentrationslager. Elen-

der als das Vieh. Wenn Vieh verfrachtet wird, hat die Roheit der Treiber ihr Maß an der Regel irgendeines Tierschutzvereines. Wir standen von dem Augenblick unserer Übernahme durch die SS an unter gar keiner Regel mehr. Man trat mit genagelten Stiefeln nach uns, stieß uns die Gewehrkolben in die Rippen, schlug uns mit geballten Fäusten mitten in das Gesicht. Der Herrenmensch tobte sich aus.« Die (Welt-)Öffentlichkeit erfährt davon nichts. Sie steht ganz im Banne des vordergründigen militärischen und politischen Geschehens.

Unter dem Eindruck des überwältigenden Empfanges seiner Soldaten entschließt sich Adolf Hitler, selbst nach Österreich zu kommen. Er wird in seiner Heimat stürmisch umjubelt. »Der Jubel war unbeschreiblich«, notierte sein Adjutant. »Die Glocken läuteten. Die 120 km lange Fahrt von Braunau nach Linz glich einer Triumphfahrt.« Am Abend trifft Hitler in

Die Straßen werden umbenannt

Linz ein. Die Begeisterung der Massen, die am Rathausplatz auf ihn warten, ist grenzenlos. Der »Führer« hält vom Balkon des Linzer Rathauses aus eine Rede und faßt den Entschluß, Österreich dem Deutschen Reich anzugliedern. Rasch wird ein entsprechendes Gesetz ausgearbeitet und am 13. März dem Bundespräsidenten zur Unterschrift vorgelegt. Aber Wilhelm Miklas ist auch jetzt widerspenstig. Er verweigert die Unterzeichnung. Der juristisch geschulte ehemalige Gymnasialdirektor weiß sich jedoch zu helfen. Er erklärt sich gemäß Artikel 77 der Bundesverfassung des Jahres 1934 an der Ausübung seines Amtes behindert und überträgt seine Funktion dem Bundeskanzler. Dem Recht ist Genüge getan. Seyß-Inquart unterzeichnet nun das Gesetz über die »Wiedervereinigung Österreichs mit dem Deutschen Reich«. Der erste Artikel des Gesetzes lautet schlicht und einfach: »Österreich ist ein Land des Deutschen Reiches.«

Am 14. März kommt Hitler nach Wien. Vor dem Hotel Imperial, wo er absteigt, stehen zu seinem Empfang eine österreichische und eine deutsche Ehrenkompanie bereit. Hitler schreitet steinernen Gesichts die Front ab, begibt sich in das Hotel und zeigt sich kurz auf dem Balkon. Die Menschen, die sich auf der Ringstraße versammelt haben, jubeln ihm begeistert zu. »Wir wollen unseren Führer hören«, rufen sie in Sprechchören. Aber Hitler hält keine Rede. Erst am nächsten Tag, am 15. März 1938, bei einer Großkundgebung auf dem Wiener Heldenplatz, ergreift er vom Balkon der Hofburg aus das Wort. Seine Ansprache gipfelt in dem Satz: »Als Führer und Kanzler der deutschen Nation und des Reiches melde ich vor der deutschen Geschichte den Eintritt meiner Heimat in das Deutsche Reich!«

Der Freudentaumel der Massen auf dem historischen Platz im Herzen Wiens ist unbeschreiblich. Geschätzte 250 000 Men-

Zweimal Heldenplatz in Wien: links die Trauerkundgebung für Engelbert Dollfuß 1934, rechts der Begeisterungstaumel für Adolf Hitler 1938

schen schreien sich die Kehlen heiser: »Ein Volk, ein Reich, ein Führer«, brüllen sie mit zum deutschen Gruß erhobener Hand und: »Sieg Heil, Heil, Heil!« Markerschütternd ist dieser Schrei, (ostmark)erschütternd. Ostmark: hinter diesem Namen wird sich Österreich bald verstecken müssen.

Für viele Österreicher erfüllt sich an diesem Tag der Traum von der Wiederherstellung eines großen Reiches Deutscher Nation. Viele erwarten sich von diesem Anschluß das Ende der wirtschaftlichen Not.

Die Bilder von den jubelnden Menschenmassen auf dem Wiener Heldenplatz gehen um die Welt. Die nationalsozialistische Propagandamaschinerie sorgt dafür. Sie erweckt den Eindruck, ganz Österreich sei der Anschlußhysterie verfallen, in Österreich gäbe es nur Nazis. Der Eindruck war falsch. Diejenigen, die zu Hause blieben, die nicht jubelten, die weinend vor den Radioapparaten saßen, während die anderen johlten und tobten, wurden nicht fotografiert, nicht gefilmt. Von ihnen gibt es keine Bilder. Österreich hatte in den Märztagen des Jahres 1938 zwei Gesichter. Die Welt, die im übrigen das kleine Land im Herzen Europas schmählich im Stich ließ, sah nur das eine: das fratzenhaft-verzerrte.

Für den 10. April 1938 schreibt das NS-Regime eine Volksabstimmung aus. Das Volk soll den Anschluß, also eine vollzogene historische Tatsache, nachträglich gutheißen, ihm vor der Welt einen rechtsstaatlichen Charakter verleihen. Die Idee ist nicht neu. Schon Napoleon hatte sich sein Kaisertum durch das Volk im nachhinein bestätigen lassen. Despoten und

Diktatoren arbeiten mit denselben Methoden.

Um am 10. April einen durchschlagenden Erfolg zu erzielen, inszenieren die Nationalsozialisten eine beispiellose Propagandaschlacht. Über ganz Österreich ergießt sich eine wahre Flut von Flugblättern, Broschüren und Plakaten. Alle technischen Mittel der Zeit werden eingesetzt (Lautsprecher, Scheinwerfer, Flugzeug), die Massenmedien (Rundfunk, Zeitung) ganz in den Dienst der Propaganda gestellt.

Jede Veranstaltung wird mit psychologischem Raffinement bis in das kleinste Detail geplant, ist ganz auf Massenwirksamkeit abgestellt. Nichts, aber schon gar nichts bleibt dem Zufall überlassen. Schon Stunden vor der eigentlichen Kundgebung werden die Menschen durch

Werbeplakat für die Volksabstimmung

Propagandaparole für den 10. April 1938

Marschmusik auf die Veranstaltung eingestimmt. Zufahrtsstraßen, Plätze und Häuser sind mit Fahnen geschmückt, nationalsozialistische Organisationen marschieren in festgefügten Formationen mit klingendem Spiel in Uniform auf. Sie führen die Standarten und Sturmfahnen der nationalsozialistischen Bewegung mit sich. Der Saal, in dem die Kundgebung stattfindet, ist mit Hakenkreuzfahnen, Spruchbändern und dem Bild des Führers festlich dekoriert. Lautsprecher kündigen das Nahen des Führers an. Die Spannung im Saal ist auf dem Höhepunkt angelangt. Das Kommando »Standarten und Fahnen auf« hallt durch den Raum. Unter Fanfarenklängen werden die Symbole der NS-Bewegung durch den Saal getragen. Die Standarten und Fanfaren senken sich zum Gruß, der Klang des Führermarsches ertönt. Die Menschen springen auf, die Musik wird vom aufbrausenden Begrüßungsruf der Massen übertönt, der sich beim Erscheinen des Führers zum Orkan steigert. Gemessenen Schrittes schreitet Adolf Hitler, von seinen Paladinen (Gefolgsleuten) umgeben, auf das Rednerpult zu, das an einer zentralen und erhöhten Stelle des Raumes postiert ist. In die atemlose Stille hinein, die nun im Saal eingekehrt ist, be-

ginnt der Führer mit seiner Ansprache. Der perfekten Regie einer solchen Veranstaltung konnte sich kaum ein Teilnehmer entziehen.

In den knapp vier Wochen zwischen dem 15. März und dem 10. April 1938 organisierten die Nationalsozialisten im ganzen Land Tausende von Veranstaltungen, an denen sich die gesamte NS-Prominenz, einschließlich Adolf Hitler, beteiligte. In dem großangelegten Werbefeldzug, den sie in Österreich abrollen ließen, fehlte es natürlich nicht an großen Gesten und Versprechungen. 7 000 österreichische Arbeiter wurden von der Organisation »Kraft durch Freude« (KdF) nach Deutschland eingeladen, die NS-Volkswohlfahrt organisierte Massenausspeisungen für österreichische Arbeitslose, Hitler nahm bei Salzburg den ersten Spatenstich für die Autobahn München–Salzburg vor, deren Bau dann freilich über ein Teilstück nicht hinauskam. Jedem Österreicher Arbeit und Brot, jeder Familie ihr eigenes Radiogerät (»Volksempfänger«) und ihr eigenes Auto (»Volkswagen«) lauteten die werbewirksamsten und griffigsten Versprechungen.

Den Nationalsozialisten gelang es auch, zwei prominente Österreicher dazu zu bewegen, eine öffentliche Erklärung für den 10. April abzugeben. Der Wiener Erzbischof, Kardinal Dr. Theodor Innitzer, und einer der Väter der Ersten Republik, der Sozialdemokrat Dr. Karl Renner, forderten ihre Landsleute dazu auf, auf die Frage: »Bist Du mit der am 13. März 1938 vollzogenen Wiedervereinigung Österreichs mit dem Deutschen Reich einverstanden und stimmst Du für die Liste unseres Führers Adolf Hitler?« mit »Ja« zu stimmen.

Eine Bischofskonferenz unter dem Vorsitz Innitzers bekannte feierlich: »Am Tag der Volksabstimmung ist es für uns Bischöfe selbstverständlich nationale Pflicht, uns als Deutsche zum Deutschen Reich zu bekennen, und wir erwarten auch von allen gläubigen Christen, daß sie wissen, was sie ihrem Volk schuldig sind.« Renner erklärte: »Als Sozialdemokrat und somit als Vertreter des Selbstbestimmungsrechtes der Nationen, als erster Kanzler der Republik Deutsch-Österreich und als gewesener Präsident ihrer Friedensdelegation zu St-Germain werde ich mit Ja stimmen.«

Das Abstimmungsergebnis überstieg dann sogar die Erwartungen der Nationalsozialisten. Von 4 484 000 Wahlberechtigten stimmten 4 453 000 oder 99,73% für den Anschluß.

Das Ergebnis wurde Adolf Hitler von Gauleiter Josef Bürckel, dem Reichsstatthalter des Führers in Österreich, per Funk durchgegeben. »Mein Führer«, sagte Bürckel mit speichelleckerischem Pathos, »Sie wissen nicht, wie glücklich dieses Volk heute ist, ich möchte Ihnen im Namen aller Österreicher aus übervollem Herzen, mein Führer, zurufen: Du bist der deutscheste aller Österreicher! Sei Du nun ihr Schirmherr, denn sie lieben Dich über alles, weil Du ihnen Dein großes Vaterland geschenkt hast!«

Für viele Österreicher gab es nach den ersten Wochen des großdeutschen Anschlußtaumels ein böses Erwachen. Zwar besserte sich die wirtschaftliche Lage fast schlagartig, und die Arbeitslosenzahlen gingen zurück. Hermann Göring legte im Mai 1938 großspurig den Grundstein für die Errichtung der Eisen- und Stahlwerke in Linz, die seinen Namen trugen (die heutige VOEST). Daß diese Maßnahme wie die anderen Wirtschaftsprogramme der Kriegsvorbereitung diente, sahen zunächst nur die Hellsichtigen. Aber daß es den Nationalsozialisten darauf ankam, Österreich gleichzuschalten, ja überhaupt von der Landkarte zu tilgen, merkten die meisten doch sehr bald. Der Name »Österreich« wurde durch ein Gesetz aus dem Buch der Geschichte gelöscht. Aus Nieder- und Oberösterreich wurden die Reichsgaue Nieder- und Oberdonau, die kleinen Bundesländer wurden aufgelöst. Vorarlberg kam zu Tirol, das Burgenland wurde zwischen Niederösterreich und der Steiermark aufgeteilt. Die ehemaligen Bundesländer wurden als Reichsgaue direkt Berlin unterstellt, Wien zu einer Gauhauptstadt mit einem ernannten Bürgermeister degradiert.

Was viele Österreicher besonders »wurmte«, war die Arroganz der reichsdeutschen Befreier, die den »armen Würstchen« in der Ostmark bei jeder Gelegenheit polternd ihre onkelhafte Überlegenheit spüren ließen. Dabei gab es im rückständigen Österreich noch Dinge zu kaufen, die es im »Altreich« schon lange nicht mehr gab. Und diese Gegenstände waren für die Deutschen auch noch billig zu haben, da die Reichsmark bei der Festsetzung des Umrechnungsschlüssels zwischen Mark und Schilling ungebührlich aufgewertet wurde: 1 RM = 1,50 S. Daß gleich nach dem Anschluß der Gold- und Devisenschatz der Oesterreichischen Nationalbank in der Höhe von 756 Millionen Goldschilling – das Altreich verfügte nur noch über einen Barschatz von 76 Millionen Mark – nach Berlin gebracht wurde, paßte ganz in das Bild der wirtschaftlichen Ausbeutung des kleinen durch den großen deutschen Bruder.

Der totalitäre NS-Staat griff nicht nur nach dem Vermögen Österreichs, sondern auch nach den Menschen dieses Landes. Alle Lebensbereiche, auch die privaten, wurden der Kontrolle der Partei unterstellt. Die NSDAP mit ihrem engmaschigen Geflecht an Organisationen erfaßte Beruf, Freizeit, Familie, Religion. Besonderes Augenmerk schenkten die Nationalsozialisten der Erziehung der Jugend. Bereits im Kindergarten und später auch in der Schule war die Ausbildung ganz auf die Heranbildung regimetreuer Untertanen abgestellt. Adolf Hitler gab dieses Programm vor: »Diese Jugend, die lernt ja nichts anderes als deutsch denken, deutsch handeln«, erklärte er kategorisch, »und wenn diese Knaben mit zehn Jahren in unsere Organisation hineinkommen, dann kommen sie vier Jahre später vom Jungvolk in die Hitlerjugend, und dort behalten wir sie wieder vier Jahre. Und dann geben wir sie erst recht nicht zurück in die Hände unserer alten Klassen- und Standeserzeuger, sondern dann nehmen wir sie sofort in die Partei, in die SA oder in die SS und so weiter. Und wenn sie dort

Reichsjugendführer Baldur von Schirach bei Schießübungen der Hitlerjugend

zwei Jahre oder anderthalb Jahre sind und noch nicht ganze Nationalsozialisten geworden sein sollten, dann kommen sie in den Arbeitsdienst und werden dort wieder sechs Monate geschliffen. Und was dann an Klassen- oder Standesdünkel da und dort noch vorhanden sein sollte, das übernimmt die Wehrmacht zur weiteren Behandlung auf zwei Jahre.«

Wie sich das alles in der Praxis abspielte, schildert einer, der damals gezwungen wurde, »nicht anders als deutsch zu denken und deutsch zu handeln«:

»Mit vierzehn Jahren wurden aus uns ›Pimpfen‹ Hitlerjungen. Die Übernahme geschah mit Tamtam und Trara, mit Fahnenweihe, mit Strammstehen, dem Absingen von Liedern und dem Aufsagen von Sprüchen. Reden wurden gehalten, am Schluß war uns schwummerig von der Ehre, einer Jugend anzugehören, die den Namen des ›Führers‹ trug. Die gleichaltrigen Mädchen landeten beim BDM, dem Bund Deutscher Mädchen.

Jede Woche gab es einen Heimabend, der mußte besucht werden. Bei den Heimabenden wurden uns die besonderen Tugenden eines deutschen Jungen eingedrillt: Gehorsam, Vaterlandsliebe, Führertreue. Wir lernten noch besseren Gleichschritt, lernten auf die Kommandos: ›Augen rechts! Augen links! Stillgestanden! Im Gleichschritt marsch!‹ parieren wie Zirkusaffen. Ein ganzer Rattenschwanz von Leuten schaffte und kommandierte mit uns herum. Das fing beim Jungenschaftsführer an, ging über den Jungzug-, Rotten-, Horden-, Stamm-, Bann- und weiß Gott welche -führer noch bis hinauf zum ersten und obersten, dem ›Führer‹. Ihm hatten alle zu gehorchen – und sie gehorchten.«

Wer den Nationalsozialisten im Wege stand, sich mit ihnen nicht arrangierte oder ihnen gar Widerstand leistete, wurde erbarmungslos ausgemerzt. Unliebsame Bücher oder Kunstwerke, die man als »entartet« bezeichnete, landeten bei öffentlichen Verbrennungen auf dem Scheiterhaufen. Der Reichssicherheitsdienst (SD) und die Geheime Staatspolizei (Gestapo) sorgten für die totale Überwachung der Bürger. Wer in ihre Fänge geriet, war ihnen auf Gedeih und Verderb ausgeliefert.

Trotzdem machte sich schon in den Sommer- und Herbstmonaten des Jahres 1938 in der »Ostmark« eine Mißstimmung gegen die nationalsozialistischen Machthaber breit, die sich bei besonderen Anlässen entlud. So löste die Christkönigspredigt Kardinal Innitzers am 7. Oktober 1938 für die katholische Jugend im Wiener Stephansdom eine öffentliche Demonstration gegen das NS-Regime aus. Tausende Jugendliche, die dem Gottesdienst beigewohnt hatten, zogen auf die Straße, sangen religiöse Lieder und brachten Hochrufe auf den Kardinal aus.

Die Antwort der Nationalsozialisten auf diese Herausforderung ließ nicht lange auf sich warten. Am nächsten Tag stürmte die Hitlerjugend das Erzbischöfliche Palais. Die Jugendlichen warfen einen Priester aus dem Fenster und drangen in die Gemächer des Kardinals ein, wo sie die Möbel kurz und klein schlugen und mit ihren Dolchen die kostbaren Gemälde zerschnitten. Nur mit Mühe konnte sich der Kardinal in ein Versteck flüchten.

Zu einer spontanen antinazistischen Demonstration kam es auch am 15. Februar 1939 im Deutschen Volkstheater in Wien anläßlich der Aufführung von Franz Grillparzers »König Ottokars Glück und Ende«. Das berühmte »Lob Österreichs« wurde von den Zuschauern lebhaft beklatscht, der Satz Rudolf von Habsburgs: »Ich hab's geschworen, gnädiger Gott, daß Recht soll herrschen und Gerechtigkeit im deutschen Land«, löste stürmische Beifallskundgebungen aus.

Auch an organisiertem Widerstand gegen den Nationalsozialismus fehlte es nicht, obgleich die Widerstandskämpfer im Vergleich zu den 700 000 nationalsozialistischen Parteimitgliedern in Österreich (Stand 1942) eine Minderheit darstellten. Der Widerstand gegen das NS-Regime kam aus allen politischen Lagern und weltanschaulichen Gruppierungen. Die einzelnen Widerstandsgruppen wurden immer wieder (durch Verrat) zerschlagen, ihre Mitglieder verhaftet und hingerichtet. Im Verlauf des Zweiten Weltkrieges (1939–45), als der Nationalsozialismus mehr und mehr an Überzeugungskraft verlor, wuchs die Zahl der Widerstandskämpfer und jener Menschen, die durch Hilfeleistung für Verfolgte (Juden, Fremdarbeiter, Kriegsgefangene), durch Sabotageakte aller Art, durch die Verbreitung regimefeindlicher Witze und Äußerungen einen Beitrag zur Bekämpfung der Naziherrschaft leisteten. Gegen Kriegsende schlossen sich die Widerstandsgruppen aller politischen Richtungen unter der Bezeichnung 05 (5 = e, der fünfte Buchstabe des Alphabets, OE = Österreich) zu einer gesamtösterreichischen Widerstandsfront zusammen. Dieser Widerstandsfront gehörten auch Offiziere unter der Leitung von Major Carl Szokoll an, die an einer Verschwörung gegen Adolf Hitler beteiligt waren und am 20. Juli 1944 den gesamten nationalsozialistischen

Führungsstab in Wien festnahmen. Doch das Attentat auf Hitler mißlang, zahlreiche Regimegegner wanderten abermals in die Gefängnisse und Konzentrationslager. Noch Anfang April 1945 wurden drei Offiziere, Mitverschwörer Szokolls, die mit der Roten Armee Kontakt aufgenommen hatten, um Wien vor der totalen Zerstörung zu retten, in Floridsdorf Am Spitz gehängt.

Der österreichische Blutzoll im Kampf gegen den Nationalsozialismus und die Zahl derer, die dem Hitlerregime zum Opfer fielen, war hoch:

● 2 700 Österreicher wurden als Widerstandskämpfer zum Tode verurteilt und hingerichtet,

● 16 493 Österreicher sind in den Konzentrationslagern umgekommen,

● 16 107 Österreicher hat man in Gefängnissen, vor allem in der Gestapohaft ermordet,

● 65 459 österreichische Juden kamen ums Leben,

● rund 100 000 Österreicher waren aus politischen Gründen inhaftiert,

Die gehängten Widerstandskämpfer

● 247 000 österreichische Soldaten kehrten aus dem Krieg nicht mehr zurück.
Diese Opfer waren, Gott sei Dank, nicht vergeblich. Aus den Trümmern Nazideutschlands erstand am Ende des Zweiten Weltkriegs, wie ein Phönix aus der Asche, das neue Österreich.

27. April 1945:

Es gibt wieder unser Österreich

Anfang April 1945 begeben sich in der niederösterreichischen Stadt Gloggnitz, die seit ein paar Tagen von sowjetischen Truppen besetzt ist, vier Männer in der Morgenfrühe zur russischen Ortskommandantur. Einer davon, ein betagter Herr mit Brille, Hut, schwarzem Anzug und einem Spazierstock in der Rechten, ist Dr. Karl Renner, in Gloggnitz eine stadtbekannte Erscheinung. Zwei sind Gloggnitzer, der vierte ist ein tschechischer Fremdarbeiter namens

Karl Renner und seine Frau in Gloggnitz

Anton Zampach. Er kann ein bißchen Russisch und soll als Dolmetsch fungieren.

Dr. Renner, der erste Kanzler und letzte Nationalratspräsident der Ersten Republik, hat die langen Kriegsjahre still und zurückgezogen in seinem Haus in Gloggnitz zugebracht. Jetzt, da sich das Ende des Krieges abzeichnet, will er der russischen Besatzungsmacht seine Dienste für die Wiedererrichtung der österreichischen Republik anbieten. Und er will sich zum Anwalt der bedrängten Bevölkerung machen: In Gloggnitz fehlt es an allem und jedem.

Dr. Renner und seine Begleiter müssen warten. Der russische Stadtkommandant schläft noch. Nach etwa einer Stunde werden sie vorgelassen. Der Russe hört sich Renners Anliegen an, verfaßt ein Empfehlungsschreiben und schickt die Männer mit zwei sowjetischen Soldaten als Begleitschutz zum nächsthöheren Truppenkommando nach Köttlach. Die Gruppe mit dem 75jährigen Renner muß den zwei Kilometer langen Weg dorthin zu Fuß zurücklegen. Auch in Köttlach müssen Renner und sein Dolmetsch stundenlang warten, ehe sie, diesmal auf einem Lastwagen, aber trotzdem höchst unbequem, nach Hochwolkersdorf gebracht werden. In der kleinen Gemeinde, ungefähr zwanzig Kilometer südlich von Wiener Neustadt, befindet sich das Hauptquartier der 9. Sowjetischen Gardearmee. Renner wird dort, wiederum nach einer längeren Wartezeit, von einem Stab von Offizieren zu einem Gespräch empfangen. Sein Name ist einigen sowjetischen Offizieren bekannt. Sie melden die Begegnung telegrafisch nach Moskau.

Josef Stalin, der allgewaltige Machthaber der UdSSR, soll nach Erhalt der Meldung gesagt haben: »Was, der Renner, der alte Fuchs, lebt noch?« Nach einer anderen Behauptung soll Stalin schon einige Tage zuvor, als die Rote Armee die österreichische Grenze überschritt, Befehl gegeben haben, Renner ausfindig zu machen. Jedenfalls ordnet er nun an, dem österreichischen Politiker Vertrauen zu schenken und ihn beim Wiederaufbau der demokratischen Ordnung in Österreich zu unterstützen. Das bedeutet grünes Licht für weitere Gespräche in Hochwolkersdorf, die sowjetischerseits vom höchstrangigen Politoffizier der 3. Ukrainischen Front, General Aleksej Željtov, geführt werden. Željtov ersucht Renner, seine Ideen für eine Neugestaltung Österreichs zu Papier zu bringen und sie ihm dann vorzulegen. Renner lehnt ab. Er möchte sich später nicht nachsagen lassen, im Auftrag der Roten Armee gehandelt zu haben. Er erklärt sich aber bereit, Aufrufe an das österreichische Volk zu verfassen, die er vor der Veröffentlichung den Sowjets zur Einsichtnahme vorlegen will.

Nach ein paar Tagen wird Renner nach Gloggnitz zurückgebracht und verbringt die nächsten Tage, emsig arbeitend, mit der Abfassung der Aufrufe. Er schreibt Briefe und empfängt Besuche. Am 9. April wird er von den Sowjets eingeladen, mit Frau und Tochter nach Schloß Eichbüchl am Fuß des Rosaliengebirges zu übersiedeln. Seine Tochter, Leopoldine Deutsch-Renner, hat die Fahrt dorthin so beschrieben: »Es ging in einem eindrucksvollen Konvoi (= Geleitzug, Anm. d. Verf.) dahin, vorne waren die russischen Soldaten, dann in einem Auto wir, dann kam ein kleines Lastauto für Gepäck und schließlich hinten noch eine Kanone mit Soldaten.«

In dem von den Sowjets notdürftig instandgesetzten Schloß versucht Renner mit Parteifreunden Verbindung aufzunehmen, zerbricht sich über eine österreichische Regierung und über die ersten gesetzgeberischen Maßnahmen den Kopf und schreibt Briefe. Sein wichtigstes Schreiben dieser Tage ist an Marschall Stalin gerichtet. In einer Mischung aus Bewunderung, Schmeichelei, Realitätssinn und überlegtem Opportunismus dankt er dem Marschall für die ihm zuteil gewordene Hilfe und ersucht ihn, ihn mit der Wiedereinrichtung der künftigen »Zweiten Republik Österreich« zu betrauen und Österreich in seinen Schutz zu nehmen. Stalin scheint unverzüglich gehandelt zu haben. Am 19. oder 20. April – das genaue Datum ist nicht mehr rekonstruierbar – erhält Marschall Fedor Iwanowitsch Tolbuchin, der Oberbefehlshaber der 3. Ukrainischen Front, den Befehl, Karl Renner mit einer Regierungsbildung zu beauftragen. Da Tolbuchin über den Aufenthaltsort Renners nicht informiert ist, erhält Jakow Startschewski, Oberstleutnant der 4. Gardearmee, den Auftrag, den Politiker zu suchen. Der Offizier macht Renner binnen kurzem ausfindig und bringt ihn nach Wien.

Die Sowjets haben Wien eingenommen,

Notsteg über die Donau

aber der Krieg ist noch nicht zu Ende. Die alliierten Luftangriffe der beiden letzten Kriegsjahre und die Kampfhandlungen der vergangenen Tage und Wochen haben der traditionsreichen ehemaligen Kaiserstadt an der Donau schwere Wunden geschlagen. Das Bild, das die Stadt bietet, ist grauenvoll. Wohin man das Auge wendet, sieht man nur Trümmer und Schutt. Zahllose Häuser sind beschädigt, ausgebrannt, dem Erdboden gleichgemacht. Brücken sind gesprengt, Fabriken, Schulen, Spitäler und Kirchen zertrümmert. In den Straßen liegen Leichen und Pferdekadaver, stehen zerschossene Panzer und Lastkraftwagen. Die Oberleitung der Straßenbahn ist zerfetzt, die Parkanlagen sind verwüstet. Der Stephansdom, das ehrwürdige Wahrzeichen Wiens, ist ausgebrannt, das Dach eingestürzt. Die Staatsoper ist eine Ruine, das

Riesenrad im Prater steht ohne Waggons gesichtslos inmitten einer völlig zerstörten Umgebung. Weite Teile der Stadt sind ohne Wasser, Gas und elektrischen Strom. Umfang und Ausmaß der Zerstörung sind im Augenblick noch gar nicht überschaubar. Dr. Renner schlägt die Hände vor dem Gesicht zusammen und weint, als er sieht, was aus Wien geworden ist, wie es der Krieg zugerichtet hat. So jedenfalls berichtet es Oberstleutnant Startschewski. Marschall Tolbuchin empfängt den alten sozialdemokratischen Spitzenpolitiker in einer Villa im 19. Bezirk und ermächtigt ihn, eine österreichische Regierung zu bilden. Über die Details des Gespräches sind wir nicht informiert. Dr. Karl Renner hat schon die Erste Republik aus der Taufe gehoben. Jetzt ist er drauf und dran, der Baumeister der Zweiten zu werden. Aber er muß behutsam ans Werk gehen. Er

Der brennende Stephansdom

muß unabhängig und selbständig handeln, er darf nicht den Eindruck erwecken, als sei er ein Sachwalter der Sowjets.

Als er am 20. April nach Wien kommt, gibt es bereits wieder eine Stadtverwaltung, mit dem späteren Bundespräsidenten Theodor Körner als Bürgermeister, und die Anfänge eines demokratischen Parteilebens. Schon am 14. April haben sich im Roten Salon des Rathauses Revolutionäre Sozialisten und Sozialdemokraten zur Sozialistischen Partei Österreichs (SPÖ) zusammengeschlossen. Drei Tage später wird im Schottenstift als Nachfolgepartei der Christlichsozialen die Österreichische Volkspartei (ÖVP) gegründet. Auch die Kommunistische Partei (KPÖ) entsteht wieder, nachdem deren wichtigste Politiker aus dem Moskauer Exil heimgekehrt sind.

Karl Renner führt mit den Vertretern der neugegründeten Parteien in einer Villa in der Wenzgasse in Hietzing die notwendigen Gespräche für die Regierungsbildung. Er schlägt eine Konzentrationsregierung vor, in der alle drei Parteien vertreten sind. Die Verhandlungen führen in kurzer Zeit zu einem Ergebnis. Renner wird Staatskanzler. Ihm werden drei Staatssekretäre beigegeben, die gemeinsam das Amt des Vizekanzlers ausüben. Jedem Minister untersteht je ein Staatssekretär der beiden anderen Parteien. Es ist also alles so eingerichtet, daß jeder jeden kontrollieren kann.

Die neue provisorische Regierung wird am 27. April 1945 von Marschall Tolbuchin empfangen und bestätigt. Am selben Tag proklamieren die Vertreter der drei Parteien einen Aufruf an das österreichische Volk, dem eine Unabhängigkeitserklärung angeschlossen ist. Sie ist die Gründungsurkunde, der Taufschein der Zweiten Republik. »Die demokratische

Dr. Karl Renner und Theodor Körner auf dem Weg ins Parlament

Republik Österreich ist wiederhergestellt und im Geist der Verfassung von 1920 einzurichten«, lautet ihr erster Artikel. Im Artikel 2 wird der Anschluß des Jahres 1938 für null und nichtig erklärt, Artikel 4 entbindet die Österreicher von »allen militärischen, dienstlichen und persönlichen Gelöbnissen«, die sie dem Deutschen Reich geleistet haben.

Zu diesem Zeitpunkt gibt es noch keinen funktionierenden österreichischen Radiosender, und auch die ersten Zeitungen (»Österreichische Zeitung«, »Neues Österreich«) erscheinen nur in wenigen Exemplaren. Aber die Nachricht, daß es wieder eine österreichische Regierung gibt, verbreitet sich in Wien wie ein Lauffeuer. Als die provisorische Staatsregierung mit Dr. Karl Renner an der Spitze am 29. April vom Wiener Rathaus zum Parlament zieht, jubeln ihr Tausende Menschen zu, die sich entlang der Ringstraße versammelt haben. Die Fahnenmasten vor dem Gebäude der Volksvertretung tragen nach sieben Jahren wieder die rot-weiß-rote Flagge. Auf der Parlamentsrampe werden die österreichischen Politiker vom Stadtkommandanten von Wien und anderen hohen sowjetischen Offizieren begrüßt und in das von mehreren Bombentreffern beschädigte Haus geleitet. Während Dr. Renner im großen Sitzungssaal des Parlamentes die öffentliche Erklärung verliest, mit der die neue demokratische Republik Österreich offiziell ins Leben tritt, erklingt draußen auf der Ringstraße der Donauwalzer, der trotz des nationalsozialistischen Deutschlandliedes die heimliche Volkshymne der Österreicher geblieben ist. Ein paar Menschen beginnen zu tanzen. Es gibt an diesem Apriltag keine knisternde revolutionäre

Aufbruchsstimmung vor dem Parlament wie am 12. November 1918, keine fanatische Massenkundgebung wie am 15. März 1938 auf dem Heldenplatz. Die Zweite Österreichische Republik tritt eher still, bescheiden und zaghaft ihren Weg in die Geschichte an.

Zu dem Zeitpunkt, zu dem sich das alles in Wien abspielt, ist der Krieg noch immer nicht zu Ende. Adolf Hitler gibt vom Bunker der Reichskanzlei in Berlin aus gespenstische Einsatzbefehle für Armeen, die nicht mehr existieren, und träumt davon, rund um seinen Berghof in Berchtesgaden eine unüberwindliche Verteidigungsstellung aufzubauen. Aber das sind natürlich Hirngespinste. Ein Großteil Deutschlands ist von den Truppen des Gegners besetzt. In Österreich hält die russische Front bei St. Pölten, Tulln und der Oststeiermark. Amerikanische, englische und französische Verbände besetzen in den letzten Apriltagen und in der ersten Maiwoche die westlichen und südlichen Bundesländer. In den ehemaligen Landeshauptstädten und in den Gemeinden Österreichs regt sich wieder demokratisches Leben. Am 8. Mai 1945 geht mit der

Das Ende der Naziherrschaft: der zerstörte Berghof Adolf Hitlers

Kapitulation Hitlerdeutschlands der Zweite Weltkrieg endlich zu Ende.

In Österreich regiert der Hunger. Vor allem in den Städten haben die Menschen kaum etwas zu essen. Die Lebensmittelversorgung ist fast zur Gänze zusammengebrochen. Wenn irgendwo noch etwas angeboten wird, stellen sich die Menschen stundenlang vor den Geschäften an, um wenigstens eine Kleinigkeit zu ergattern. In Wien gibt es zur Feier des 1. Mai eine russische Lebensmittelspende: Trockenerbsen, 800 Tonnen Mehl und 7 000 Tonnen Getreide. Zum erstenmal seit dem Ende der Kampfhandlungen kann wieder Brot gebacken werden. Jede Familie bekommt einen Laib, solange der Vorrat reicht. Von nun an wird jede Woche pro Person eine bestimmte Menge an Brot, Zucker und Mehl abgegeben, die mittels Lebensmittelmarken in den Geschäften einzulösen ist. Der Tagessatz an diesen zugeteilten Lebensmitteln liegt anfänglich zwischen 600 und 800 Kalorien, was einem Nährwert von ungefähr sechs Semmeln entspricht. 1 600 Kalorien gelten als Existenzminimum. Die Leute bringen sich auf ihre Weise durch das Leben. Sie legen in Höfen und Parkanlagen Gemüsebeete an, pflücken im Sommer im Wienerwald Knoblauchspinat und sammeln Beeren und Pilze. Wer einen Garten hat, kann sich glücklich preisen. Er baut Kartoffeln an und hält sich Hühner und Hasen. Manche Leute unternehmen mühsame und waghalsige »Hamsterfahrten« auf das Land und tauschen Schmuck, Kleidungsstücke, Uhren, Fotoapparate und andere Habseligkeiten gegen Mehl, Eier, Butter, Schmalz und Kartoffeln ein. Diejenigen, die genug Geld haben, versorgen sich auf dem »Schwarzmarkt« mit allem Nötigen.

Schwarzmarkt in Wien

Ein Schwarzmarkt entsteht immer dann, wenn es in einer Notsituation ein zu geringes Angebot an Gegenständen des öffentlichen Bedarfes gibt. Im Schleichhandel war 1945 ein Kilo Fleisch um 600 Schilling, ein Kilo Brot bei einem monatlichen Durchschnittslohn von 120 bis 300 Schilling um 40 Schilling zu haben. In allen Ländern und zu allen Zeiten gibt es Leute, die mit der Not der Menschen ihre Geschäfte machen.

Die Versorgung der Bevölkerung mit Lebensmitteln, Kleidung – in den Jahren nach dem Zweiten Weltkrieg gab es auch Kleiderkarten für den Kauf von Anzügen, Hemden, Mänteln, Kleidern, Schuhen – und Brennstoffen ist ein vordringliches Anliegen der Behörden. Aber Dr. Renner und seine Regierung haben auch andere Sorgen. Die Westmächte (USA, Großbritannien und Frankreich) weigern sich, die neue österreichische Regierung anzuerkennen. Sie steht ihrer Meinung nach zu stark unter russischem Einfluß. Auch viele österreichische Politiker in den westlichen Bundesländern sind mißtrauisch. Man trägt sich mit dem Gedanken, eine Nebenregierung einzusetzen. Das aber ist das politische Kernproblem, die Lebensfrage Österreichs im Jahre 1945: Die provisorische Staatsregierung muß die Anerkennung der Westmächte gewinnen und versuchen, ihren Wirkungsbereich über das ganze Land auszudehnen. Die Erreichung dieses Zieles ist schwierig und bedarf großer Anstrengungen und Geduld.

Im Juli einigen sich die vier Siegermächte auf die Aufteilung des Landes in Besatzungszonen: Niederösterreich, das Burgenland und Oberösterreich nördlich der Donau werden den Russen zugesprochen, Salzburg und Oberösterreich südlich der Donau den Amerikanern, Steiermark und Kärnten den Engländern, Tirol und Vorarlberg den Franzosen. Wien wird in vier Zonen geteilt, der erste Bezirk gemeinsam verwaltet. Die Siegermächte einigen sich auch darauf, einen »Alliierten Rat« einzurichten, eine Militärregierung, die die Handlungsfähigkeit der österreichischen Regierung erheblich einschränkt. Das ist schmerzlich. Aber viel entscheidender ist, daß sich die westlichen Bundesländer nach mehreren, zum Teil heftigen und schwierigen Verhandlungen bereit erklären, in die Regierung Renner einzutreten. Die Einheit Österreichs ist damit sichergestellt. Nunmehr wird die provisorische österreichische Regierung auch von den Westmächten anerkannt. Sie schreibt für den 25. November 1945 Wahlen zum Nationalrat aus. Die ehemaligen Mitglieder der NSDAP haben kein Stimmrecht. Der Wahlkampf ist kurz, ruhig und fair, das Ergebnis überraschend: Die ÖVP erhält mit 85 Mandaten die absolute Mehrheit im Parlament, die Sozialisten erreichen 76, die Kommunisten 4 Sitze. Das österreichische Volk hat sich mit überwältigender Mehrheit für die Demokratie entschieden.

Vier Wochen später bildet Dipl.-Ing. Leopold Figl, der Obmann der ÖVP, eine neue Bundesregierung. Der verdiente Dr. Karl Renner wird von der Bundesversammlung (Nationalrat + Bundesrat) einstimmig zum ersten Bundespräsidenten der Zweiten Republik gewählt. Leopold Figl legt in seiner Regierungserklärung ein Bekenntnis zu einem freien, friedfertigen Österreich ab und ruft die Jugend zur Mitarbeit am Wiederaufbau des Landes auf. In seiner Weihnachtsbotschaft spricht er Worte, die allen ans Herz gehen: »Ich kann euch zu Weihnachten nichts geben«, sagt der Bundeskanzler. »Ich kann euch für den Christbaum, wenn ihr überhaupt einen habt, keine Kerzen geben. Ich kann euch keine Gaben für Weihnachten geben. Kein Stück Brot, keine Kohlen zum Heizen, kein Glas zum Einschneiden. Wir haben nichts. Ich kann euch nur bitten: Glaubt an dieses Österreich.«

Die ersten Nationalratswahlen 1945

Österreichs Leidenszeit war noch lange nicht zu Ende. Auch 1946 war ein Jahr des Hungerns. Die Ernährungslage besserte sich trotz Hilfssendungen der Vereinten Nationen, aus der Schweiz, Schwe-

Menschen sammeln Brennholz im Bombenschutt

den, Dänemark und den Niederlanden und dem Wirken karitativer Organisationen (Malteser, Quäker usw.) nur langsam. Zu Beginn des Jahres mußten die Lebensmittelzuteilungen empfindlich gekürzt werden, erst im November konnte der Tagessatz auf 1 550 Kalorien erhöht werden. Heute wäre das eine Abmagerungsdiät, damals betrachtete man diese Menge als Auffettungskur.

Der Aufschwung der Wirtschaft ging nur schleppend voran. Die Erzeugung von Gütern betrug lediglich die Hälfte der an sich schon niedrigen Produktion des Jahres 1937. Es fehlte an Kohle und Strom, an Kapital für die Anschaffung neuer Maschinen. Die sowjetische Besatzungsmacht nahm unter dem Titel »Deutsches Eigentum« alle Betriebe und Grundstücke, die vor 1938 dem österreichischen Staat gehört hatten und dann vom Deutschen Reich übernommen worden waren, als Wiedergutmachung für sich in Anspruch. Aufgrund des »Abkommens von Potsdam« vom Sommer 1945 beschlagnahm-

ten die Sowjets die gesamte Erdölproduktion, die Donaudampfschiffahrtsgesellschaft (DDSG), Hunderte von Industriebetrieben (darunter die Wiener Elin-Werke, Unilever, Simmering-Graz-Pauker und viele andere) und 140 land- und forstwirtschaftliche Betriebe mit insgesamt 55 000 Beschäftigten. Sie waren in der USIA (Verwaltung sowjetischer Güter in Österreich) zusammengefaßt. Die USIA errichtete eigene Verkaufsläden, in denen die Waren weit unter dem einheimischen Preisniveau verkauft wurden, da diese Geschäfte keine Steuern an den österreichischen Staat bezahlten. Der Jahresumsatz dieser Läden betrug 700 Millionen Schilling, eine für die damalige Zeit beträchtliche Summe. Insgesamt fügte die USIA, die einen Staat im Staate bildete, der österreichischen Volkswirtschaft einen schweren Schaden zu. Dazu kamen noch die Besatzungskosten.

Österreich litt unter den Besatzungskosten

Um die übrige Wirtschaft dem russischen Zugriff zu entziehen, verstaatlichte das österreichische Parlament mit den Stimmen der Abgeordneten aller drei Parteien die Eisen- und Metallindustrie, den Kohlenbergbau, die Elektrizitäts- und Erdölwirtschaft sowie die Großbanken. Die verstaatlichte Industrie hat einen wesentlichen Beitrag zum Wiederaufbau Österreichs geleistet. Daß sie einmal in eine so schwere Krise geraten würde wie in den achtziger Jahren, hätte sich damals kaum jemand träumen lassen.

Im Jahre 1947 setzte die Regierung zwei Wirtschaftsmaßnahmen von großer Bedeutung: Sie faßte gegen den Willen der Sowjetunion den Beschluß, die amerikanische Marshall-Plan-Hilfe anzunehmen, und sie führte eine Währungsreform durch. Der Marshallplan (benannt nach dem US-Außenminister George Marshall) sah Hilfsmaßnahmen riesigen Ausmaßes für die kriegszerstörte Wirtschaft der europäischen Staaten vor. Österreich erhielt im Laufe der Jahre mehr als eine Milliarde Dollar, die es nicht zurückzahlen mußte. Mit diesem Geld wurden moderne Industrieanlagen und Wasserkraftwerke errichtet, Straßen und Brücken gebaut, Kohlegruben und Eisenbahnanlagen modernisiert. Der wirtschaftliche Wiederaufbau wurde dadurch entscheidend gefördert.

Die Währungsreform war deshalb notwendig, weil Preise und Löhne der Kontrolle zu entgleiten drohten und der Banknotenumlauf beständig zunahm. Die Löhne waren seit Mitte 1946 um 50% gestiegen, die Preise um mehr als 100%. Nun wurden die Banknoten im Verhältnis 3:1 umgetauscht. Mit anderen Worten: für drei alte Schillinge bekam man einen neuen, der Schilling wurde also um zwei Drittel abgewertet. Durch diese Maßnahme wurde der Geldumlauf entscheidend verringert (ca. 45%), die Kaufkraft des Schillings stieg. Der Schwarzmarkt ging allmählich zurück, die Wirtschaft belebte sich.

In den nächsten beiden Jahren erreichte der Wirtschaftsaufschwung beachtliche Ausmaße. Im September 1948 konnte der tägliche Verpflegungssatz des Normalverbrauchers auf 2 100 Kalorien erhöht werden, die Industrieproduktion übertraf Ende des Jahres zum erstenmal wieder den Stand der Vorkriegszeit. Im Jänner 1949 wurde die Rationierung von Brot und Mehl aufgehoben, am 31. August 1950 schlug der Lebensmittelbewirtschaftung insgesamt die letzte Stunde. Die Österreicher konnten in den Geschäften nun wieder frei einkaufen.

Neben den wirtschaftlichen Problemen hatte die österreichische Regierung (sie setzte sich nach dem Ausscheiden des einzigen kommunistischen Ministers im November 1947 nur noch aus Vertretern der Volkspartei und aus Sozialisten zusammen, mit Dipl.-Ing. Leopold Figl, ÖVP, als Bundeskanzler und Dr. Adolf Schärf, SPÖ, als Vizekanzler) auch wichtige politische Fragen zu lösen. Hunderttausende Flüchtlinge, die aus ihrer Heimat vertrieben wurden, Sudetendeutsche aus der Tschechoslowakei, Angehörige der deutschen Volksgruppen in Ungarn, Rumänien und Jugoslawien, mußten bei Familien oder in Lagern untergebracht und mit dem Nötigsten versorgt werden, ehe sie, zumeist in der Bundesrepublik Deutschland, eine neue Heimat fanden. Die 140 000 Menschen, die in Österreich blie-

Flüchtlingselend in der Nachkriegszeit

ben, mußten in den Arbeitsprozeß eingegliedert und eingebürgert werden.

Ein schwieriges Problem war die Behandlung der ehemaligen Nationalsozialisten. Die Siegermächte verlangten eine strenge Bestrafung vor allem jener Nazis, die sich Verbrechen gegen die Menschlichkeit hatten zuschulden kommen lassen, wie Kriegsverbrecher, KZ-Mörder, Judenpeiniger und Häftlingsschinder. Die Regierung beschloß ein »Verbotsgesetz«, das die ehemaligen Nationalsozialisten verpflichtete, sich bei den Behörden registrieren zu lassen, und das, je nach ihrer Einstufung als »Minderbelastete«, »Belastete« oder gar als Kriegsverbrecher, Strafen wie Berufsverbot, Entfernung aus dem öffentlichen Dienst und Verurteilungen mit kürzerer oder längerer Kerkerhaft bis zur Todesstrafe vorsah. Dieses Gesetz wurde in den einzelnen Besatzungszonen jedoch sehr unterschiedlich gehandhabt. Während bloße Mitläufer Vermögen und Beruf verloren, gingen zahlreiche echte Kriegsverbrecher der Justiz durch die Maschen. Sie tauchten mit falschen Papieren unter oder gingen außer Landes. Auch fanden die Volksgerichte zu keiner einheitlichen Rechtssprechung. Sie verhängten anfangs schwerste Strafen (bis 1947 gab es 35 Todesurteile), später fällten sie oft fragwürdige Freisprüche. Auf die Dauer konnte eine halbe Million Menschen von den staatsbürgerlichen Rechten natürlich nicht ausgeschlossen werden. Aus diesem Grunde und weil 1949 eine Nationalratswahl ins Haus stand, bei der jede Partei um die Stimmen der ehemaligen Nazis buhlte, beschloß das Parlament am 21. April 1948 für die »Minderbelasteten« eine Amnestie (Strafnachlaß). Sie konnten wieder in den Staatsdienst eintreten oder erhielten eine Pension.

Bei den Nationalratswahlen am 9. Oktober 1949 kandidierte eine neue Partei, der »Verband der Unabhängigen«, die Vorläuferin der heutigen FPÖ (Freiheitliche Partei Österreichs). Sie erreichte auf Anhieb 16 Mandate. Die ÖVP errang 77, die SPÖ 67, der Linksblock 5 Abgeordnetensitze. Die Große Koalition zwischen ÖVP und SPÖ wurde fortgesetzt, doch die Regierung Figl-Schärf wurde bald auf eine harte innenpolitische Probe gestellt.

Der rasche wirtschaftliche Wiederaufbau Österreichs seit 1948 war von einer starken inflationären Strömung begleitet. Die Lebenshaltungskosten stiegen laufend, die Inflationsrate lag pro Jahr zwischen 30 und 50 Prozent. Die Regierung versuchte, der Entwicklung durch eine jährliche Anpassung von Löhnen und Preisen, sogenannte »Lohn- und Preis-Abkommen«,

Herr zu werden. Das gelang nur unzureichend. Immer wieder liefen die Preise den Löhnen davon, die Unzufriedenheit der Arbeiterschaft wuchs. Als im September 1950 ein viertes Abkommen dieser Art abgeschlossen wurde, liefen die Kommunisten dagegen Sturm. Sie setzten eine heftige Pressekampagne in Gang, die vom russisch kontrollierten Rundfunk unterstützt wurde. Die Arbeiter führten in zahlreichen Betrieben Warnstreiks durch. Dann kam es zur kommunistischen Hauptaktion. Am Morgen des 26. September 1950 zogen aus den USIA-Betrieben in den sowjetisch besetzten Bezirken Wiens 10 000–15 000 Demonstranten in die Innenstadt. Sie blockierten den Straßenbahnverkehr, zerschlugen die Fenster einiger Waggons und montierten die Räder von Autobussen ab. Einzelne Stoß-

trupps gingen mit Stöcken, Holzlatten und Steinen auf die Polizei los, die über Weisung der sowjetischen Besatzungsmacht nicht einschreiten durfte. Dabei wurden 23 Beamte verletzt. Vor dem Bundeskanzleramt, das stundenlang belagert wurde, fand eine Kundgebung statt, bei der bekannte KPÖ-Führer Ansprachen hielten. Dann löste sich die Demonstration auf. In Linz gingen 10 000 Arbeiter der VOEST auf die Straße, besetzten die Arbeiterkammer und verlangten die Absetzung der Gewerkschaftsführung. In Niederösterreich wurden sämtliche USIA-Betriebe in Korneuburg, Stockerau, Gänserndorf, St. Pölten und Wiener Neustadt vom Ausstand erfaßt.

Am nächsten Tag weitete sich die Streikbewegung, die immer deutlicher den Charakter einer politisch motivierten Aktion

Kommunistische Demonstranten im September 1950

Kommunistische Großkundgebung

annahm, auch auf die Obersteiermark aus. Kommunistische Rollkommandos besetzten Bahnhöfe, Störtrupps drangen in Betriebe ein, um die Belegschaften zum Anschluß an die Streikbewegung zu zwingen. Sie stießen vielerorts auf massiven Widerstand. Eisenbahner, Straßenbahner, Bauarbeiter, die Arbeiter in den Elektrizitätswerken und in den Industriebetrieben machten nicht mit.

Dann wurde der Streik plötzlich abgebrochen. Viele Zeitgenossen konnten sich nicht erklären, warum. Heute wissen wir es: Die Sowjets pfiffen ihre österreichischen Genossen zurück. Sie forderten die KPÖ-Führer auf, die Arbeiter wieder in ihre Betriebe zurückzuschicken. Um vor den eigenen Leuten nicht vollkommen das Gesicht zu verlieren, beriefen die Kommunisten eine »gesamtösterreichische Betriebsrätekonferenz« ein und drohten für den 4. Oktober 1950 mit einem Generalstreik, falls bis dahin das Lohn- und Preisabkommen nicht zurückgenommen werde. Die Bundesregierung wies die Forderung zurück und rief die Österreicher zur entschlossenen Gegenwehr auf.

Der Tag der neuerlichen Machtprobe kam. Am 4. Oktober streikten in der Bun-

deshauptstadt 145 Betriebe. Kommunistische Stoßtrupps legten in Wien und Niederösterreich den Post- und Bahnverkehr lahm, warfen Autobusse und Lastkraftwagen um, gossen die Straßenbahnschienen mit Zement aus, luden Fuhren von Sand und Schotter auf den Straßen ab, errichteten Straßensperren, bedrohten und besetzten Industriebetriebe. In Wiener Neustadt erstürmten sie das Hauptpostamt und hielten es unter dem Schutz der örtlichen sowjetischen Besatzungsmacht eine Zeitlang besetzt. Auch diesmal stellten sich gewerkschaftliche Kampftrupps, die Arbeiter in den Betrieben und Zivilisten den Kommunisten entgegen. Am Abend des nächsten Tages brach der Streik zusammen. In Wien und Wiener Neustadt fanden Freiheitskundgebungen statt, die Bundesregierung richtete eine Dankadresse an das österreichische Volk. Sie hatte die Kraftprobe mit den Kommunisten bestanden.

Das Hauptziel der österreichischen Außenpolitik seit 1945 war der Abschluß eines Staatsvertrages. Der Weg zu diesem Ziel war lang und mühsam. Die Staatsvertragsverhandlungen begannen schon 1947 und zogen sich bis 1955 hin. Sie wurden abgebrochen, unterbrochen, (zum Schein) weitergeführt. Immer wieder kam etwas dazwischen, wollten die Sowjets diesem Vorschlag, die westlichen Alliierten jener Forderung nicht zustimmen. Die Weltpolitik führte bei den Verhandlungen kräftig Regie, wenn es auch nicht immer augenfällig wurde.

● 1947 verhinderten die jugoslawischen Gebietsansprüche auf Teile Kärntens und die Frage des Deutschen Eigentums eine Einigung. 85 Sitzungen blieben ergebnislos.

188

● 1949/50 machten die Sowjets den österreichischen Staatsvertrag von einer Einigung der Großmächte über das Schicksal der Stadt Triest abhängig.

● 1950 brach in Ostasien der Koreakrieg aus. Das Verhältnis zwischen den Vereinigten Staaten und der Sowjetunion sank auf den Nullpunkt ab.

● 1951/52 waren die Verhandlungen überhaupt unterbrochen oder wurden nicht ernsthaft geführt.

Im Jahre 1953 änderte sich die weltpolitische Großwetterlage. Im Jänner trat in den USA ein neuer Präsident sein Amt an: Dwight D. Eisenhower, ein populärer Weltkriegsgeneral. Anfang März starb Josef Stalin, im Juli ging der Koreakrieg zu Ende. Auch in Österreich gab es eine politische Wachablöse. Julius Raab ersetzte Leopold Figl als Bundeskanzler, Figl wurde Außenminister. Nun kamen die Dinge in Bewegung. Im Februar 1954 stand bei einer Außenministerkonferenz in Berlin, zu der auch Figl und sein Staats-

sekretär Dr. Bruno Kreisky hinzugezogen wurden, die Österreichfrage auf der Tagesordnung. Die Verhandlungen führten jedoch zu keinem Ergebnis. Erst ein Jahr später deuteten die Sowjets an, daß die Zeit für den Abschluß eines Vertrages nunmehr reif sei. Nach einigen klärenden Vorgesprächen wurde die Bundesregierung eingeladen, eine Delegation nach Moskau zu entsenden. Dazu Bruno Kreisky: »Wir haben die geschichtliche Bedeutung dieser Stunde erkannt und haben sie genützt. Obwohl uns damals viele den Rat gaben: Fahrt's dort nicht hin, ihr werdet nur wie der Schuschnigg in Berchtesgaden an die Wand gestellt werden.«

Am 11. April 1955 bestiegen Bundeskanzler Ing. Julius Raab, Vizekanzler Dr. Adolf Schärf, Außenminister Dipl.-Ing. Leopold Figl und Staatssekretär Dr. Bruno Kreisky mit gemischten Gefühlen die sowjetische Transportmaschine, die für sie am Militärflughafen bereitstand. Sie wurden in Moskau wie ein großer

Die erfolgreiche österreichische Delegation ist aus Moskau zurückgekehrt

Staatsbesuch mit Sang und Klang empfangen. Die Verhandlungen waren hart und aufreibend, aber sie führten innerhalb weniger Tage zu einem Ergebnis. Die österreichische Regierungsdelegation kehrte nach Wien zurück. Überglücklich sprach der Bundeskanzler den für alle Österreicher erlösenden Satz: »Wir werden frei sein.«

Die Freiheitsbotschaft wurde vom Rundfunk und von den Zeitungen in alle Himmelsrichtungen verbreitet. Als das Vier-Mann-Verhandlungsteam am Ballhausplatz aus dem Auto stieg, wurde es von einer großen Menschenmenge umjubelt. Noch aber stand ein hartes Stück Arbeit bevor. Die in Moskau getroffenen Vereinbarungen mußten von den westlichen Alliierten gutgeheißen werden. Erst nach zähen Verhandlungen einigte man sich am 12. Mai auf den endgültigen Vertragstext. Der Unterzeichnung des Staatsvertrages stand nichts mehr im Wege. Als Termin wurde der 15. Mai 1955 festgesetzt. Und das sind in gekürzter Fassung seine wichtigsten Bestimmungen:

Artikel 1: Die Alliierten und Assoziierten Mächte anerkennen, daß Österreich als ein souveräner, unabhängiger und demokratischer Staat wiederhergestellt ist.

Artikel 2: Sie erklären, daß sie die Unabhängigkeit und territoriale Unversehrtheit Österreichs achten werden.

Artikel 4/1: Die Alliierten und Assoziierten Mächte erklären, daß eine politische oder wirtschafliche Vereinigung zwischen Österreich und Deutschland verboten ist.

Artikel 7/1: Österreichische Staatsangehörige der slowenischen und kroatischen Minderheiten in Kärnten, Burgenland und Steiermark genießen dieselben Rechte wie alle anderen österreichischen Staatsangehörigen einschließlich des Rechtes auf ihre eigenen Organisationen, Versammlungen und Presse in ihrer eigenen Sprache.

15. Mai 1955:

Österreich ist frei!

In den frühen Morgenstunden des 15. Mai 1955 herrscht in der Gegend rund um das Belvedere, dem Barockschloß des Prinzen Eugen, ungewöhnliche Betriebsamkeit. Schon vor acht Uhr strömen Abertausende Menschen aus allen Teilen der Stadt in der Prinz-Eugen-Straße zusammen, um die Wagenauffahrt zum Schloß zu sehen, andere warten vor dem schönen, schmiedeeisernen Rennweger Tor, dem Eingang zur Parkanlage zwischen dem oberen und unteren Schloß, auf Einlaß. Sie wollen einen großen Tag in der Geschichte der Zweiten Republik miterleben, Zeuge sein eines großen historischen Augenblicks: der Unterzeichnung des österreichischen Staatsvertrages.

Jubelnde Menschen vor dem Belvedere

Als das Tor kurz vor neun Uhr geöffnet wird, setzt ein wahrer Wettlauf um die vordersten Plätze im Park ein. Atemlos langen die Schnellsten vor der Postenkette an, die die Polizei am letzten Treppenabsatz vor dem Oberen Belvedere gezogen hat. Nach und nach füllt sich der Park mit einer dichtgedrängten Menschenmenge, die den Ereignissen dieses Tages erwartungsvoll entgegenblickt.

Unterdessen herrscht im Schloß selbst, das in den letzten Wochen auf Hochglanz gebracht worden ist, emsiges Treiben. Im Marmorsaal des Gebäudes, in dem die historische Zeremonie vor sich gehen wird, werden letzte Vorbereitungen getroffen. Die vier Marmortische, auf denen der Vertrag unterzeichnet werden soll, werden aneinandergerückt und mit einem roten Filztuch bedeckt. Um den Tisch werden die zehn mit Damast überzogenen barocken Sessel postiert, auf denen die Außenminister mit ihren bisherigen Hochkommissaren und der österreichische Außenminister, Dipl.-Ing. Leopold Figl, Platz nehmen werden. Die Sitzordnung ist genau geregelt, auch jene der zahlreichen Gäste, die zum Festakt eingeladen sind. Das Protokoll ist bis auf die Minute festgelegt. Den in- und ausländischen Kameraleuten, den Fotografen und Berichterstattern von Presse und Rundfunk, die den Staatsakt in alle Welt übertragen und beschreiben werden, sind Plätze in den Ecken und an den Eingangstüren des Saales angewiesen. Das Fernsehen ist nicht mit dabei. Die erste Fernsehsendung in Österreich wird erst am 1. August 1955 ausgestrahlt werden.

Den Anfahrtsreigen zum Festakt eröffnen die Österreicher: Bundeskanzler und Vizekanzler, die Mitglieder der Bundesregierung, die Präsidenten des Nationalrates, die österreichischen Botschafter bei den vier Großmächten und zahlreiche andere Persönlichkeiten. Um 10.43 Uhr treffen Außenminister Figl und seine beiden Sekretäre ein.

Schlag 11 Uhr beginnt vor dem Portal des Schlosses, vor dem auf fünf hohen Fah-nenmasten die Flaggen der vier Großmächte und Österreichs flattern, die Auffahrt der Delegationen. Als erster trifft der sowjetische Außenminister Molotow ein, dem in siebenminütigen Abständen die Außenminister Macmillan (Großbritannien), Dulles (USA) und Pinay (Frankreich) folgen. Sie alle werden von der Menschenmenge, die dichtgedrängt die Zufahrtswege säumt, lebhaft und herzlich begrüßt. Im Schloß werden sie am oberen Treppenabsatz vom Chef des Protokolls, im Saal von Bundeskanzler Raab, Vizekanzler Schärf und Außenminister Figl willkommen geheißen. Knapp vor 11.30 Uhr werden die vier Außenminister und ihre Hochkommissare von Figl gebeten, mit ihm Platz zu nehmen und den

Die fünf Außenminister, die den Staatsvertrag unterzeichneten, von links nach rechts: Pinay, Molotow, Macmillan, Dulles und Figl

Vertrag zu unterzeichnen. Beamte des Außenministeriums legen dem sowjetischen Außenminister das in grünes Saffianleder gebundene Vertragswerk vor. Molotow unterschreibt. Seine Kollegen Macmillan, Dulles und Pinay folgen seinem Beispiel. Zuletzt wird das Dokument von Dipl.-Ing. Figl unterfertigt. Die Kameras der Fotografen klicken, die Reporter schildern Millionen Menschen in Österreich und in der Welt den Ablauf des Ereignisses. Dann wird der Vertrag gesiegelt. Nun ergreifen hintereinander die vier Außenminister das Wort. Sie weisen auf die große Bedeutung des österreichischen Staatsvertrages für den Weltfrieden und die internationalen Beziehungen hin und beglückwünschen die Republik Österreich und das österreichische Volk zur Wiedererlangung ihrer Freiheit und Unabhängigkeit. Zuletzt spricht Außenminister Figl: »Ein siebzehn Jahre dauernder, dornenvoller Weg der Unfreiheit ist beendet«, sagt er. »Österreichs Volk jubelt heute, Österreichs Volk dankt heute für die Freiheit, Österreichs Volk geht heute aber auch mit dem festen Vorsatz der Pflichterfüllung für die ganze Welt an die Arbeit. Wenn nun die Glocken von ganz Österreich, vom Bodensee bis zum Neusiedler See, von der Thaya bis zu den Karawanken läuten, dann läuten sie eine neue Zeit für Österreich ein, dann künden sie, daß Österreich frei ist.«

Nach dem Ende seiner bewegenden Rede öffnen sich die Flügeltüren zum Balkon des Schlosses. Die fünf Außenminister treten ins Freie. Vor ihnen liegt Wien, die alte Kaiserstadt an der Donau, mit ihren Kirchen und Palästen, ihren Parkanlagen und Häusern. Und mitten aus diesem Häusermeer ragt der Dom, das Symbol

Außenminister Figl mit dem Staatsvertrag

dieser unverwechselbaren Stadt, der aus den Trümmern wiedererstanden ist und dessen berühmte Glocke, die Pummerin, eben jetzt, alle anderen Glocken übertönend, ein neues Zeitalter der Freiheit einläutet. Und zu den Füßen der Außenminister, im Garten des Belvedere, jubelt eine riesige Menschenmenge den Staatsmännern zu. Der populäre Figl, der seine Hand immer am Puls des Volkes gehabt hat, spürt die Größe des historischen Augenblickes. Von einer spontanen Eingebung beseelt, eilt er in den Marmorsaal zurück, nimmt den Vertrag, schlägt die Seite mit der Unterschrift und den Siegeln auf und zeigt sie dem Volk. »Österreich ist frei!« ruft er den Menschen mit freudig-bewegter Stimme zu, und dieser Satz, der zugleich Erfüllung ist, Hoffnung und Schicksal, löst Begeisterungsstürme aus. Die ausländischen Außenminister werden von der Stimmung mitgerissen. Sie winken der Menge zu, werfen die Arme in die Höhe, schwenken Taschentücher.

»Österreich ist frei!« Die Weltpolitik hat ein Wunder geboren.

Der Freiheitstag Österreichs klingt am Abend mit einer Festveranstaltung aus, zu der die Bundesregierung an die tausend Gäste in das Schloß Maria Theresias draußen in Schönbrunn eingeladen hat. Im hell erleuchteten, prachtvoll geschmückten Festsaal sitzen die ausländischen Staatsmänner friedlich an einem Tisch beisammen und tauschen Erlebnisse und Höflichkeiten aus. Der österreichische Staatsvertrag hat sie einander nähergebracht, läßt sie für kurze Zeit ihre Gegensätze vergessen.

Aber der Schein trügt. Mit den Lichtern in Schönbrunn erlischt bald auch wieder die Eintracht zwischen den Großmächten. Schon im nächsten Jahr kommt es in Ungarn und am Suezkanal zu schweren Konflikten, die den Weltfrieden auf eine harte Probe stellen.

Ein Kriegsgefangener kehrt heim

Nach der Unterzeichnung des Staatsvertrages trat auch in Österreich der Alltag wieder in seine Rechte. Die USIA-Betriebe, die unter sowjetischer Verwaltung gestanden waren, wurden zurückgegeben und mußten in die österreichische Wirtschaft eingegliedert werden. Das ging nicht ohne Schwierigkeiten vor sich. Der Maschinenpark war überaltert, die Belegschaften waren viel zu groß. Der österreichische Staat mußte für die Rückgabe dieser Betriebe Waren im Wert von 150 Millionen Dollar an die Sowjetunion liefern. Die niederösterreichischen Erdölfelder mußten ebenfalls abgelöst werden. Die Ablösesumme betrug 10 Millionen Tonnen (sie wurde später auf 6 Millionen gesenkt). Die letzten österreichischen Kriegsgefangenen und Häftlinge kehrten in Sonderzügen aus den sowjetischen Lagern zurück. Ihr furchtbares Schicksal, das von den Zeitungen und im Rundfunk geschildert wurde, erregte berechtigterweise die Öffentlichkeit.

Die Besatzungsmächte brachen ihre Zelte ab. Am 27. Juli 1955 traten die vier Hochkommissare, die den sogenannten Alliierten Rat bildeten, zu ihrer letzten Sitzung zusammen. Auf dem Schwarzenbergplatz fand eine Militärparade statt, vom Haus der Industrie wurden die Flaggen der Alliierten eingeholt. Die Österreicher waren wieder Herren im eigenen Haus.

Der Abzug der fremden Soldaten nahm Wochen und Monate in Anspruch. Er war am 25. Oktober 1955 beendet. Für diesen Tag wurden im ganzen Land Freiheits- und Befreiungsfeiern angesetzt. In Wien fand eine solche Feier bereits am 22. Oktober statt. Es war ein Samstag, ein Großteil der Bevölkerung hatte daher Gelegenheit, daran teilzunehmen. Die gesamte

Russische Soldaten verlassen Österreich

Ringstraße war für den Verkehr gesperrt, die schönsten Gebäude der Stadt wurden illuminiert (von Scheinwerfern angestrahlt), zahlreiche Musikkapellen spielten zum Tanz auf. Ein Feuerwerk, wie es die Stadt schon lange nicht gesehen hatte, erhellte den Abendhimmel, wurde von Hunderttausenden Menschen bestaunt und gebührend beklatscht.

Am 26. Oktober 1955 beschloß der Nationalrat das Verfassungsgesetz über die immerwährende Neutralität Österreichs. Er kam damit einer Verpflichtung nach, die das österreichische Verhandlungsteam im Frühjahr in Moskau eingegangen war. Das Gesetz bestand lediglich aus zwei Artikeln. Diese lauten:

1. Zum Zwecke der dauernden Behauptung seiner Unabhängigkeit nach außen und zum Zwecke der Unverletzlichkeit seines Gebietes erklärt Österreich aus freien Stücken seine immerwährende Neutralität. Österreich wird diese mit allen ihm zu Gebote stehenden Mitteln aufrechterhalten und verteidigen.

2. Österreich wird zur Sicherung dieser Zwecke in aller Zukunft keinen militärischen Bündnissen beitreten und die Errichtung militärischer Stützpunkte fremder Staaten auf seinem Gebiete nicht zulassen.

Die österreichische Neutralität wurde von zahlreichen Staaten der Welt anerkannt und damit völkerrechtlich verankert.

Im Neutralitätsgesetz verpflichtete sich Österreich zur Verteidigung seiner Grenzen. Aus diesem Grund unterhält die Republik ein Bundesheer. Wehrpflichtig ist jeder Österreicher vom 18. bis zum 50. Lebensjahr. Die Grundwehrdienstzeit, die ursprünglich mit neun Monaten festgesetzt war, wurde im Jahre 1971 auf sechs Monate herabgesetzt, mit zusätzlichen Waffenübungen von insgesamt 60 Tagen. Der Tag, an dem das Neutralitätsgesetz beschlossen wurde, wurde zum »Tag der Fahne« erklärt. 1965 wurde daraus unser Nationalfeiertag.

Bundeskanzler Julius Raab, der namens der Bundesregierung zu diesem grundlegenden Gesetz eine Erklärung abgab, sagte, die Neutralität verpflichte nur den Staat, nicht aber den einzelnen Staatsbürger. Die geistige und politische Freiheit des einzelnen, insbesondere die Pressefreiheit und die freie Meinungsäußerung, sei davon nicht berührt. Raab bekannte sich auch zur Hilfeleistung des neutralen Österreich für alle politisch Verfolgten. Er konnte nicht ahnen, daß unser Land schon kurze Zeit später die Bewährungsprobe für dieses Versprechen zu bestehen haben würde.

Nach dem Ausbruch der ungarischen Revolution im Oktober 1956 strömten rund 180 000 ungarische Flüchtlinge über die Grenze. Österreich wurde für sie zum politischen Rettungsboot. Die aus ihrer Heimat geflüchteten Menschen erhielten Unterkunft, wurden mit Kleidern, Lebensmitteln und Medikamenten versorgt. Die meisten von ihnen fanden in anderen (westlichen) Ländern eine neue Heimstätte, viele bauten sich in Österreich eine neue Existenz auf.

Seit 1956 kommen jährlich Tausende Flüchtlinge über die Grenzen unseres Landes: Juden aus der Sowjetunion, Polen, Tschechen, Jugoslawen... Ihnen zu helfen ist eine menschliche Verpflichtung, aber auch eine schwere finanzielle und wirtschaftliche Bürde.

Ungarnflüchtlinge

Das freie, unabhängige Österreich setzte sein Wiederaufbauwerk mit verstärkter Kraft fort. Symbol des österreichischen Wiederaufbauwillens war die Wiedereröffnung der Staatsoper am 5. November 1955. Es war ein großes kulturelles und gesellschaftliches Ereignis, als das ehrwürdige, traditionsreiche Haus am Ring etwas mehr als zehn Jahre nach seiner Zerstörung, in festlichem Glanz erstrahlend, wieder seine Pforten öffnete. Gegeben wurde, dem Anlaß entsprechend, »Fidelio«, Beethovens Hymnus an Freiheit, Menschlichkeit und Liebe. Und jetzt war auch schon das Fernsehen dabei. Die Aufführung der Oper wurde in 27 Länder übertragen. Das Burgtheater, Österreichs berühmteste Sprechbühne, war bereits am 15. Oktober 1955 mit Franz Grillparzers »König Ottokars Glück und Ende« wiedereröffnet worden.

Wiederaufbau: das hieß in den ersten Monaten und Jahren nach dem Krieg zunächst Schutt wegräumen, Bombentrichter zuschütten, beschädigte Häuser wiederherstellen, alte Maschinen reparieren, Straßen ausbessern. Später wurde der Bau von Brücken, Kraftwerken und Autobahnen daraus, die Errichtung von neuen Wohnhausanlagen, Schulen und Spitälern, von modernen Fabriken und Industrieanlagen.

Infolge des Fleißes der österreichischen Bevölkerung ging es wirtschaftlich aufwärts in Österreich, nicht ununterbrochen und steil, aber langsam und stetig. Das Bruttonationalprodukt (die Gesamtheit aller von einer Volkswirtschaft erzeugten Güter und Dienstleistungen) stieg in den Jahren zwischen 1954 und 1958 jedes Jahr durchschnittlich um zirka 7%, zwischen 1958 und 1961 um rund 5% an. Der Lebensstandard der Bevölkerung wuchs, die Menschen verdienten mehr und konnten sich um ihr erspartes Geld mehr leisten. Sie kauften in steigendem Maße Autos, Waschmaschinen, Radio- und Fernsehgeräte. Im Jahre 1968 waren bereits mehr als 800 000 Personenkraftwagen zum Verkehr zugelassen, in den Haushalten standen mehr als 600 000 Waschmaschinen. Die Industrie weitete zwischen 1950 und 1967 ihre Produktion um 175 Prozent aus, die Bauwirtschaft um 141 Prozent, die Elektrizitäts- und Gaswirtschaft um 314 Prozent. Österreich war auf dem Weg zum Industriestaat. 1960 trat es einer europäischen Wirtschaftsgemeinschaft bei: der Europäischen Freihandelszone (EFTA).

International trat das Land immer stärker in Erscheinung. Schon 1955 war es Mitglied der Vereinten Nationen (UNO) geworden. 1965 nahm die Internationale Atomenergiebehörde ihren Sitz in Wien, 1967 machte sich die UNIDO, die Organisation der Vereinten Nationen für industrielle Entwicklung, in der Bundeshauptstadt ansässig. Die Vermittlungtätigkeit Österreichs zwischen Ost und West erreichte am 3. und 4. Juni 1961 ihren vorläufigen Höhepunkt, als John F. Kennedy, der Präsident der Vereinigten Staaten von Nordamerika, und der sowjetische Ministerpräsident Nikita S. Chruschtschow einander in Wien trafen.

Innenpolitisch wurde die Zusammenarbeit der beiden Großparteien mit der ÖVP als Führungskraft und der SPÖ als starkem Partner, die sogenannte »Große Koalition«, auch nach dem Staatsvertrag fortgesetzt. Aber diese Zusammenarbeit wurde von Jahr zu Jahr schwieriger. Die beiden Parteien konnten sich über verschiedene

Bundespräsident Schärf mit Kennedy und Chruschtschow im Schloß Schönbrunn

Fragen und Probleme nur noch mühsam einigen. Immer wieder gab es Krisen, die Erstellung des Staatshaushaltes (Budgets) wurde zur jährlichen politischen Zerreißprobe. Schließlich war es nur noch eine Frage der Zeit, wann die »Große Koalition« zerbrechen, die Zusammenarbeit zwischen den beiden großen, staatstragenden Parteien zu Ende gehen würde.

Am 6. März 1966 errang die Österreichische Volkspartei bei den Wahlen zum Nationalrat die absolute Mehrheit. Sie erhielt mit 48,35 Prozent der Stimmen 85 Mandate. Die Sozialisten erreichten 74 Abgeordnetensitze, die Freiheitlichen brachten es auf 6. Aufgrund dieses Wahlergebnisses bildete Dr. Josef Klaus, der Obmann der ÖVP, zum erstenmal in der Geschichte der Ersten und Zweiten Republik eine Alleinregierung. Die Sozialisten gingen in

197

die Opposition. Es war der Beginn einer neuen politischen Ära. Viele Österreicher fragten sich damals bange, ob die junge österreichische Demokratie gefestigt genug sei, den Übergang von der Zusammenarbeit der beiden Großparteien zum Gegeneinander zu verkraften und zu bewältigen. Sie war es. Zwar kam es in manchen Fragen zwischen Regierung und Opposition zu harten Auseinandersetzungen, aber das gemeinsame Bekenntnis zur Republik und zur demokratischen Gesellschaftsordnung wurde dabei nie in Frage gestellt.

Die Regierung Klaus ging mit großem Schwung an die Arbeit. Der Rundfunk wurde aufgrund eines Volksbegehrens reformiert, die Verstaatlichte Industrie neu geordnet. Die Verhandlungen mit Italien bezüglich größerer Rechte für die Südtiroler Minderheit zeitigten Erfolge. Dr. Otto Habsburg, der älteste Sohn des letzten Kaisers, erhielt die Bewilligung, nach Österreich einzureisen. Der Fall Habsburg, der in der letzten Phase der Koalitionszeit zu schweren Zerwürfnissen zwischen ÖVP und SPÖ geführt hatte, fand damit eine Regelung.

Innerparteiliche Auseinandersetzungen lähmten jedoch bald den Elan der Regierung. Skandale in der Bauwirtschaft und neue Steuern (Alkoholsteuer, Sondersteuer für Autos usw.) erschütterten das Vertrauen der Bevölkerung in die ÖVP-Alleinregierung. Bei zahlreichen Gemeinde- und Landtagswahlen büßte die Österreichische Volkspartei zwischen 1966 und 1969 Stimmen und Mandate ein. Schließlich verlor sie bei den Nationalratswahlen vom 1. März 1970 ihre absolute Mehrheit. Der Sieger der Wahl hieß Dr. Bruno Kreisky, der Vorsitzende der Sozialistischen Partei Österreichs. Die SPÖ errang 81, die ÖVP 79, die FPÖ 5 Mandate. Die Sozialisten hatten zum erstenmal in ihrer 80jährigen Geschichte bei Nationalratswahlen die Mehrheit errungen. Da sich die Verhandlungen zur Bildung einer Koalitionsregierung zwischen SPÖ und ÖVP zerschlugen – eine Neuauflage der großen Koalition alten Stils kam nicht in Frage, und es wollte sie auch kaum jemand –, bildete Dr. Kreisky mit Zustimmung des Bundespräsidenten Franz Jonas ein Minderheitenkabinett. Auch das war neu in Österreich: eine Regierung, die im Parlament keine Mehrheit besaß und die sich für alle ihre Vorhaben um eine solche Mehrheit im Hohen Haus bemühen mußte.

Der Vollblutpolitiker und kluge Taktiker Kreisky hielt dieses Experiment eineinhalb Jahre durch. Am 10. Oktober 1971 konnte die SPÖ unter seiner Führung den höchsten Sieg verzeichnen, den bis dahin eine demokratische Partei in der Republik errungen hatte: mehr als 50 Prozent aller Stimmen. Das neue Mandatsverhältnis lautete: 93 SPÖ; 80 ÖVP; 10 FPÖ.

Bruno Kreisky im Gespräch mit Arbeitern

In den Jahren von 1971 bis 1983 hatte Österreich eine sozialistische Alleinregierung. Bundeskanzler blieb in all diesen Jahren Dr. Bruno Kreisky, seine Regierungsmannschaft wurde mehrmals verändert. Die Sozialisten haben in den zwölf Jahren, in denen sie den Staat mit absoluter Mehrheit regierten, zahlreiche Reformen durchgeführt, die von den Oppositionsparteien (ÖVP und FPÖ) zum Teil heftig kritisiert und bekämpft wurden.

Um es auch den sozial schwächeren Schichten zu ermöglichen, ihre Kinder in höhere Schulen zu schicken, beschloß die Bundesregierung als erste Maßnahme im Bildungsbereich die Einführung von Schülerfreifahrten, eine Heimbeihilfe und die Ausgabe von Gratisschulbüchern. Durch den Bau zahlreicher neuer Schulen wurden die Bildungschancen begabter Kinder, vor allem im ländlichen Raum, erheblich verbessert. Die Zahl der Schüler an den allgemeinbildenden höheren Schulen stieg im Jahrzehnt zwischen 1970 und 1980 um die Hälfte, an den kaufmännischen und technischen mittleren und höheren Schulen hat sie sich verdoppelt. Größere Mitsprache- und Mitentscheidungsrechte der Schüler, der Studenten und Assistenten an den Universitäten führten zu einer – im einzelnen vielleicht nicht immer sinnvollen – Demokratisierung des gesamten Bildungswesens.

Auch in der Sozialpolitik setzte die Regierung kräftige Akzente. Der jährliche Mindesturlaub wurde auf drei, später auf fünf Wochen erhöht, das Wochengeld für werdende Mütter von sechs auf acht Wochen verlängert, die Geburtenbeihilfe hinaufgesetzt. Die Gewährung der Arbeitslosenunterstützung wurde vereinfacht, eine staatliche Heiratsbeihilfe sollte Ehepaaren die

Gründung eines Hausstandes erleichtern. Pflegeurlaub, die rechtliche Gleichstellung von Mann und Frau in der Entlohnung, die Einführung einer Unfallversicherung für Schüler und Studenten waren weitere sozialpolitische Maßnahmen.

Neue Arbeitsplätze zu schaffen, die Vollbeschäftigung zu sichern und den Lebensstandard der Österreicher zu erhöhen waren die vordringlichsten wirtschaftlichen Ziele der sozialistischen Alleinregierung. Die Erreichung dieser Ziele bereitete zunächst keine Schwierigkeiten. Österreich erlebte eine wirtschaftliche Hochkonjunktur. Da die Wirtschaft immer mehr Arbeitsplätze benötigte und viele Österreicher verschiedene, mit schwerer oder schmutziger Arbeit verbundene Tätigkeiten nicht mehr machen wollten, wurden Gastarbeiter aus ärmeren Staaten in das Land geholt. Tausende Landsleute unternahmen teure Auslandsreisen und erwarben in der Nähe der Städte Zweitwohnungen. Die Luxuslimousine und die Luxusvilla wurden zum Symbol des steigenden Wohlstandes.

Der Wirtschaftsaufschwung erlitt in den Jahren 1974/75 durch den Anstieg der Rohölpreise und die dadurch bewirkte Krise der Weltwirtschaft einen schweren Rückschlag. Die Regierung Kreisky versuchte die Krise durch staatliche Arbeitsprogramme, die über das Budget finanziert wurden, zu meistern. Das ist ihr im wesentlichen auch gelungen. Die Zahl der Arbeitslosen und der Anstieg der Verbraucherpreise hielten sich im internationalen Vergleich in Grenzen. Für die Durchführung der verschiedenen Wirtschaftsmaßnahmen und die Unterstützung notleidender, vor allem verstaatlichter Betriebe mußte die Regierung Kredite im In- und

Ausland aufnehmen. Der Bundeskanzler sprach des öfteren davon, daß ihm ein paar Milliarden Schulden weniger schlaflose Nächte bereiten als ein paar Tausend zusätzliche Arbeitslose. Die Verschuldung des Staates und die Rückzahlung der aufgenommenen Kredite samt deren Zinsen sind mittlerweile zu einem ernsten budgetpolitischen Problem geworden.

Ein Gesetz über die Aufstellung zweisprachiger Ortstafeln in Bezirken Kärntens mit slowenischer oder gemischtsprachiger (slowenischer und deutscher) Bevölkerung führte 1972 zum sogenannten »Ortstafelsturm«. Die Ortstafeln wurden mit Duldung der Exekutive, die tatenlos zusah, abmontiert und vernichtet. Der aus Wien herbeigeeilte Bundeskanzler bekam lautstark den Unmut gewisser Bevölkerungskreise zu spüren.

Die eindeutigste Niederlage erlitt Bruno Kreisky in der Frage der friedlichen Nutzung der Atomenergie. Das bei Zwentendorf im Tullnerfeld errichtete Atomkraftwerk hatte jahrelang für politischen Zündstoff gesorgt. Da über die Inbetriebnahme des Werkes eine politische Einigung nicht zu erzielen war, überließ die Regierung die Entscheidung dieser Frage einer Volksabstimmung, die der Bundeskanzler

Der Kärntner Ortstafelkonflikt

Atomkraftgegner in Zwentendorf

zu einer Art Entscheidung über seine eigene Person machte. Er ließ durchblicken, daß er bei einem Nein zu Zwentendorf zurücktreten könnte. Die Atomkraftgegner behielten bei der Abstimmung am 5. November 1978 bei einer verhältnismäßig niedrigen Wahlbeteiligung knapp die Oberhand. 49,5 Prozent stimmten für, 50,5 Prozent gegen die Inbetriebnahme des Kraftwerkes. Zwentendorf blieb zugesperrt. Was mit der Atomruine, die viele Milliarden Schilling gekostet hat, geschehen soll, ist zehn Jahre nach dem Volksentscheid noch immer nicht geklärt.

Auch bei der Auswahl seiner Mitarbeiter bewies Bruno Kreisky nicht immer eine glückliche Hand. Einer seiner Minister, der Bundesminister für Land- und Forstwirtschaft, Hans Öllinger, mußte kurz nach seinem Amtsantritt aus der Regierung ausscheiden, als bekannt wurde, daß er als junger Mann Mitglied der SS gewesen war. Andere gerieten in das Schußfeld der Opposition und der Medien. Am schwersten dürfte den Bundeskanzler der Konflikt mit seinem politischen Ziehsohn Hannes Androsch getroffen haben, der in der sozialistischen Alleinregierung das Amt des Finanzministers (1970–1981) und

Vizekanzlers (1976–1981) bekleidete. Androsch unterhielt neben seinem Ministeramt eine Steuerberatungskanzlei. Opposition und Presse warfen ihm vor, beim Bau seiner Privatvilla einen steuerbegünstigten Kredit bekommen zu haben und mit seiner Kanzlei in die Schmiergeldaffäre bei der Errichtung des Allgemeinen Krankenhauses in Wien verwickelt gewesen zu sein. Die jahrelangen Auseinandersetzungen gipfelten im Rücktritt des Ministers, dessen politische Laufbahn damit zu Ende ging.

Eine Reihe weiterer Korruptionsfälle und Skandale im öffentlichen Bereich offenbarten einen bedauernswerten Verfall der persönlichen wie der politischen Moral und erschütterten das Vertrauen vieler Menschen in die Politik. Der über jeden Verdacht persönlicher Bereicherung erhabene Bundeskanzler hat dagegen vergeblich angekämpft.

Dr. Bruno Kreisky widmete sich auch während seiner Kanzlerschaft – er war von 1959 bis 1966 Außenminister gewesen – eingehend außenpolitischen Fragen. Sein vordringliches Interesse galt dem Nahen Osten sowie dem Verhältnis zwischen den reichen Industriestaaten und den Entwicklungsländern. Er genoß als Staats-

Bundeskanzler Kreisky im Gespräch mit ausländischen Staatsmännern

mann wie als Politiker internationales Ansehen und war in den Jahren von 1970 bis 1983 unbestritten die überragende Zentralfigur der österreichischen Politik. Sein Geschick im Umgang mit der Presse, mit Rundfunk und Fernsehen trug ihm die Bezeichnung »Medienkanzler« ein. Die Zeit der sozialistischen Alleinregierung gilt heute durchaus zu Recht bereits allgemein als die »Ära Kreisky«.

Bei den Nationalratswahlen am 24. April 1983 verloren die Sozialisten ihre absolute Mehrheit: Sie fielen von 95 auf 90 Mandate zurück. Die ÖVP errang 81, die FPÖ 12 Abgeordnetensitze. Die Grünen, die erstmals kandidierten, gingen leer aus. Bruno Kreisky erklärte seinen Rücktritt und legte auch sein Mandat als Abgeordneter nieder.

Die Verhandlungen zur Bildung einer neuen Regierung führten rasch zu einem Ergebnis. SPÖ und FPÖ einigten sich auf ein gemeinsames Regierungsprogramm. Zum erstenmal in der Geschichte der Ersten und Zweiten Republik wurde zwischen dem sozialistischen und dem national-liberalen Lager eine Regierungskoalition vereinbart. Bundeskanzler wurde der langjährige Unterrichtsminister der Ära Kreisky, Dr. Fred Sinowatz, Vizekanzler der liberal gesinnte Obmann der FPÖ, Dr. Norbert Steger.

Die neue Bundesregierung trat ein schweres Erbe an. Die Weltwirtschaft steckte in einer markanten Krise, der Einsatz neuer Technologien (Computer, Roboter, Mikroelektronik) in den Fabriken und Büros stellte Wirtschaft und Politik vor neue Probleme und Herausforderungen. Der Schutz der Umwelt verlangte rasche Entscheidungen. Bürgerinitiativen und Protestbewegungen machten die Regierungstätigkeit zunehmend schwieriger und verzögerten Entscheidungsprozesse. Die wirtschaftliche Lage verschlechterte sich, die Arbeitslosigkeit nahm zu. Mit diesen vielen Schwierigkeiten und Problemen ist die Regierung Sinowatz/Steger trotz größter Anstrengungen nicht fertig geworden. Die Krise in der Verstaatlichten Industrie, vor allem in der VOEST, also in der Eisen- und Stahlindustrie, wucherte weiter. Milliardenzuschüsse des Staates verpufften, ohne daß eine durchgreifende Gesundung des schwer angeschlagenen Riesenbetriebes sichtbar geworden wäre. Durch unlautere Ölgeschäfte schlitterte das Unternehmen zunächst sogar noch tiefer in das wirtschaftliche Schlamassel.

Ein besonderes Anliegen war der rot-blauen Bundesregierung die Umweltpolitik. Sie ergriff zahlreiche Maßnahmen zur Reinhaltung der Luft, zur Verbesserung der Wasserqualität von Seen und Flüssen und erzielte damit nachweisbare Anfangserfolge. Die Erhaltung einer gesunden Umwelt wird aber noch sehr großer weiterer Anstrengungen bedürfen. Jedem einzelnen Staatsbürger erwächst dabei ein hohes Maß an selbstkritischer und tätiger Verantwortung.

In der Energiepolitik erlitt die Regierung Sinowatz einen schweren Rückschlag, der bei etwas größerem politischem Fingerspitzengefühl hätte vermieden werden können. Beim Versuch, den umstrittenen Bau eines Donaukraftwerkes bei Hainburg in Angriff zu nehmen, kam es im Dezember 1984 zu Auseinandersetzungen zwischen der Exekutive und Naturschützern mit Verletzten auf beiden Seiten. Die Errichtung des Kraftwerkes wurde daraufhin auf unbestimmte Zeit verschoben.

Die Hainburger Au im Winter 1984

Die SPÖ, die den Regierungskurs maßgeblich bestimmte, verscherzte sich durch Fehlentscheidungen, parteiinternen Streit, durch Prestigedenken, Karriere- und Profitsucht in den eigenen Reihen die Gunst der Wähler. Bei den Landtagswahlen zwischen 1983 und 1986 verlor sie Mandate und Stimmen. Die schwerste Niederlage erlitt sie bei den Bundespräsidentenwahlen am 4. Mai beziehungsweise 8. Juni 1986, bei denen ihr Kandidat, der Arzt Dr. Kurt Steyrer, dem Kandidaten der ÖVP, dem Diplomaten und langjährigen Generalsekretär der Vereinten Nationen, Dr. Kurt Waldheim, unterlag. Waldheims Kriegsvergangenheit, das zentrale Thema des Wahlkampfes, wurde zum Lieblingsthema der internationalen Medien.

Dr. Fred Sinowatz zog nach der verlorenen Wahl für sich persönlich die Konsequenzen. Er stellte sein Amt zur Verfügung. Als Nachfolger machte der Parteivorstand der SPÖ den bisherigen Finanzminister Dr. Franz Vranitzky namhaft, dessen Regierung am 16. Juni 1986 vom Bundespräsidenten angelobt wurde.

Der neue Bundeskanzler setzte zunächst das Regierungsbündnis mit den Freiheitlichen fort. Als diese jedoch auf einem außerordentlichen Bundesparteitag in Innsbruck Vizekanzler Dr. Norbert Steger ausbooteten und den national gesinnten Landesparteiobmann von Kärnten, Dr. Jörg Haider, unter dramatischen Umständen zu ihrem Führer erkoren, stellte ihnen der Bundeskanzler die Regierungssessel vor die Tür. Die dreijährige Koalition zwischen SPÖ und FPÖ ging damit zu Ende. Am 23. November 1986 entschieden die österreichischen Wähler über die Neuzusammensetzung des Parlamentes. Den Sozialisten gelang es nur knapp, die relative Mehrheit zu behaupten. Das neue Mandatsverhältnis lautete: 80 SPÖ; 77 ÖVP; 18 FPÖ; 8 Grüne. Erstmals seit 1956 sind im derzeitigen Nationalrat wieder vier Parteien vertreten.

Bundespräsident Kurt Waldheim beauftragte Franz Vranitzky mit der Bildung einer neuen Regierung. Nach wochenlangen, schwierigen Verhandlungen einigten sich die beiden Großparteien, SPÖ und ÖVP, auf eine Zusammenarbeit. Seit dem 28. Jänner 1987 wird Österreich, wie in den Jahren von 1945 bis 1966, wieder von einer »Großen Koalition« regiert.

Die Zweite Republik steht im fünften Jahrzehnt ihres Bestehens vor großen Aufgaben. Diese Aufgaben können nur in gemeinsamer Arbeit und Anstrengung gemeistert werden. Das tausendjährige Österreich hat im Verlauf seiner Geschichte viele Bewährungsproben zu be-

Bundeskanzler Vranitzky und Vizekanzler Mock

stehen gehabt – und sie bestanden. Es wird sich auch den Herausforderungen unserer auf vielen Gebieten im Umbruch begriffenen Zeit gewachsen zeigen. Davon bin ich zutiefst überzeugt.

Kaiser Friedrich III., der Vater Maximilians I., hat im 15. Jahrhundert alle Gegenstände, die ihm gehörten, mit der geheimnisvollen Buchstabenkombination AEIOU gekennzeichnet. Die Historiker früherer Zeiten haben sie als »Alles Erdreich ist Österreich untertan« gedeutet. So vermessen sind wir heute längst nicht mehr. Ein gescheiter Zeitgenosse hat die Devise neu formuliert: »Allen Ernstes ist Österreich unersetzlich«, glaubt er. Auch das ist viel. Wir Österreicher sollten uns diesen Wahlspruch zu eigen machen und bei jeder Gelegenheit versuchen, die Welt von seiner Richtigkeit zu überzeugen.

Anhang

Herrschergeschlechter in Österreich

Babenberger	976–1246
Habsburger	1282–1740
Habsburg-Lothringer	1740–1918

Die wichtigsten babenbergischen Herrscher

Leopold I.	976–994
Leopold III.	1095–1136
Heinrich II.	1141–1177
	(seit 1156 Herzog)
Leopold V.	1177–1194
Leopold VI.	1198–1230
Friedrich II.	1230–1246

Die wichtigsten habsburgischen Herrscher

Rudolf v. Habsburg (deutscher König)	1273–1291
Rudolf IV., der »Stifter«	1358–1365
Maximilian I.	1493–1519
Karl V.	1519–1556
Leopold I.	1658–1705
Karl VI.	1711–1740

Stammtafel des Hauses Habsburg-Lothringen

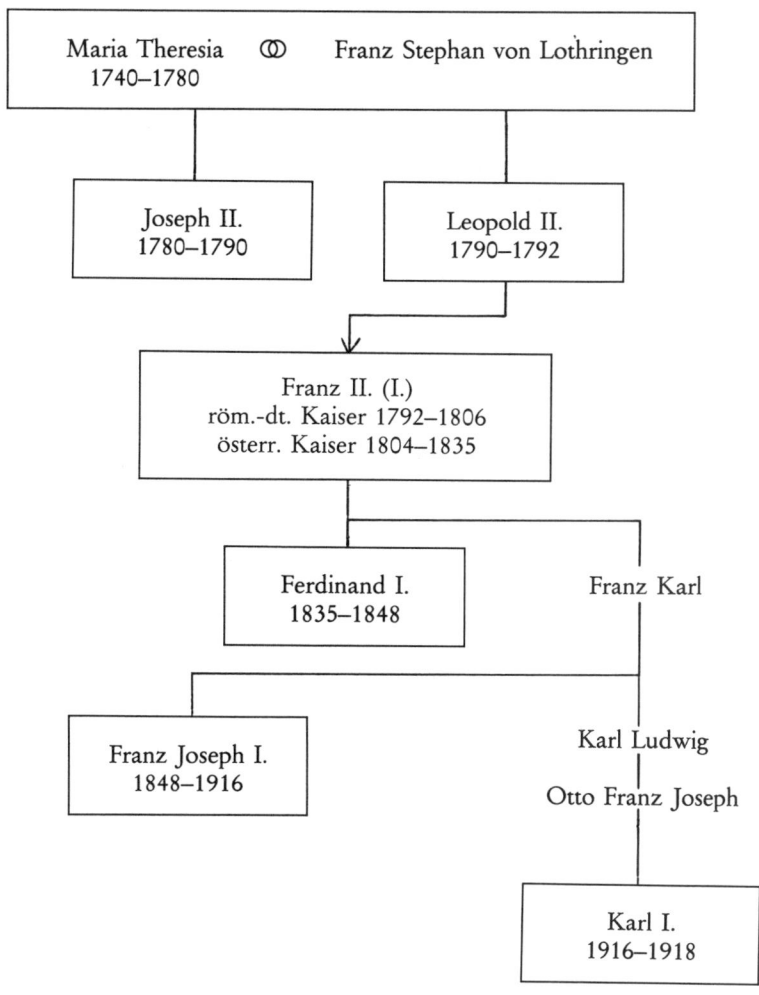

Erste Republik (1918–1938)

Zeittafel

12. November 1918	Ausrufung der Republik Deutsch-Österreich
16. Februar 1919	Wahlen zur Nationalversammlung
15. Juni 1919	Kommunistischer Putschversuch in Wien
10. September 1919	Unterzeichnung des Friedensvertrages in St-Germain
10. Juni 1920	Bruch der Koalition zwischen Sozialdemokraten und Christlichsozialen
10. November 1920	Die Verfassung des Bundesstaates Österreich tritt in Kraft
4. Oktober 1922	Unterzeichnung der Völkerbundanleihe
30. Jänner 1927	Blutiger Zwischenfall in Schattendorf
14. Juli 1927	Urteil im Schattendorfer Prozeß
15. Juli 1927	Brand des Justizpalastes
Mai 1931	Krise der Creditanstalt
24. April 1932	Stimmengewinne der Nationalsozialisten bei den Landtagswahlen in Wien, Niederösterreich und Salzburg
1. März 1933	Proteststreik der Eisenbahner
4. März 1933	Sogenannte »Selbstauflösung des Parlamentes«
7. März 1933	Die Regierung Dollfuß erläßt ein Versammlungsverbot, Vorzensur für Zeitungen
31. März 1933	Auflösung des Republikanischen Schutzbundes
20. Mai 1933	Gründung der »Vaterländischen Front«
19. Juni 1933	Verbot der NSDAP
12.–16. Februar 1934	Bürgerkrieg. Auflösung der Sozialdemokratischen Partei
25. Juli 1934	Nationalsozialistischer Putschversuch. Ermordung des Bundeskanzlers Dollfuß
11. Juli 1936	»Juliabkommen« zwischen Österreich und dem Deutschen Reich
12. Februar 1938	Unterredung Schuschnigg-Hitler in Berchtesgaden
9. März 1938	Ankündigung einer Volksabstimmung durch Bundeskanzler Schuschnigg
11. März 1938	Deutsches Ultimatum auf Absetzung der Volksabstimmung
12. März 1938	Einmarsch deutscher Truppen
13. März 1938	Gesetz über die »Wiedervereinigung Österreichs mit dem Deutschen Reich«
15. März 1938	Großkundgebung der Nationalsozialisten auf dem Wiener Heldenplatz
10. April 1938	Volksabstimmung über den vollzogenen Anschluß

Bundespräsidenten:

Karl SEITZ (als erster Präsident der Nationalversammlung) 1918–1920
Dr. Michael HAINISCH   1920–1928
Wilhelm MIKLAS   1928–1938

Bundeskanzler:

Dr. Karl RENNER (Staatskanzler)	1918–1920
Dr. Michael MAYR	1920–1921
Dr. Johann SCHOBER	1921–1922
Walther BREISKY	26.–27. Jänner 1922
Dr. Ignaz SEIPEL	1922–1924
Dr. Rudolf RAMEK	1924–1926
Dr. Ignaz SEIPEL	1926–1929
Ernst STREERUWITZ	1929
Dr. Johann SCHOBER	1929–1930
Carl VAUGOIN	1930
Dr. Otto ENDER	1930–1931
Dr. Karl BURESCH	1931–1932
Dr. Engelbert DOLLFUSS	1932–1934
Dr. Kurt SCHUSCHNIGG	1934–1938

Zweite Republik (ab 1945)

Zeittafel

5.–13. April 1945	Schlacht um Wien
27. April 1945	Proklamation über die Wiederherstellung der Republik Österreich
8. Mai 1945	Bedingungslose Kapitulation des Deutschen Reiches
20. Oktober 1945	Anerkennung der Regierung Renner durch die westlichen Besatzungsmächte
25. November 1945	Erste Nationalratswahl seit 1945
20. Dezember 1945	Koalition ÖVP/SPÖ (Kabinett Figl/Schärf) mit kommunistischem Energieminister
26. Juli 1946	Erstes Verstaatlichungsgesetz
9. Oktober 1949	Nationalratswahlen. Fortsetzung der Koalition ÖVP/SPÖ
26.–28. September 1950	Erste kommunistische Streikwelle gegen das vierte Lohn- und Preisabkommen
4.–5. Oktober 1950	Zweite kommunistische Streikwelle
2. April 1953	Koalition ÖVP/SPÖ (Kabinett Raab/Schärf)
15. Mai 1955	Unterzeichnung des österreichischen Staatsvertrages

25. Oktober 1955	Der letzte Besatzungssoldat verläßt Österreich
26. Oktober 1955	Der Nationalrat beschließt die immerwährende Neutralität Österreichs
15. Dezember 1955	Aufnahme Österreichs in die Vereinten Nationen (UNO)
4. Jänner 1960	Österreich tritt der Europäischen Freihandelszone (EFTA) bei
1966–1970	Alleinregierung der ÖVP
21. April 1970	Bildung einer SPÖ-Minderheitsregierung
1971–1983	Alleinregierung der SPÖ
September 1972	Kärntner »Ortstafelkonflikt«
5. November 1978	Inbetriebnahme des Atomkraftwerkes Zwentendorf wird durch eine Volksabstimmung abgelehnt
15. Dezember 1978	Nationalrat beschließt Atomsperrgesetz
24. April 1983	SPÖ verliert die absolute Mehrheit
24. Mai 1983	Kleine Koalition SPÖ/FPÖ (Kabinett Sinowatz/Steger)
Dezember 1984	Zusammenstöße zwischen Exekutive und Grünaktivisten in der Stopfenreuther Au wegen des Baues des Donaukraftwerks Hainburg
9. Juni 1986	Bundeskanzler Dr. Fred Sinowatz legt sein Amt zurück
21. Jänner 1987	Große Koalition SPÖ/ÖVP (Kabinett Vranitzky/Mock)

Bundespräsidenten:

Dr. Karl RENNER	1945–1950
Dr. h. c. Theodor KÖRNER	1951–1957
Dr. Adolf SCHÄRF	1957–1965
Dr. h. c. Franz JONAS	1965–1974
Dr. Rudolf KIRCHSCHLÄGER	1974–1986
Dr. Kurt WALDHEIM	1986–1992
Dr. Thomas KLESTIL	1992–

Bundeskanzler:

Dr. Karl RENNER (Staatskanzler)	1945
Dipl.-Ing. Leopold FIGL	1945–1953
Ing. Julius RAAB	1953–1961
Dr. Alfons GORBACH	1961–1964
Dr. Josef KLAUS	1964–1970
Dr. Bruno KREISKY	1970–1983
Dr. Fred SINOWATZ	1983–1986
Dr. Franz VRANITZKY	1986–